번역의 이론과 방법

번역의 이론과 방법

Р. К. Миньяр-Белоручев | 김진원 · 최준기 옮김

Теория и Методы Перевода

고려대학교출판부
KOREA UNIVERSITY PRESS

저자서문

이 책은 단순히 러시아어에서 프랑스어로 또는 영어에서 러시아어로의 번역을 다루는 것이 아니라, 번역에 대한 일반이론의 문제들, 즉 이른바 번역의 보편적 특성을 다루고 있다. 이 책에서 번역은 언어 간 변형의 기교로서가 아니라, 번역함에 있어서의 언어적 수단, 즉 도달되어야 할 의미 및 필요할 경우 보충적인 심미 효과를 생산할 수 있는 정보를 각각의 주어진 상황에서 수신자에게 제공해 줄 언어적 수단을 찾아내는 능력으로서 고찰된다. 바로 그런 이유에서 이 책의 제목을 《번역의 이론과 방법》이라고 하였다. 이 모델의 이론적인 근거는 특히 통역에서 중요하다. 통역이라는 상황에서는 발화 상황의 역할이 커지고 정보의 선택이 복잡해지기 때문이다. 여기에서부터 통역가가 우선적으로 직면하게 되는 문제들에 대해 고찰하게 된다. 발화 유형, 정보보유, 텍스트의 의미 분석, 번역의 기호적 방법 같은 것들이 그러한 문제들에 속한다. 그래서 이 책의 여러 부분은 그러한 문제들의 해결에 많은 부분을 할애하고 있다.

이 책은 일치, 불변체, 메시지, 번역의 단위, 번역의 수단·태도·방법 등과 같은, 번역과 관련된 기본적 개념들도 해명하고 있다. 또한 이 책은 기본적인 유형의 번역들에 쓰이는 구체적인 방법들, 그리고 전쟁 상황에서의 번역이 갖는 특수성 및 어려움을 기술하고 있고, 번역의 방법은 언어 수단의 특성에 따라 달라진다는 점을 밝히고 있으며, 텍스트가 포함하는 정보성의 비율을 산정하는 방법들을 정하고 있다. 이 책의 마지막에는 기본적인 번역용어 해설이 첨부되어 있다.

이 책은 번역가, 대학의 언어학부 및 고등전문학교의 교원과 학생, 언어학자, 그리고 번역의 이론과 실제의 문제에 관심이 있는 다른 여러 분야의 전문가들을 고려하여 저술된 것이다. 이 책이 여러 분야의 전문가들에게 많은 도움이 되길 바란다.

저자 Р. К. Миньяр-Белоручев

차 례

제 1 장

독립 학문으로서의 번역학

어떤 학문이든 고유한 객체, 대상, 그리고 용어를 가지고 있다면 독립된 연구영역으로 인정받게 된다. 번역학 역시 독립된 학문으로 인정받기 위해서는 고유한 객체, 대상, 그리고 용어를 가져야 한다. 번역학이 언어학의 한 영역으로 남아 있는 한 번역과 관련하여 고려되는 문제들은 보통 두 개의 언어를 대비시켜 연구하는 것의 범위를 벗어나지 않게 된다. 공정을 기하기 위해 번역에 관한 가장 훌륭한 책들은 언어학자들에 의해 쓰인 것이라는 점을 지적해야만 한다. 그중에서도 바르후다로프 Л. С. Бархударов의 저서들이 가장 널리 알려져 있다. 그는 번역을 하나의 과정으로서 연구하는 것을 적극적으로 지지하고 있는데, 이때 그는 번역에 있어서 "과정"이란 용어는 "순수하게 언어학적인 의미에서, 즉 특정한 형태의 언어적, 더 정확하게 말한다면, 언어 간의 **변환** 또는 **한 언어 텍스트의 다른 언어 텍스트로의 변형**"으로 이해된다는 조건을 붙이고 있다. 그는 또 "번역 이론은 원 언어 텍스트와 번역된 언어 텍스트 간의 어떤 개별적 관계가 아니라, 단지 적법한 관계, 다시 말해 전형적인, 그리고 규칙적으로 반복되는 관계만을 고찰해야 한다"라고 하였다. 이처럼 번역 이론을 텍스트 간의 적법한 관계에 대한 이론으로 귀착시킨다고 해서 그것이 언어학의 범위를 벗어나게 되는 것은 아니다. 학문으로서의 언어학의 객체 역시 파롤 речь인 점에서 그러하다. 이렇게 번역과 언어학의 연구 객체가 일치하는 것은 번역을 독립적 학문으로 이야기할 수 없게 한다.

그러나 실제로 언어학의 객체로서의 파롤이 번역학에서도 그대로 연구 객체가 되는가? 철학은 그 대상적·실제적, 그리고 인식적 행위에서 주체에 반하는 것을 객체로 여긴다. 인식의 경험적 층위로 불리는 객체에 대한 구체적이고 실제적인 연구는 학문에 있어서 텍스트 내용의 추상화와 이론적 구현에 대비된다. 객체의 내용에 대한 이론적 구현, 그 추상적 모델의 구성, 객체에 관한 체계화된 지식의 집적 등이 학문의 대상이 된다.

그렇다면 무엇 때문에 현실적으로 번역에 관한 학문을 연구하여야 하는가? 그러한 학문을 또한 번역학 переводоведение, 번역 이론 переводология, 변형 이론 транслалогия으로 명명하는 것을 어떻게 생각해야 하는가? 많은 학자들이 번역에 관한 학문은 번역의 과정에 중점을 두어서 연구하는 것이고 또 그래야 한다고 여기고 있다. 이때, 앞에서 이미 언급한 바와 같이, 그들은 번역의 과정을 한 언어에서 다른 언어로의 변환, 하나의 언어 텍스트를 다른 언어 텍스트로 변형하는 것으로 보고 있다. 그러한 변환은 반드시 범위가 두 개의 구체적인 언어로 제한되어 있다(번역에 관한 어떤 책이든 구체적인 하나의 언어에서 다른 언어로 번역한 것의 수많은 예들을 포함하고 있는 것이다). 이를 통해 번역학의 과제는 두 언어체계를 비교·분석하는 연구, 그리고 개별 번역 이론 문제들의 어떤 집합체로 귀착된다. 그러나 번역의 과정은 한 언어 단위에서 다른 언어 단위로의 단순한 교체가 아니다. 오히려 두 개의 언어를 사용하는 의사소통의 특별한 구성요소로서 번역의 과정은 항상 인간의 활동에 속하는 것이며, 그 속에는 언어학은 말할 것도 없이(번역이 언어학에 의거하고 있다는 사실은 증명할 필요도 없다) 철학, 심리학, 인문학, 사회학 및 여타 학문과 관련된 문제가 축적되어 있다.

우리는 언어 자체가 이미 행위라는 훔볼트의 말을 반박할 수 있다. 훔볼트는 "그 고유한 본질에 있어서 언어는 불변의 어떤 것인 동시에 매 순간 일시적인 것이다. […] 언어는 행위의 산물 ergon이 아니라 행위 energeia 자체이다"라고 쓴 바 있다. 그러나 만약 이 인용문의 번역이 비난할 여지가 없다는 데 동의한다면(energeia가 과연 행위로 번역될 수 있을까?), 훔볼트가 권고하는 것은 역동학 динамика 속에서 언어 язык를 연구하는 것, 즉 언어와 행위(행위에 대해 언어는 항상 수단이 된다)를 서로 완전히 같게 하지 않으면서 파롤을 연구하는 것임은 분명하다. 번역의 과정과 언어 간에도 등가 기호를 설정해서는 안 된다. 훔볼트의 말은 또한 인간의 발화행위 과정(여기에는 번역도 포함된다) 속에서 언어를 연구하는 것이 특히 효과적이리라는 점을 가리키는 것으로 해석될 수 있다. 인간의 행위, 특히 인간의 발화행위는 행위이자 운영이며, 인지이자 이해이고, 표준적 상황이자 의지적 행동이며, 지적 메커니즘의 작용이자 "단일한 보편적 의미 체계가 발현됨으로써 생겨나는, 특수한 민족적 변이체"이고, 적법한 정보 전달 등이라고 할 수 있다.

그러나 번역의 과정은 번역학의 객체라는 범위보다는 좁은 개념이다. 번역 과정은 그 자체로 일반적인 의사소통이 아니라, 두 언어를 사용하는 의사소통에 포함된다. 그리고 비록 번역 과정이 번역학의 특수성이자 번역학의 핵심이라 할지라도, 번역학은 원 텍스트의 생성 조건, 번역 텍스트의 인식 조건, 의사소통자의 사회적 상황, 발화 상황,

그리고 번역학의 대상이기도 한, 두 언어를 사용하는 의사소통의 복잡한 개념에 속하는 다양한 동반 현상들 역시 연구해야 한다. 두 언어를 사용하는 의사소통들과 그러한 의사소통에 관해 축적된 지식들은 번역학의 대상이 된다. 두 언어를 사용하는 의사소통을 인식하는 방법들, 특히 번역의 과정을 인식하는 방법들이 정확해질수록 우리는 더욱 확실한 번역 이론을 갖게 될 것이다. 여기에 번역학의 객체가 갖는 언어학적 부분을 연구하는 것뿐만 아니라 번역학의 객체를 총체적으로 연구하는 것이 중요한 이유가 있다.

번역학의 독립적 객체와 번역학의 대상을 구분한다고 해서 번역을 언어학의 한 분과로 보아서는 안 된다. 이러한 입장은 번역에서 사용되는 고유의 용어들(동시 번역, 문자역, 일치, 번역 텍스트 등)이 실제로 존재하고 있다는 사실로도 확인된다. 결국 번역학을 독립적 학문으로 고찰하게 하는 세 가지 조건이 있게 된다. 번역학은 고유한 객체, 대상, 그리고 용어를 갖고 있다. 나아가 번역학의 객체가 언어학의 범위를 벗어난다는 점을 우리는 이 책에서 연구되고 있는, 번역 이론의 문제들과 관련된 내용을 통해 다시 한번 증명해 보고자 한다.

두 언어를 사용하는 의사소통의 특성을 이루는 번역 과정은 그 자체의 고유한 특성을 갖는다. 첫 번째 특성은 다양성이다. 번역은 글로 혹은 말로 실현되거나, 헤드폰을 통해 혹은 시각적으로 원 텍스트를 인식함으로써 실현되거나, 방 안이라는 조용한 상황에서 혹은 포격을 받는 상황에서 실현될 수 있다. 번역을 위해 문학적 산문과 학술논문, 유행 시인의 시와 적군의 전단지, 일상적 상황에서의 대화에 사용되는 진부한 문구와 포로 심문 시의 방언이 제시될 수 있다. 번역은 영어에서 러시아어로, 러시아어에서 프랑스어로, 이탈리아어에서 일본어로, 그리고 세상에 존재하는 언어들 중 두 개의 언어들 간의 어떠한 결합에서도 시행될 수 있다.

번역 과정의 두 번째 특성은 그 몇 가지 측면들이 보이는 "포착불가능성" 및 "감지불가능성"이다. 연구자는 보통 두 텍스트(원 텍스트와 번역 텍스트)를 자유로이 이용하게 되지만, 번역가가 작업할 때 그의 머리 속에서 무슨 일이 일어나는지에 관해서는 단지 추측할 수 있을 뿐이다. 이 모든 것으로 인해 언어 간 변환의 결과들을 연구하는 것에 머무르게 되든가, 번역 과정을 연구함에 있어서 "검은 상자" 방법, 즉 입력데이터(원 텍스트)와 출력데이터(번역 텍스트)의 측정 및 대비에 의거하게 된다. "검은 상자" 방법은 그 경험적 연구 층위에 있어서 언어학의 한계를 넘어서게 할 뿐만 아니라, 번역 이론의 앞날을 내다보는 전망적 결론들을(예를 들면, 텍스트의 음절량을 많게 하는 번역의 경향에 관해, 통역 과정에 있어 정확한 단어들이 갖는 효과에 관해, 번역할 때 제로정보 또는 반복되는 정보를 갖는 어휘적 단위들을 조직화하는 역할에 관해) 내리게 해준다.

번역 과정의 다양성, 그리고 번역 과정의 몇몇 측면들이 갖는, 연구를 어렵게 만드는 포착불가능성은 수많은 추상적인 번역 과정 모델들을 낳고, 여러 번역 이론들의 형성을 가져온다. 그러한 이론들로는 레쯔케르 Я. И. Рецкер의 적법한 일치 이론, 나이다 Ю. А. Найда의 번역의 변형 이론, 각 В. А. Гак의 상황 이론, 바르후다로프의 의미-기호 이론, 코미사로프В. Н. Комисаров의 불변체 조건 이론을 거론하는 것으로 충분하다. 번역학의 대상이 되는 이 모든 번역 이론들은 기본적으로 객체의 여러 측면들을 적절하게 나타내기는 하지만, 객체를 전체적으로 나타내지는 않는다. 게다가 이 이론들 중 많은 것들이 흥미로운 그리고 때로는 확실한 관측에 의거하면서도, 실험적 근거를 가지지 않거나, 번역 과정의 매개변인들을 측정한 결과 얻어진 정확한 데이터에 기초하지도 않는다. 현재 번역 과정의 역동성을 결정하고 번역 과정의 매개변인을 측정하는 방법들은 주로 통역과 기계번역에 이용된다(짐냐 И. А. Зимня, 졸코프스키 А. К. Жолковский, 체르노프 Н. В. Чернов, 쉬랴예프 А. Ф. Ширяев 등의 연구). 예술번역의 정확한 연구 방법에 대해서는 알려진 바가 없다. 이는 어떤 학자들은 정확한 연구 방법을 신뢰하고 다른 학자들은 사변적인 연구 방법을 신뢰한다는 사실로 설명될 뿐만 아니라, 도구적 관찰을 위해서는 통역 및 기계번역의 형태가 보다 이용하기 쉽다는 점으로도 설명된다.

많은 번역 모델들이 알려져 있음에도 불구하고, 현재 어떠한 번역 이론도 번역학 분야에서 지배적인 위치를 차지하지는 못하고 있다. 그러나 번역학 객체의 이러저러한 측면들을 적절하게 반영하고 있다는 점에서 그 모든 이론들은 분명 나름대로 번역학에 기여하고 있다.

번역 과정의 다양성은 이론적인 모델들 간의 불균형을 가져올 뿐만 아니라, **번역의 일반이론**, 번역의 개별 유형 이론, 그리고 **번역의 개별 이론**을 각각 구분해야 할 필요성에 대해서도 또한 문제 제기를 한다. 의사소통과 번역 과정을 일반적으로 특징짓는 모든 것들은 그러한 의사소통과 번역 과정을 실제화 하는 조건, 그리고 언어와 접촉하고 있는 텍스트들의 장르적 특성과는 별개이며, 오히려 번역의 일반이론에 관련될 것이다. 번역의 일반이론은 번역의 보편적 특성을 연구하는 것이라 할 수 있다. 이러한 의미에서 번역학은 보편적 특성을 연구하는 문제를 최근 들어 가장 중시하고 있는 언어학을 뒤따라가고 있다고 하겠다. 언어학이 전 세계 모든 언어들에서 발견되는 것들을 보편적 특성으로 간주한다면, 번역학은 번역의 모든 유형들에서 고유하게 나타나는 현상들과 범주들을 보편적 특성으로 생각한다.

번역의 일반이론이 연구해야만 하는, 번역의 보편적 특성들은 충분히 잘 알려져 있다. 번역의 불변성 инвариант, 일치, 번역의 단위에 관하여는 많은 글들이 나와 있다. 지금까지 번역의 방법(번역의 태도와 혼동하지 말 것), 정보의 양, 의사소통 행위의 구성요소들에 대해서는 아무 이유 없이 언급하지 않고 지나쳐 왔다. 이 모든 것들은 두 언어를 사용하는 어떤 유형의 의사소통에서도 반드시 구분되어야 한다. 번역의 보편적 특성에는 번역의 몇몇 과정들에서 전형적으로 나타나는 현상들이(예를 들면, 예술번역에서의 작가의 문체 전달, 통역에서의 정확한 단어) 추가된다. 그러한 번역의 보편적 특성들은 객체의 존재론적 특수성에 의해 생겨난, 번역학의 독립된 이론들을 구별하는 데 결정적인 역할을 하게 된다.

번역의 일반이론은 객체를 그 여러 발현들에서 관찰하여 얻은 자료들에 기초한다. 객체의 발현은 우연적이며 비전형적일 수 있는데, 그런 경우의 발현들은 번역 일반이론에서 고려되지 않는다. 반대로 객체의 발현은 반복적이며 전형적일 수 있는데, 그 경우 이론은 그러한 발현들을 대체로 적법하다거나 임의의 번역 유형에 대해 부분적으로 적법하다고 본다. 인간은 언어 간 변환을 실현한다는 공리는 오랜 기간 확실한 것으로 생각되어 왔다. 20세기에 이루어진 학술적·기술적 진보는 이러한 입장을 본질적으로 보다 정확하게 해 주었고, 그에 따라 인간 혹은 기계가 언어 간 변환을 실현할 수 있다고 여기게 되었다. 그렇게 언어 간 변환의 메커니즘이라는, 번역을 분류하기 위한 최초의 근거가 나타났다. 그리고 이러한 근거는 기계번역 이론의 단서가 되었다.

기계번역 이론은 급격한 발전 단계를 거쳤다. 아주 짧은 기간에 그것은 인간에 의해 실현되는 번역에 대한 기존의 이론들에 못지않게 번역 일반이론에 많은 기여를 했다. 물론 기계번역이 "기계 이전" 시기의 번역 이론에서 성취된 모든 것을 포함한다는 점을 잊어서는 안 된다. 기계번역 이론의 성공에서 가장 중요한 의미를 갖는 것은 그 저자들(기계번역 이론의 저자들)이 부득이하게 번역가의 활동을 모델화함으로써 번역 메커니즘이 기능하는 양상을 확보해야만 했다는 것이다. 즉, 기계번역에서는 원 텍스트에 대한 분석과 번역 텍스트로의 종합을 다각도로 고찰해야 할 필요성이 나타났던 것이다. 우리의 관점에서 볼 때, 언어-매개자를 갖는 번역 모델은, 그 결함에도 불구하고, 번역가의 행위를 모사하는 것 копирование에 가장 근접해 있다. 유감스럽게도, 인간에 의한 번역과는 다르게, 기계번역은 그 실제 결과를 장담할 수 없다. 그러나 이것은 오히려 제한된 기술적 가능성의 결과이다.

기계번역 이론은 당장에는 어떠한 단일한 전체로서 존재한다. 이는 기계번역 과정의 조건들이 안정되어 있다는 것, 그리고 번역에 있어서 기계가 갖는 권위가 높지 않다는 것(기계로 하여금 문학작품을 번역하게 하는 것은 아무 도움이 안 된다)과 연관된다. 또 다른 문제는 인간이다. 인간은 여러 조건에서 번역 작업을 해야 할 뿐만 아니라, 상황에 따라 글로 혹은 말로 번역해야 하고, 눈으로 보거나 혹은 귀로 들어서 원본을 지각해야 한다. 시간상 제약을 받지 않으며 사전이나 여러 참고서들에 의존하는 것이 가능한 글 번역과 번역가의 지적 메커니즘이 기능하는 극치의 조건에서 실현되는 통역 간의 차이를 알아차리는 것은 어려운 일이 아니다. 통역과 글 번역 사이의 차이는 지적 메커니즘이 기능하는 조건들에 의해 생기는데, 이런 식으로 지적 메커니즘이 기능하는 조건들은 인간에 의해 실현되는 번역을 분류하기 위한 기반이 된다.

물론 통역의 어떤 유형에서든지 지적 메커니즘이 기능하는 조건들이 일치한다고는 볼 수 없다. 연속 번역에서는 기억에 대한 하중이 크고,

동시 번역에서는 동시에 듣고 말할 수 있어야 한다. 그러나 어떤 유형의 통역에서든지 번역가의 지적 메커니즘은 아주 짧은 기간에 걸쳐 들어오는 막대한 양의 정보를 가공하고 끊임없이 결정을 내려야만 하는 긴장된 상황에서 작동한다. 이처럼 복잡한 작업 조건은 완성 단계에 이른 숙련 및 숙달, 그리고 기술 등가물 및 보조적 기록 체계에 대한 지식을 가장 중요한 것으로 부각시킨다. 그러나 한편으로 그러한 작업 조건들은 번역의 문체적 형식을 완성함에 있어서 허용 가능한 오류들을 만들어내기도 한다. 지적 메커니즘이 기능하는 특정 조건들은 연구자들로 하여금 특별한 문제들에 주의를 집중하게 하는데, 이러한 문제들이 또한 독립적 이론, 즉 통역의 이론을 형성하는 것이다.

통역 이론은 모든 형태의 통역에서 공통적으로 나타나는 문제들을 포괄한다. 상응하는 각각의 이론에서 고찰되는, 연속 번역, 동시 번역, 또는 낱장 번역의 특별한 문제들은 언제나 지적 메커니즘의 작용, 번역의 기호적 방법, 그리고 통역 이론의 범위를 벗어나지 않는 다른 문제들로 귀착된다. 기계번역과 마찬가지로 통역에 있어서 텍스트의 장르적 특성의 문제, 그리고 원본의 문체적 섬세함을 전달하는 문제 등은 중요한 것이 아니다. 문학작품을 통역하는 것은 아무런 의미도 없다. 경험 많은 번역가들조차도 불변체를 보전[저장]할 능력이 없으며, 그 때문에 번역은 더 이상 번역이 아니게 되기 때문이다. 따라서 통역에서 중시되는 것은 숙련 및 숙달이 기능하는 문제, 그리고 보조적인 번역 방법들(기록 체계, 기술적 장치)이 기능하는 문제이다. 이후 통역 이론을 세분하는 것은 여전히 번역가의 작업 여건들과 관련되어 있다.

글 번역이라면 사정은 조금 다르다. 번역가의 지적 메커니즘은 비교적 평온한 여건에서 기능하게 된다. 글 번역에서는 번역가의 작업이 갖는 창조적인 측면, 언어적 수단을 올바르게 평가하고 선택하는 능력, 그리고 원본의 문체를 유지하는 능력이 가장 중시된다. 그래서 문학작품의 글 번역은 다른 텍스트들의 번역과는 첨예한 대조를 이룬다. 문학작품의 언어는 비유적 수단, 말의 리듬 체계, 저자의 개별적 문체에 의해 특징지어진다. 언어의 비유적 수단, 그리고 작가의 문체적 특성을 전달하는 것은 번역가에게 생겨난 자동작용[반사운동]의 습성보다는 번역가의 문학적 재능과 언어 감각에 달려 있다.

학술적 자료를 번역할 때 번역가는 다른 방식으로 일해야 한다. 학술적 텍스트들에는 많은 용어들과 사실들이 담겨 있으며, 그러한 용어들과 사실들을 해명하는 것은 그와 관련된 예비지식을 가짐으로써만이 가능하다. 학술 영역에서 번역가가 성공적으로 작업을 해내는 것은 번역 숙련보다는 번역가의 지식, 그리고 용어들을 이용하는 능력에 의해 더 자주 결정된다. 이 모든 것은 글 번역이 원 텍스트의 특성, 그리고 원 텍스트에서 이용되고 있는 언어적 수단의 특성과 관련하여서만이 그 고유한 특징을 획득한다는 점을 또한 말해 준다.

언어적 수단은 텍스트의 장르적 특성을 결정하기도 한다. 여기서 텍스트의 장르적 특성은 글 번역을 분류하는 데 기본이 되며, 예술번역 이론과 전문번역 이론을 구분하는 것이 적절한가를 판정해 준다.

예술번역 이론은 번역 이론 중 가장 "오래된" 것이다. 오늘날에도 많은 저자들이 번역에 대한 자신의 이론적 입장을 문학작품의 영역에서 (즉, 문학연구의 개념들과 용어들로) 정리하고 있다(곤차렌코 Гончаренко С. Ф., 카리 Кари Е., 이르쥐 레비 Иржи Девый, 무멘 Мумен Ж., 소볼레프 Соболев Д. Н., 페도로프 Федоров А. В. 등). 이러한 상황은 매우 당연한 것이며, 그 결과 작품 원본과 그 번역본의 문체를 상호 비교하여 분석하는 방법을 폭넓게 사용하게 된 것이다. 문학작품의 번역 이론에 관한 책들은 일반번역 이론에 기여했을 뿐만 아니라, 번역의 일반이론적 문제를 연구하는 단초가 되었다.

전문번역 이론들은 학술적 저서들에서 그리 많이 다뤄지고 있지는 않다. 비록 전문번역 이론의 분야에서도 흥미로운 업적들이 있기는 하지만 말이다(예를 들어, 비류코바 Бирюкова Д. В., 품퍈스키 Пумпянский А. Д., 스트렐코프스키 Стрелковский Г. М., 쉬베이쩨르 Швейтер А. Д.). 전문번역 이론은 그 주의의 초점을 용어와 문구에 두고 있다. 알려진 것처럼, 용어들은 서로 다른 지식 부문들에서 나름의 쓰임새를 갖는, 하나의 용어로 된 학술어휘들에 따라 분류된다. 용어들과 그 용어들이 나타내는 개념들은 폐쇄적인 체계를 형성하는데, 전쟁, 경제, 기술, 사회·정치 및 여타 유형의 번역을 성공적으로 수행하기 위해서는 그러한 체계를 연구해야만 한다. 지식의 분야와는 별개로, 용어와 문구로 가득한 텍스트를 번역하는 것은 단일한 범주의 문제들과 연관되는데, 그러한 문제들의 총체가 바로 전문번역의 이론인 셈이다. 말하자면 전문번역에 대한 동일한 이론이 지식의 정반대 분야들에서(우주와 농업, 법학과 생물공학 같이) 쓰임새를 갖는 것이다. 전문번역은 여러 형태의 번역들을 축적하고 있는데, 그것들 가운데에는 사회·정치 번역, 전쟁 번역, 기술 번역의 형태들이 중심을 이룬다.

결국 번역학은 두 언어를 사용하는 의사소통의 각 유형에 있어서 전형적인 모든 것들을 포괄하는 일반번역 이론을 가져야 한다. 번역학에 있어서는 기계번역, 통역, 예술번역, 전문번역의 특성 위에서 구축된 번역 이론을 갖는 것 또한 중요하다. 다음의 도식은 번역 과정 바로 그 자체에서 나타나는 가장 본질적인 차이들을 고려하여 번역을 순차적으로 분류한 것이다.

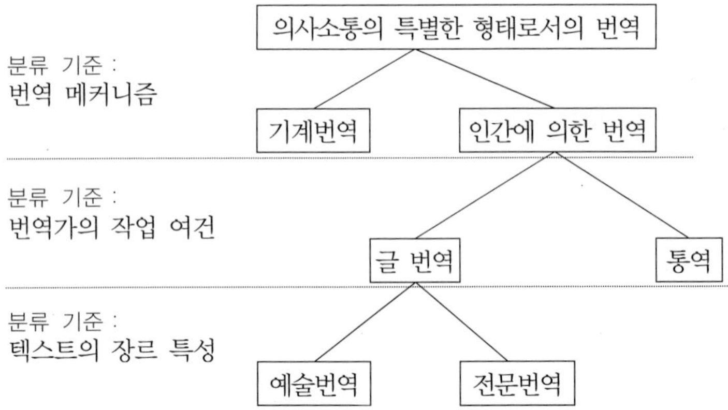

지금까지 번역의 일반이론과 그것을 글 번역, 통역, 예술번역 등으로 분할하는 것에 대해서 알아보았다. 즉, 각각의 구체적인 번역 과정에서 반복되는 모든 것을 포함하는, 번역의 추상적 모델에 관해 살펴보았다. 번역 과정은 항상 해당하는 두 언어와 연관된다. 두 언어에 의해 구체화된 번역은 이미 번역의 일반이론이 아닌 개별 번역 이론으로 기술된다. 그리고 개별 번역 이론의 범위 내에서는 특히 두 언어의 대비에 대해 많이 연구하지 않으면 안 될 것이다.

두 언어의 대비는 한편으로는 언어학으로의 회귀를 나타내고, 다른 한편으로는 번역의 일반이론을 위한 광범위한 자료를 내놓는다. 두 언어를 대비하는 연구는 본질적으로는 아직 번역 이론이 아니다. 그것은 각 언어의 문법, 어휘론, 그리고 문체론을 대비하는 것에 머문다. 두 언어의 대비 연구가 번역의 특성을 얻는 것은 그러한 연구가 번역 과정에서 발생하는 경우나 혹은 번역함에 있어서 텍스트들을 비교하는 것이 최종목적이 아니라 번역 과정의 인식 수단일 경우에서이다. 번역학의 과제와 목적이라는 견지에서 두 언어를 대비한 결과 얻어진 결론은 주로 번역의 개별이론에 있어 의미를 갖는다. 즉, 두 언어의 대비는 일반적인 번역에서가 아니라 번역의 구체적 형태들(즉, 기계번역, 통역, 글 번역, 예술번역, 혹은 전문번역과 같은) 속에서 기계번역의 개별이론, 글 번역의 개별이론, 예술번역의 개별이론 등의 기초가 되는 것이다.

번역의 일반이론과 개별이론의 상호관계, 상호침투, 상호확충은 약어를 사용한 다음 도식으로 설명하는 것이 낫다.

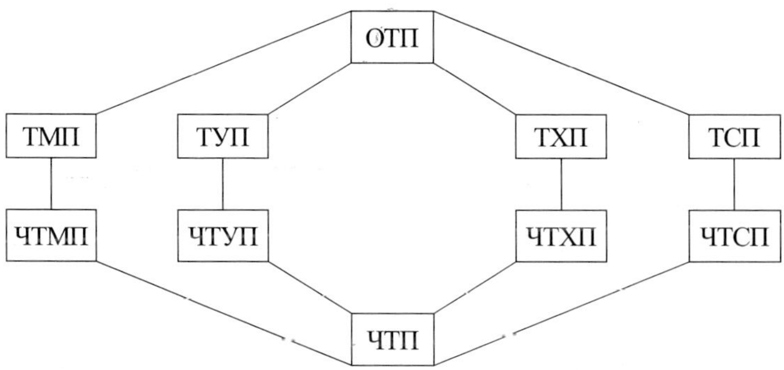

ОТП - 일반번역 이론, ТМП - 기계번역 이론, ТУП - 통역 이론,
ТХП - 예술번역 이론, ТСП - 전문번역 이론, ЧТП - 번역 개별이론,
ЧТМП - 기계번역의 개별이론

도식에 의거하여 번역 이론의 생성과정을 추적하는 것은 어려운 일이 아니다. 번역 이론의 기원은 텍스트에 대한 언어학적 연구들(대비 문법론, 대비 어휘론, 대비 문체론)과 연관된다. 번역 이론의 향후 발전 과정에서 번역 이론에만 고유한 객체들이 나타났고, 이는 번역을 통한 의사소통이 추상적 모델들과 함께 번역의 일반이론이라는 결과를 가져왔다. 그리고 이러한 추상적 모델들이 바로 번역학의 대상이 된다. 나아가 이론적 연구는 번역학의 대상을 위해 필요한 용어들을 낳았다. 고

리의 양끝이 매듭지어진 것이다. 번역은 고유한 객체, 대상, 그리고 용어를 갖게 되었고, 번역학은 독립적 학문으로 자리를 잡게 되었다.

결론

번역학은 독립적 학문이다. 그 객체로 등장한 것은 두 언어를 사용하는 의사소통이다. 번역을 통한 의사소통의 각 유형에서 특징적으로 나타나는 모든 것들은, 접촉하고 있는 언어들과는 별개로, 번역 일반이론과 관련된 일단의 문제들을 형성한다. 그리고 이 책의 핵심적 부분은 이러한 번역 일반이론의 문제에 할애되어 있다. 만약 전체에서 부분으로, 즉 전체로서의 연구 객체로부터 연구 객체의 각 구성요소들로 움직이면서 번역 일반이론의 문제들에 접근한다면, 그러한 문제들은 보다 두드러진 것들이 될 것이다. 이 방법을 따르면서, 우리는 번역학의 객체인, 두 언어를 사용하는 의사소통을 검토하는 것부터 시작할 것이다.

제 2 장

번역학의 대상

두 언어 사용 의사소통은 우리 논의의 출발점이 되기에는 지나치게 광범위하고 다양한 개념이다. 전체의 모든 특성을 보존하고 있는 가장 작은 단위는 의사소통 행위, 즉 하나의 지향성을 갖는 발화 행위이다. 물론 연구 대상으로서의 번역은 단일한 지향성의 언어적 의사소통—즉, 원 텍스트의 저자-번역가-수용자—으로 제한할 수 있다. 예를 들어 책의 번역은 사전에 그 내용에 관한 지식을 얻는 것, 작가의 문체가 갖는 특성을 연구하는 것, 관련된 참고서와 사전을 가지고 작업하는 것, 그리고 원 텍스트에서 번역 텍스트로 옮기는 과정에서 세부적으로 반드시 일치하지 않는 많은 것들을 전제로 한다. 연설어를 번역하는 것은 번역가의 기록과 이 기록들의 해석, 그리고 많은 발화들을 쉬지 않고, 혹은 연설어와 교체되면서 번역하는 것을 포함한다. 이 모든 경우에 문제는 하나의 지향된 행동에 대한 것이 아니라 활동에 대한 것임은 매우 분명하다.

그러나 또한 연구 대상으로서의 번역이 번역가의 활동으로 귀결되어서는 안 된다. 번역가의 활동은 특정한 발화 상황에 포함되어 있으며 또 그것과 상호 연관되어 있다. 따라서 번역학에서 중요한 것은 행위, 원 텍스트 저자의 동기와 목적, 그러한 것들에 의해 생성된 발화 결과물, 수신자에 의한 의사소통 기법의 특성, 수신자의 태도, 그리고 두 언어 사용 의사소통을 구성하는 다른 많은 것들을 연구하는 것이다.

이렇게 하여 번역학의 대상인 두 언어 사용 의사소통의 복잡한 개념이 존재하게 된다. 지향적 행동이라는 단일한 행위로서의 두 언어 사용 의사소통 행위의 보다 간단한 개념이 있다. 마지막으로 그 모든 특성을 갖는 임의의 의사소통 유형의 기본 단위, 즉 발화 행위가 있다.

두 언어 사용 의사소통에서 중추적 요소는 당연히 번역가의 활동이다. 그 활동이란 바로 한 언어를 다른 언어로 번역 — 이 단어의 본래적인 의미에서 — 하는 것이다. 바로 이러한 활동이 두 언어 사용 의사소통의 특성을 만들어 낸다. 동시에 번역가의 활동은 원 텍스트의 저자와 수용자의 활동에 직접적으로 달려 있다. 이 모든 것은 상호 연관된다.

따라서 한편으로 번역학의 대상이 의사소통이고 번역을 연구하는 것이 그 성분 단위 — 발화 행위 — 로부터 시작해야 한다면, 다른 한편으로 번역 자체는 번역 이론이 고려하지 않을 수 없는 활동의 모든 특성들로 정의된다.

알려진 대로, 비고츠키 Л. С. Выготский 학파는 목표 지향적 행동의 각 체계를 심리 과정의 활동으로 지칭하면서, 활동에서 세 가지 측면, 즉 동기, 목표, 사용 측면을 구별한다. "동기란 어떤 답 혹은 충족을 요구하는 객체이고, 어떤 형태든 주체에 의해 표현되면서, 그 활동을 수행하게 한다". 다른 말로 하면, 동기 때문에 인간이 특정 목표를 지향하게 되는 것이다. 동기는 육체적인 요구(인간이 목마름을 경험할 때, 이 요구의 충족을 위해 그는 활동을 하게 되고, 동기는 물이 된다) 뿐만이 아니라 인간의 정신적인 관심에 의해서도 나타날 수 있다. 더욱 자주 활동에서는 동기의 계층성을 고려할 필요가 있다.

활동은 또한 목표를 갖는다. 목표는 보통 특정한 대상적 형태로 인지되는 활동의 결과로서 나타난다. 인간이 마시기를 원한다면, 상응하는 활동의 목표는 우물에서 길어온 양동이의 물, 숲에 있는 샘, 컵에 담긴 천연수 등의 형태로 제시될 수 있다. 매번 상황은 조건을 설명하는데, 그 조건 속에는 활동이 내재되어 있다. 인간의 행동, 인식, 지식, 습관 등 실제로 존재하는 상황들을 현실화하는 방법들에 대한 것이다. 목표는 활동의 조건과 함께 활동의 과제를 내포하고 있다. 활동을 계획하는 것은 단지 그 조건들에 입각함으로써만이 가능하다. 그래서 활동의 동기 그리고 목표 측면이라면 사정이 그러하다. 그 사용 측면에 관해서 말하자면, 그것은 설정된 목표를 달성하기 위해 의도된 계획을 실현하는 것이다.

총체적으로 반드시 체계를 이루고 또 인간에 의해 지각된 각각의 고유한 목표를 갖는 임의의 행동들을 실천함으로써 설정된 목표에 이르게 된다. 지각된 고유의 목표가 존재할 때 행동과 작용 간의 차이가 있게 된다. 반복되는 활동에서 일련의 행동은 점차적으로 자동화된다. 따라서 중간 목표는 더 이상 지각되지 않는다. 그리고 그러한 행동들은 작용이 된다.

행동들에는 우리가 매번 겪는 발화 행동 역시 관련되어야 한다. 우리가 말하거나 듣고 쓰거나 읽을 때 우리는 활동을 실현하는 셈이다. 왜냐하면 우리는 임의의 요구를 만족시키고 일정한 목표에 도달하기 위해 그것을 실행하기 때문이다. 우리는 보통 하나의 발화 범위(경계) 안에서 스스로의 발화를 계획하는데, 이때 조건부로 하나의 발하 행위이 경계를 벗어날 수도 있다. 대체로 우리는 삶에서 하나가 아닌 더 많은 발화 행동들—종종 상호 연관된—을 수행하게 되기 때문에 인간의 발화 활동을 이야기하게 된다.

"발화 활동"이란 용어는 정확성을 요구한다. 더 자주 발화 행동들의 총체는 독립적인 체계를 형성하지 못한다. 즉, 발화 행동들은 다른 것—예를 들어 발화와 연관되지 않는 실제 행동들—과 더불어 어떤 활동에 속한다. 발화에 관해 "[…] 그것은 비록 활동의 여러 형태에서 다양하게 이용된다고 할지라도 목표 자체가 아니라 수단이자 도구이다"라고 한 레온찌예프 А. А. Леонтьев의 말은 옳다.

오직 조건부로만, 언어와 연관된 모든 행동의 총체를 발화 활동이라고 말할 수 있다. 인간 삶의 임의의 상황에서 언어를 사용하는 것을 목표 지향적인 행동 체계의 유형으로 제시하기는 어렵다. 그러나 언어가 어떠한 목표를 달성하기 위한 기본적인 수단일 때, 그리고 발화 행동의 총체가 일정한 독립성으로 특징지어지고 체계를 이룰 때에는 "발화 활동"이라는 용어를 사용하는 것이 더 적절하다. 연설자의 말, 강의, 통화, 논문, 책—이것들은 모두 목표 지향적인 발화 행동 체계의 실현을 필요로 한다. 이러한 경우에 인간의 발화 활동에 관해 말할 수 있게 된다.

보통 인간의 발화 활동으로부터 나온 산물—책, 논문, 문서, 말, 통화, 영화—이 번역된다. 번역은 그 자체로 목표 지향적인 발화 행동, 즉 듣기, 말하기, 읽기, 쓰기로 이루어진다. 번역가의 작업은 필요에서 생겨나고, 그것은 항상 조건들과 메시지 전달이라는 마지막 목표에 따라 계획된다. 그 결과는 파롤의 도움으로 실현된 행동과 작용의 역동적 체계를 통해 달성된다. 일상적인 발화 행동이 의사소통이라는 그 주된 목표를 달성하지 못할 때, 사람들은 번역으로 달려온다. 이 모든 것이 발화 활동의 한 형태로서 번역가의 활동을 고찰하기 위한 근거를 제공하기에 충분하다. 그러나 텍스트 변환에 대한 번역가의 작업(활동)

이란 듣기, 말하기, 읽기, 쓰기 등이 함께 하지 않으면 불가능하기 때문에 번역은 발화 활동의 복잡한 형태 중 하나이다.

그래서 이 모든 것을 바탕으로 번역 혹은 두 언어 사용 의사소통, 발화 활동의 복잡한 형태 중 하나로서의 번역을 구분하게 된다(번역가의 활동의 산물, 즉 번역 텍스트를 또한 번역으로 명명한다는 점을 떠올리더라도 상관없다).

번역학의 객체가 의사소통 형태 중 하나인 한, 의사소통의 특성을 전반적으로 이해하고, 두 언어 사용 의사소통이 내포하고 있는 특성을 밝힐 필요가 생긴다. 그 모든 특성을 포함하는 의사소통의 기본 단위에 대해, 발화 행위를 분석함으로써, 그렇게 하는 것이 가장 좋다.

의사소통은 한 대화자에서 다른 대화자로 메시지를 전달하는 것이다. 메시지를 전달하는 의사소통자를 원 텍스트 저자라고 하고, 메시지를 전달받는 의사소통자를 수용자 혹은 수신자라고 한다. 메시지 전달을 위해 원 텍스트 저자는 어떤 코드—무엇보다 자연어—를 사용한다. 그래서 원 텍스트 저자의 행동은 메시지를 전달할 때 발화 산물의 형태로 구체화된다. 따라서 발화 행위에서 의사소통자(둘 이상이다 — 원 텍스트 저자와 수용자)와 발화 산물을 구분해야 한다.

의사소통자들의 소통은 외부 세계로부터 격리되어 있지 않다. 그것은 항상 실제 현실에서 발생하고, 의사소통자 자신들은 이 실제 현실의 부분을 이룬다. 의사소통이 실현되는 실제 현실을 상황이라고 부른다. "상황"이란 용어는 특별하게 다루어야 한다. 문제는 이 상황을 의사소통자가 행동하는 실제 현실로만 이해하는 데 있다. 의사소통자들이 직접적으로 인식하지 않을 수도 있지만 언어적 수단에 의해 나타내어지는, 현실의 요소 역시 상황이라고 부른다. 그래서 "발화 행위에서 우리는 개별적인 단어가 아니라 전체 발화(표현 측면)를 다룬다. 이때 전체 발화란 개별 대상이 아니라 상황을 기술한다. 게다가 단어와 문법적 형태를 통해 전달되는 개념은 내용 측면을 구성한다"라는 각 В. В. Гак의 말을 고려해 볼 수 있다.

알려진 대로, 단어 및 단어결합에 의해 나타내어진 개별 대상, 특징, 행동은 지시체 денотат 혹은 지시대상 референт이라고 한다. 발화에 관해 이야기할 때, 그것은 상황을 제시한다고들 말한다. 상황-지시체가 발화 활동이 실현되는 상황과 혼동되지 않기 위해서는 상황-지시체는 대상적 상황이라고 명명하고, 의사소통이 발생하는 상황은 발화 상황이라고 불러야 한다.

발화 상황은 보통 메시지 전달 및 수용에 도움을 준다. 그러나 발화 상황의 몇몇 요소들은 부수적인 소리, 추상적인 행동, 발음의 특수성 등의 형태로 의사소통을 방해한다. 그래서 발화 상황을 긍정적인 것과 부정적인 것으로 구분할 필요가 있다. 게다가 의사소통을 도식화할 때 우리는 긍정적인 발화 상황은 단순히 상황으로 표기하고, 부정적인 발화 상황은 방해로 표기한다.

그래서 발화 행위에서 원 텍스트 저자, 수용자, 발화 산물 및 발화 상황을 구분해야 한다(발화 상황을 원 텍스트 저자, 수용자, 발화 산물로부터 구분하는 것은 단지 조건부로만 가능하다. 왜냐하면 발화 상황은 위에 열거된 모든 요소들을 포함하기 때문이다. 그럼에도 불구하고 우리는 발화 행위의 모델화를 용이하게 하기 위해 이와 같이 구분한다). 원 텍스트 저자는 그 수용자를 향하여 발화 산물을 만들어 낸다. 수용자는 발화 산물을 받아들여 그 안에 내포되어 있는 정보를 추출한다. "정보"라는 용어는 수신자가 외부 세계로부터 얻게 되는 지식을 의미한다. 비록 가상의 수신자라 하더라도 수신자가 없다면 정보에 관해 말할 수가 없다. 엄청난 양의 정보가 외부 세계로부터 끊임없이 수신자에게 들어온다.

의사소통에서는 발화 산물로부터 추출할 수 있는 정보와, 수신자에 의해 인지되는 그 밖의 모든 정보를 구별하는 것이 중요하다. 발화 산물이 직접적으로 혹은 간접적으로(왜냐하면 발화 산물은 수용자를 지향하기 때문에) 실어 나르는 정보는 수신자(수용자)를 위한 것이다. 나머지 모든 정보는 비지향성을 지닌다. 즉, 그것은 어느 누구에게도 특별하게 지정되어 있지 않고, 주위 현실 속의 모든 등장인물들에게와 마찬가지로 수신자에게 들어온다.

주변 현실로부터 들어오는 비지향적 정보는 수용자가 메시지를 접수하도록 도와줄 수 있지만, 또한 그것을 방해할 수도 있다. 긍정적인 발화 상황으로부터 들어오는, 따라서 정보의 수용을 가능하게 하는 정보는 상황정보라고 명명된다. 방해에 의해 생성된 정보는 바탕 фоновый 정보라고 불릴 것이다.

수신자에 대한 지향적 정보가 발화 산물에 있을 때에만 의사소통이 발생하리라는 것은 분명하다. 지향적 정보는, 발화 산물이 양 측면에서 한 종류가 아닌 것과 마찬가지로, 한 종류가 아니다. 발화 산물은 고유한 내용과 형식을 갖는다. 발화 산물의 내용은 발화 산물이 전달하는 의미정보와 일치한다고 여길 수 있다. 발화 행위에서 의미정보는 언어적 수단의 의미 — 그중에는 단어들의 보충적 의미(함축적 의미)도 있다 — 를 통해 전달된 모든 정보를 포함한다. 의미정보에는 지적 정보, 메시지 전달자의 감정적 상태에 대한 정보, 고유한 행동, 주변 환경, 메시지 전달자의 수용자에 대한 관계에 관한 정보가 해당된다(만일 그러한 정보가 언어적 수단의 의미를 통해 표현된다면 말이다). 몇몇 제안자들(예를 들어 끌리치니꼬바 З. И. Клычникова, 스깔낀 В. Л. Скалкин의 연구 참조)은 의지적 정보, 즉 수용자로 하여금 행동하게 할 목표를 갖는 정보를 구분한다. 만약 의지적 정보가 언어 수단의 의미를 통하여 표현된다면, 그것은 또한 의미정보로서 고찰될 수 있다.

발화 산물의 형식을 보통 "표현의 수단" 또는 "표현의 측면"이라고 한다. 언어 또는 파롤의 단위들은 보통 "내용의 측면"과 "표현의 측면"에서 고찰된다. 그래서 예를 들어 스쩨빠노프 Ю. С. Степанов는 다음과 같이 썼다. "단어는, 한편으로는 의미(내용 측면)를, 다른 한편으로는 표현 측면을 갖는 이중적 단위이다". 그러나 위에서 언급한 "측면들"의 시각에서 몇몇 발화들을 비교·분석함으로써 내용과 형식 간의 분명한 경계를 항상 정할 수 있는 것은 아님을 알 수 있다. 그러한 발화들을 비교해 보자.

1. 진부한 구들은 연설자의 말을 치장하지 못했다.
   진부한 문장들은 연설자의 말을 치장하지 못했다.
2. 우리는 새벽에 적을 공격했다.
   우리는 새벽에 상대를 공격했다.
3. 주변에 집의 수가 늘어났다.
   사방에 집의 수가 늘어났다.

전통적인 분석 방법을 따르면, 첫 번째 예에서는 "발화 측면"의 변화("구 фраза"라는 단어가 "문장 предложение"이라는 단어로 바뀜)가 생긴다고 말할 수 있다. 만약 발화 산물의 내용을 그 속에 들어 있는 모든 의미정보로 이해한다면, 첫 번째 예에서 형식("표현 측면")의 변화와 함께 새로운 단어의 특별한 "문법적" 뉘앙스와 연관된 내용 부분의 변화도 생겼음이 분명하다. 두 번째 예에서는, 서로 다른 단어(적 враг-상대 противник)를 사용함에도 불구하고, 의미정보의 변화는 관찰되지 않는다. 세 번째 예에서도, 비록 표현 방법이 정말로 많은 변화를 겪게 되었어도, 의미정보의 변화는 없다.

따라서 "구-문장"이란 단어를 사용할 때 표현 측면의 변화는 내용 측면의 변화를 수반한다. 반면 "적-상대"라는 단어를 사용할 때 내용은 변화가 없다.

동일한 단어를 포함하는 다음 예들을 보자.

A. 텍스트의 마지막 문장을 한 번 더 읽으시오.
텍스트의 마지막 구를 한 번 더 읽으시오.

Б. 그는 장기판에서 상대의 약점을 알아차렸다.
그는 장기판에서 적의 약점을 알아차렸다.

이 예들에서 호환적 현상이 발견된다. "문장-구"의 단어변화는 의미정보의 변화를 가져오지 않지만, "상대"란 단어를 "적"으로 바꾸는 것은 발화 산물의 내용을 변화시킨다.

발화 산물의 형식과는 별개로 의미정보를 고찰할 수 없게 하는, 형식과 내용 간의 복잡한 관계에 대한 결론이 나온다. "발화 산물의 요소로서의 단어와 발화 산물의 형식" 간의 관계는 언뜻 생각되는 것보다 어쩌면 훨씬 더 복잡하다. 이것에 대해 자세하게 살펴보자.

각 발화 산물, 텍스트를 어떠한 체계(즉, 상호 연관된 요소들로 구성되는 통일된 객체)로서 고찰할 수 있다는 것에서부터 시작해 보자. 각 체계의 요소는 복잡한 또는 단순한 객체에 관하여 이야기하고 있는지 여부에 관계없이, 그것이 들어 있는 체계의 시각에서 볼 때에는 구분되지 않는 성질을 띤다. 체계로서의 발화 산물의 요소들은 오직 단어, 즉 체계로서의 발화 산물의 시각에서는 구분되지 않는 단위일 수 있다(단어는 형태소가 바뀌거나 보충될 수 있고, 이러한 작용은 단어의 경계에서만 가능하다).

발화 산물은 물질적 체계이다. 왜냐하면 그 요소들(단어들)이 물질적이기 때문이다. 발화 산물은 이차적인 물질적 체계이다. 왜냐하면 그 요소들은 그 자체로 독립적이고, 그 실체(음성적 재료)로부터 분리된 어떤 것을 표기하며, 관념적 체계의 요소들을 제시할 수 있는 특성이 (인간에 의해) 부여되어 있기 때문이다. 각 체계는 구성 및 조직에 의해 구별된다. 철학적으로 이해할 때 체계의 구성 내지 조직은 그 구조이다. 구조는 체계의 요소 간에 상호 관련된 연관의 총체이다. 그러나 구조는 체계의 요소들 자체를 결코 포함하지 않는다. 그렇지 않으면, 구조는 체계와 다르지 않을 것이다. 후자의 입장은 우리에게 매우 중요하다. 그것이 언어적 문제에 할애된 연구에서 항상 구분되는 것은 아니다. 그러나 구조에 대한 그러한 이해는 일반적인 학문적 이해와 일치한다. 그뿐만 아니라 철학적 범주에서 볼 때, 구조와 형식에 대한 개념은 서로 아주 비슷하다. 《철학사전》(1968)에 의하면, "형식의 범주는 내적 관계, 조직 방법, 요소들과 과정들이 서로 간에, 그리고 외적 조건들과 보이는 상호 작용을 표현한다".

결국 체계는 그 요소들과 요소들의 상호 연관을 포함하는 완전한 객체이며, 구조는 요소들 간의 연관 및 상호관계이다. 아니면 구조는 체계에서 그 요소들을 뺀 것이다. 더 나아가 발화 산물은 단어들(요소들)과 그 단어들의 상호 연관을 포함하는 체계이다. 반면 발화 산물의 구조는 관계되어 있는 모든 것들과 관계되지 않은 자체 체계의 요소들(단어들)이 상호 관련되어 있는 것이다. 발화 산물의 구조에 그것을 구성하는 단어들은 포함되지 않는다. 만약 연관과 상호관계의 총체가 외적 조건(상황, 원 텍스트 저자, 수신자)을 지닌 발화 산물의 요소들(단어)의 연관과 상호관계를 포함한다면, 발화 산물의 구조는 발화 산물의 형식이 된다. 발화 산물을 위해서 존재하는 외적 연관은 자연스러운 것이다. 왜냐하면 그렇지 않다면 그것은 더 이상 발화적인 것, 즉 인간의 활동에 속하는 것이 아니기 때문이다.

발화 산물의 요소로서 단어의 외적 연관 가운데 특히 중요한 것은 관념과의 연관(의미 연관)이다. 왜냐하면 이 연관의 변화는 발화 산물의 의미정보 부분을 변화시키기 때문이다. 바로 이러한 현상을 우리는 예 "1"과 "Б"에서 살펴보았다. 거기서 형식이 변화할 때 기호적 연관(단어와 관념의 연관)이 파괴되었다. 예 "2"와 "A"에서는 발화 산물의 형식이 변화할 때 기호적 연관은 파괴되지 않았고, 또한 기호적 정보 부분을 변화시키지도 않았다. 열거된 모든 예에서 발화 산물의 구조가 변화되지 않고 있음을 강조하는 것은 흥미롭다.

세 번째 예는 특별한 위치를 차지한다. 여기서 발화 산물의 형식상 변화는 외적 연관에 의해서뿐만 아니라 발화 산물의 구조 변화에 의해서도 발생한다. 게다가 의미적 연관의 총체는 변하지 않은 채로 남아 있는데, 이러한 사실이 최초 발화 산물의 정보량이 유지되는 원인이 된다.

고찰된 예들은 발화 산물 요소의 의미적 연관이 변화되지 않고는 그 속에 있는 의미정보가 변화하지 않는다는 것을 보여 준다. 발화 산물의 구조 변화가 그 자체로 발화 산물의 의미정보의 변화를 가져오는 것은 아니다. 아마도 발화 산물의 내용과 형식이 아니라 그 형식의 구성 부분으로서의 구조를 구별하는 것이 훨씬 더 간단함을 확인할 수 있을 것이다. 왜냐하면 발화 산물의 형식에 관한 정보에는 의미정보가 포함될 수 있기 때문이다. 발화 산물의 구조에 관한 정보는 결코 의미정보를 포함하지 않는다.

다음과 같은 결론을 내릴 수 있다. 발화 산물은 고유한 내용과 형식을 지닌다. 그 속에 포함된 모든 의미정보가 발화 산물의 내용을 구성한다. 발화 산물의 형식은 자체적인 요소 없이 요소(단어)들의 내적·외적 연관의 총체이다. 발화 산물의 구조는 단지 그 요소들의 외적 연관과 그 성분들의 상호관계만을 포함하면서, 그 형식의 일부를 이룬다. 발화 산물의 구조에 관한 정보는 결코 의미정보를 가지지 않고, 발화 산물의 형식에 관한 정보보다 더욱 단순하게 나누어질 수 있다.

의사소통 과정에서 발화 산물의 구조에 관한 정보를 고려하는 것이 얼마나 중요한가, 그리고 그러한 정보가 수용자에게 미치는 영향의 결과는 어떠한가라는 문제에 답하는 일이 남아 있다. 다음의 예들을 살펴보자.

1. 나에게는 연필이 있다.
   나는 연필을 가지고 있다.
2. 비밀스럽고 차가운 반(半)마스크 아래에서
   너의 평온한 목소리가 꿈결같이 들렸다.
   너의 매혹적인 눈길이 나를 비추었다.
   그리고 교활한 입술이 미소 지었다.

당신의 얼굴이 반마스크로 감춰져 있을 때 당신이 말하는 방식이 나는 매우 마음에 들었다. 반마스크는 비밀스럽고 엄격해 보였다. 당신의 아름답고 매력적인 눈은 나를 보았고, 입술은 교활하게 미소지었다.

3. 주변에 집들의 수가 늘어났다.
   사방에 집들의 수가 늘어났다.

이 세 개의 예에서 발화 구조는 변한다. 그러나 만약 세 번째 예에서 이 변화가 단지 특별한 분석에서만 주의를 끈다면, 첫 번째 예에서 그것은 러시아적이지 않은 발화 구조라는 것을 알리면서 몇 가지 심미적인 불편함을 불러일으킨다. 두 번째 예에서 텍스트 구조의 변화는 작가의 의도를 깨뜨리고 작가가 기대했던 그러한 심미적인 효과가 없게 만든다.

이러한 예들은, 몇몇 경우에 구조가 수용자에게 보충적인 심미적 효과, 즉 언어 수단의 의미를 통하여 달성되는 것이 아닌 그러한 심미적 효과를 불러일으킬 수 있음을 보여 준다.

그래서 의사소통의 도식에서 상호 작용을 고찰할 때 발화 산물(우리에게는 수용자)은 의미정보뿐만 아니라 수용자에게 보충적 효과를 불러일으킬 수 있는, 구조에 관한 정보를 구분할 수 있게 된다.

발화 행위에 관해 언급된 모든 것은 도식으로 제시할 수 있는데, 거기서 메시지 전달 과정의 역학은 수용자에게 지향된 성질을 모든 정보에 조건적으로 부가할 필요가 있다.

도식에서 보여 주는 것은 발화 산물의 생성이란 코드의 도움이 있을 때 원 텍스트 저자를 둘러싼 현실을 반영한 결과라는 점이다. 발화 산물의 수용자에게 있어 원 텍스트 저자는 한편으로는 발화 산물의 내용을 이해하도록 도와주고(상황 요소) 다른 한편으로는 (예를 들면, 말 더듬기와 같이) 의사소통 과정을 방해하는(방해 요소) 실제 현실의 성분들이기도 하다.

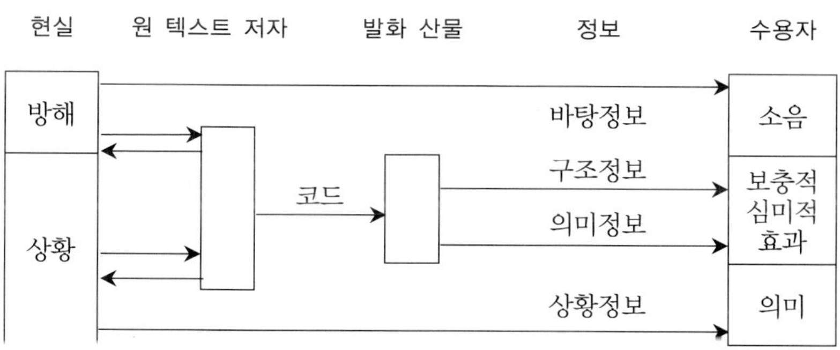

도식에는 의사소통의 각 형태에서(두 언어 사용 의사소통도 포함하여) 나타낼 수 있는, 의사소통의 모든 요소들이 제시되어 있다.

결론

번역학의 객체는 단순히 두 언어 사용 의사소통이 아니라, 원 텍스트 저자, 번역가, 수용자 간의 상관적인 활동을 포함하는, 두 언어 사용 의사소통이다. 이러한 의사소통에서 중심이 되는 것은 번역가의 활동, 혹은 복잡한 발화 활동 중 하나인 고유한 의미에서의 번역이다.

번역학의 객체를 연구하는 것은 번역가 자신의 활동뿐만 아니라 의사소통 유형을 연구하는 것이라는 전제에서 시작해야 한다. 의사소통의 각 유형을 연구하는 것은 의사소통의 각 유형의 모든 기본적인 성분들을 포함하고 있는 그 기본 단위들로부터 시작해야 한다. 그러한 기본 단위가 바로 발화 행위이다. 구조 및 발화 행위 특성을 연구하는 것은 번역학 객체의 특성을 분명하게 해주고, 그렇게 함으로써 번역의 본질 또한 분명하게 해 준다.

제3장
발화 행위와 번역

우리는 발화 행위의 기본적인 성분과 구조를 고찰했다. 언급된 모든 것들은 각각의 의사소통 유형—두 언어 사용 의사소통도 포함하여—과 연관된다. 발화 행위의 역학에 대한 정보 역시 매우 유용하다. 즉, 원텍스트 저자의 의도는 현실을 나타낸 결과이고, 의도는 코드의 도움을 받아 발화 산물로 구체화되며, 이때 발화 산물은 수용자에게로 지향된 정보를 포함한다. 의사소통 도식에 따르면, 지향적 정보도 비지향적 정보도 모두 수용자에게로 들어오고, 이 두 종류의 정보는 소음, 보충적인 심미적 효과, 그리고 의미로 변환된다. 만약 소음이 번역에 수반되기는 하지만 번역의 본질은 변화시키지 않는, 의사소통의 기술적 문제와 연관된다면, 보충적인 심미적 효과와 의미는 번역 이론과 직접적으로 관련된다.

이미 언급한 것처럼, 보충적인 심미적 효과는 발화 산물의 구조에 의해 달성되는 것으로, 예술번역 이론이 특수한 문제이다. 의미에 관해서는 이 개념은 더욱 복잡하며, 따라서 그에 대해서는 특히 더 상세히 기술해야 한다.

경험적으로, 거의 모든 이들이 의미가 대체 무엇인지를 이해하고 있다. 그러나 그것을 학문적으로 정의하는 것은 너무나도 복잡하며 분명하게 구분되지도 않는다. 슬류사레바 Н. А. Слюсарева의 정의를 보자. "의미는 초언어학적 현상으로 고찰되는데, 그것은 다른 개념과 표상이 포함된 사고 범주처럼 어떠한 개념들이 연관된 총체이다. 의미는 개념의 내용과 연관된다". 또 다른 정의가 있다. 즉, 의미는 "대상에 대한 일정한 생각이며, 대상을 나타내는 특정 형식이다". 우리의 관점에서 이러한 정의들은 쉽게 이해되는 것은 아니다. 게다가 그러한 정의들은 발화의 의미가 아니라 의미 전체를 고려한다. 우리를 흥미롭게 하는 것은 의사소통에서의 의미, 발화 산물 및 언어에 의한 메시지 전달 과정과 연관된 의미이다.

그러한 정의 중 하나를 살펴보자. "의미는 언어 수행자에 의해 같은 의미를 갖는 것으로서 인정되고 사용되는 다양한 모든 발화들에 공통적으로 내재되어 있는 것이다. 간단하게 말하면, 의미는 동의적 변형(패러프레이즈)의 불변체이다". 이러한 정의에서 의미는 발화와 연관된다. 그러나 그것은 다른 발화를 통해, 즉 언어 내적인 번역을 통해 정의된다. 우리에게 이것은 수용되지 않는 상황이다. 왜냐하면 우리는 발화 행위를 함으로써 번역을 위한 발화 의미의 정의를 찾기 때문이다.

메시지 전달에서 의미를 좀 더 잘 정의한 것은 즈베긴쩨프 В. А. Звегинцев이다. 그에 의하면 "소통 행위라는 상황적 필요성을 갖는 문장의 의미있는 내용들이 조화함으로써 의미가 구성된다". 이 정의는 앞의 도식에서 제시된 것과 관련된다. 즉, 의미는 의미정보와 상황정보가 조화된 결과로 형성된다. 두 가지 정보의 상호 작용에서 의미가 생성되는 이러한 현상을 어떻게 설명할 수 있을까? 발화 행위에서 그 원 텍스트 저자에 의해 발화 산물이 생성되는 것부터 설명해야 한다.

발화를 하기 전에, 원 텍스트 저자는 주변 현실을 표현하고 표상, 감정, 심적 체험의 형태로 정보를 축적한다. 발생하는 의미 형성을 전달해야 한다는 것은 발화의 의도, 또는 파롤 발화의 계획이나 프로그램이 출현하는 원인이 된다. 파롤 발화의 계획 혹은 프로그램은 근본적인(즉, 의사소통 행위의 필연성을 야기하는) 의미 형성을 수반하는 임의의 사고 과정에 일치할 수 있다. 그리고 그때 발화 의미는 발화 산물의 내용과 상황 간의 연관이 없다면 불분명한 채로 있게 된다.

그래서 짐(예를 들면, 여행가방) 같은 것을 날라야 하는 발화 상황에서 다음 발화들이 나올 수 있다. "내 손에 딱딱한 종기가 생겼다". 이 발화에 들어 있는 정보는 원 텍스트 저자가 두 번째 의사소통자에게 전달하고자 하는 정보, 즉 "이 고통을 너에게 전해야 한다"라는 말로 표현될 수 있는 정보와 일치하지 않는다. 발화 산물에 들어 있는 정보는 사고에 수반되는 사역 진행 —"이 고통을 너에게 전해야 한다"(결과)-"내 손에 딱딱한 종기가 생겼다"(원인) —과 일치한다. 유사한 경우에 상황을 알지 못하면서 전달을 위해 예정된 정보를 분류해서는 안 된다는 것은 분명하다.

따라서 발화 산물에서 하나의 내용적 정보는(이미 말한 것처럼, 발화 산물의 모든 내용적 정보는 의사소통에서 의미적 정보를 구성한다) 그 의미를 이해하는 데에는 불충분하다. 이를 위해서 수신자는 상황정보 또한 얻어야 한다. 이것이 바로 언어적 의사소통에서 의미는 주어진 구체적 상황에서 발화 산물의 내용으로 정의되는 이유이다. 앞의 도식에서 이 정의는 의미정보와 상황정보의 상호 연관으로 제시되어 있다.

만약 의사소통 행위가 도식에서 모델화된, 추상적인 역동적 체계라면, 그 도식에 제시된 개념들 가운데 기본적이며 확실한 개념과 보조적이며 불확실한 개념을 구분하기는 어렵지 않다. 기본적이고 확실한 개념에는 상황과 방해로 나타나는 현실, 원 텍스트 저자, 발화 산물, 의사소통 행위의 마지막에 놓인 수용자가 관련된다. 이 요소들 각각은 의사소통 과정의 각 단면에서 기록되고 분리되며 연구될 수 있다. 이 요소들 각각은 물질적으로 구체화된다. 코드 및 여러 정보 형태들이 해당되는 보조적인, 또는 불확실한 요소들은 의사소통에서 명확하게 나타나지 않는다. 그러한 요소들이 존재함을 알려주는 것은 바로 그러한 요소들에서 파생된 것, 즉 의사소통의 산물이다. 다른 말로 하면, 그러한 요소들은 일종의 변형자로서의 역할을 한다. 코드는 원 텍스트 저자의 의도들을 발화 산물로 변환하여 의미 형성을 실현한다. 그리고 음성적 정보는 방해를 소음으로 전환한다. 상황과 발화 산물은 상황정보와 의미정보를 통해 의미로 변환된다. 그리고 구조에 관한 정보는 발화 산물의 구조를 보충적인 심미적 효과로 변환한다.

그런 식으로 발화 산물, 소음, 의미, 보충적인 심미적 효과는 의사소통 행위에서 발생하는 변환의 산물, 즉 의사소통 행위의 산물이다. 게다가 발화 산물은 의미정보와 구조에 관한 정보의 발단이 되는 중간 형성물로서 나타난다.

발화 행위로서의 번역에서 필요성은, 수용자가 처음의 변형자(원 텍스트 저자가 발화 산물을 생성할 때 이용한 코드)를 알지 못하는 것과 관련하여 의미정보와 구조에 관한 정보가 본래의 변형 기능을 수행하지 못할 때 나타난다. 이러한 경우에 제1코드(원 텍스트)의 도움으로 전달된 메시지의 수용자가 되는 것은 번역가이며, 향후 번역가는 수용자에게 알려져 있는 제2코드(번역 텍스트 혹은 출력 텍스트)의 도움으로 전달되는 메시지의 원 텍스트 저자가 된다. 이와 같이 하여 번역은 의사소통의 성분들을 배가시키는 듯하며, 이로써 각자 고유한 발화 동기와 목표를 갖는 두 원 텍스트 저자, 두 상황(긍정적 상황과 부정적 상황을 포함하여), 두 발화 산물, 두 수용자가 나타난다. 의사소통 성분의 배가는 발화 활동의 한 종류로서 번역이 갖는 기본적인 특징이기도 하다.

의사소통 성분의 배가는 자체의 문제를 가지는데, 그중 가장 중요한 두 가지는 번역성의 문제와 번역에서의 불변체 문제이다.

번역성의 문제는 번역에서 오랫동안 다루어 온 이론적 문제들 중의 하나이다. 이미 르네상스 시대에 단테는 다음과 같이 얘기했다. "조화를 목적으로 시의 음악적 기저에 내재된 무엇인가가 그 모든 조화와 매력이 파괴되지 않으면서 한 언어에서 다른 언어로 번역될 수 없다는 것을 알게 하라".

번역성의 문제는 의사를 전달하려는 때부터 해결되지 않았다. 그것은 번역에 대한 요구를 간단하게 진술하려는 시도가 행해질 때마다 매번 발생한다. 이 문제가 지속되는 것은 의사소통 성분들이 배가되는 데 내포된, 번역의 기술적 특징을 증명한다. 의사소통에서 배가된 원 텍스트 저자, 상황, 수용자는 일치할 수 없다. 무엇보다 자주 발화 산물이 생성되는 순간 번역가가 갖는 동기와 목적들이 원 텍스트 저자의 동기와 목적들과는 구별된다는 것은 아주 명백하다. 메시지의 수용자에게 제시되는 상황 역시 번역가가 최초의 메시지를 수용하는 순간의 상황과 전부 일치하지는 않는다. 그러한 조건에서, 게다가 제2코드(번역 언어)에 의해 부과된 제한들이 있을 경우, 출력 발화 산물은 최초의 발화 산물과 비교해서 언제나 적절할 수는 없다.

전달의 적절함, 충실함, 완전함은 몇몇 연구가들에 의해 번역의 지배적인 특징으로서 제기되고 있다. 페도로프 A. B. Федоров는 이에 대해 다음과 같이 결론을 내렸다. "[…] 번역한다는 것은 한 언어를 수단으로 하여, 그 이전에 다른 언어를 수단으로 해서 표현된 것을 충실하고 완전하게 표현하는 것을 의미한다. (전달의 충실함과 완전함 속에는 변형, 다시 말하는 것 혹은 축약된 서술, 모든 종류의 이른바 "번안물"로부터 번역을 구별 짓게 하는 특성이 있다)".

동일한 견해가 각 В. Г. Гак의 정의에서도 잘 나타난다. 그에 의하면 "번역 과제에는 [···] 원본 언어로 전달된 생각의 내용을 정확하게 기술하는 것뿐만 아니라 메시지의 문체와 형식의 모든 특성들을 번역어 수단으로 재현하는 것도 포함된다. 즉, 이 과제 — 내용과 형식의 단일체를 재현하는 것 — 는 번역을, 다른 언어로 서술된 내용을 전달하는 여타 방법(다시 말하는 것, 개략보고 등)과 구별되게 한다.

이러한 정의들에서, 첫째, 모든 것은 오직 문학 번역으로 귀착된다. 번역어의 수단으로 원본의 문체와 형식이 지니는 모든 특성을 재현해야 한다는 요구가 이를 증명한다. 이러한 요구를 동시 번역에 대해 제기해서는 안 된다는 것, 예술 문학 번역이 결코 번역 활동의 다양성을 없어지게 하지 않는다는 것은 분명하다.

둘째, 이 정의들은 실제적으로 번역 일반의 가능성을 말살한다. 즉, 이전에 다른 언어 수단으로 이미 표현된 것을 충실하고 완전하게(적절하게) 표현해야 한다는 요구는 번역성의 문제를 불러일으켰고, 훔볼트 В. Гумбольт는 이에 대해서 다음과 같은 글을 썼다. "내게는 번역이란 모두 무조건 달성되지 않는 과제를 해결하고자 하는 시도이다. 각 번역가는 특정 민족의 기호와 언어를 희생하여 그 원본을 지나치게 정확하게 따르든가 또는 원본을 희생하여 민족 고유의 특성을 유지하든가 하면서, 두 암초 중 하나에 걸려 부서질 수밖에 없다. 중간 정도로 번역한다는 것은 달성되기 어려울 뿐만 아니라 불가능하기까지 하다".

그러는 사이에 적절성의 요구로 귀결되는 번역성의 문제는 실제로 많은 경우 부정적으로 해결된다. 왜냐하면 절대적인 번역성은 배가된 의사소통 성분들(원 텍스트 저자, 상황, 방해, 발화 산물 등)의 대부분이 일치하는 것을 전제로 하기 때문이다. 그래서 레브진 И. И. Ревзин과 로젠츠베이그 В. Ю. Розенцвейг도 이 점을 인정하고 있다. "일반적으로 말하자면, 어떠한 손실도 없이 원본의 내용과 형식의 모든 특성이 전달되는 변환으로 번역을 정의할 경우, 그러한 변환은 원칙적으로 실현 불가능한 것이라고 인정해야 한다".

만약 번역을 의사소통을 위해, 즉 메시지의 전달과 수용을 위해 필수불가결한 활동으로 고찰한다면 문제는 다르다. 이 경우 번역성의 문제는 긍정적으로 해결되는데, 이는 번역이 그 과제를 성공적으로 수행하고 있는 오늘날의 삶을 증명한다. 이러한 측면에서 볼 때 레빈 Ч. Рэбин이 국제번역가협회의 기관 잡지인 《바벨 Бабель》에서, 기계의 조작에 따른 도구 번역은 만약 기술자가 그 기계를 정확하게 조작한다면 괜찮을 것이라고 한 것은 전적으로 옳은 말이다. 즉, 객관적으로 존재하는 상황은 발화 산물의 정보적 가치가 어디에 있는지 알려 준다. 다시 말해 상황은 수신자에게 반드시 전달되어야만 하는 바로 그것을 알려 준다.

예를 들어 예술번역에서는 저자의 문체적 특성이 독자에게 이르게 할 필요가 있는 반면, 동시 번역에서는 때때로 의미 전달로만 제한될 수 있다.

번역을 형성하기 위해 제기되는 요구들에 대해서는 변별적인 접근법이 필요하다는 점을 꼬미사로프 В. Н. Комиссаров 역시 강조하고 있다. "예술번역(즉, 예술 작품을 번역하는 것)과는 달리, 정보 번역은 개별적인 작가의 문체적 특성이 보통 거의 존재하지 않는 자료들을 취급한다".

이러한 판단은 새로운 문제들을 야기한다. 번역을 다른 언어로 기술된 자료의 바꿔 말하기, 주석 달기, 개략보고와 구분 짓는 것은 무엇인가? 한 언어에서 다른 언어로 번역되는 텍스트의 가능한 모든 변형에서 변하지 않고 남아 있는 것은 무엇인가?

이렇게 우리는 번역이 갖는 하나의 문제, 즉 불변체 문제에 접근했다. 이 문제의 복잡성은 번역 의사소통에서 동일한 역할을 맡은 두 성분들이 나란히 존재한다는 사실로 설명된다.

번역에서 무엇이 불변체인가 하는 문제는 적지 않게 연구되어 왔다. "불변체"라는 용어가 수학에서 주로 사용되고 있고, 따라서 이 용어가 수학에서부터 언어학으로 차용된 것이라는 점을 떠올리기 바란다. 지금까지 번역 이론은 주로 언어학자들이 연구했기 때문에, "불변체"라는 용어가 번역 이론에서 언어학적인 개념으로 사용된다고 생각할 수 있다. 아흐마노바 O. C. Ахманова는 "불변체"라는 용어를 다음과 같이 정의하고 있다. "언어라는 추상적 체계의 한 요소로서 의소 сема는 그러한 체계가 구체적으로 실현된 것들에서 추출된다". 알다시피 언어학에서는 음소 фонема, 형태소 морфема, 어휘소 лексема 등과 같이 언어의 추상적 체계에 속하는 개념들을 불변체로 간주한다. 음소의 여러 유형들은 불변체로서 언어의 음성적 체계에 속한다. 예를 들어 러시아어에는 39개 음소, 영어에는 40개 음소, 프랑스어에는 35개 음소가 있다.

의미소 семантема와 같이 추상화된 개념은 체계성의 관점에서 보면 불변체의 개념 요구를 만족시킨다. 왜냐하면 그것은 언어에서 내용의 단위이고 또 언어의 의미적 체계에 들어가기 때문이다. 번역에서 불변체로 분류하고자 하는 것이 언어라는 추상적 체계에 들어가지 않는다는 점은 쉽게 알 수 있다. 왜냐하면 그러한 것은 단위도 아니고 또 근간이 되는 어떤 언어적 하부체계로서의 역할을 하지 않기 때문이다. 이것이 바로 "불변체"라는 용어를 언어학에서 이해되는 그대로 번역에서 사용하는 것이 적절한지 의심을 품은 첫 번째 반박이다.

이 외에도 각 언어학적 불변체는 고유한 특징들을 갖고 있다. 그것에 관한 개념은 연역적 방법에 의해서도 그러한 개념들의 수많은 실현들(예를 들면, 음소 "a")을 통해서도 생성된다. 즉, 어떻게 불변체가 구성되는지 앎으로써 우리는 불변체의 실현을 알아차리게 된다. 번역에서는 원본과 최초의 상황을 통해서만 불변체에 관한 개념을 정립할 수 있다. 나머지 실현(번역의 변이체)들을 통해서는, 그 자체로 불변체의 여러 실현들 중 하나(사실은 최초의 실현)인 원본에 대해서만 판단할 수 있다. 나머지 실현(번역의 변이체)들은 첫 번째 실현(원본)을 통해서 간접적으로 불변체와 연결되며, 사실상 그것들은 첫 번째 실현의 실현들이다. 그리고 번역의 변이체 вариант가 이러저러한 불변체의 실현이라고 말하는 것은 그 첫 번째 실현, 즉 원본을 알고 나서야만 가능하다. 번역에서의 이른바 불변체와 언어학적인 개념으로서의 불변체 간에 나타나는 이러한 모순은 우리의 두 번째 반박을 내포하고 있다.

수학적 개념으로서의 "불변체"를 살펴보면, 그것은 "[…] 이 표현과 연관된 가변적인 것들이 일정하게 변환할 경우에도 변하지 않고 남아 있는 표현이다". 이 개념은 번역에서 불변체로 이해되는 것에 더 가깝다. 우리는 번역의 결과 무언가가 메시지의 첫 번째 제시에서도 번역의 변이체에서도 유지되고 존재해야 함을 이미 언급했다. 만약 그것이 "불변체" — 이 용어를 수학에서 이해되는 그대로의 의미로 차용하여 — 라고 불리는 사용 코드에 관계없이 보존되어 있는 "항구적이고 불변하는 것"이라면, 이 경우에 불변체의 문제는 더욱 실제적인 것이 된다.

그렇다면 번역에서는 무엇이 불변체인가? 이에 대해 여러 저자들이 제시한 몇 가지 정의를 상기시켜 보자. 바르후다로프는 번역에서의 불변체는 원 텍스트의 의미 내용과 번역 텍스트의 의미 내용 간의 일치라고 한다. 다른 말로 하면, 그는 "불변체"라는 용어의 언어학적인 이해를 번역으로 옮겨 놓고자 하며, 이러한 의미에서 원 텍스트와 번역 텍스트

간에 등가기호를 설정하고 있다. 그러나 번역 텍스트는 불변체에 기반을 두는 것이 아니라 원 텍스트에 기초해서 만들어지기 때문에, 원 텍스트와 번역 텍스트를 비교하는 방법으로는 불변체를 논리적으로 찾을 수 없다. 게다가 의미 내용에 그쳐도 안 된다. 왜냐하면, 우리가 앞의 도식에서 제시했듯이, 의사소통은 의미정보와 상황정보를 상호 관련시킬 때에만 그 목표를 달성할 수 있기 때문이다.

레브진과 로젠츠베이그에게 불변체는 "해당 표현에 따라 설정된, 언어-매개물의 기본적 의미 단위들"이 동일한 것이다. 그들은 또한 "불변체"라는 용어의 언어학적인 이해에 기초하고 있기는 하지만, 원 텍스트와 번역 텍스트 사이가 아니라 원 텍스트와 언어-매개물 사이에 등가기호를 설정한다. 이때 언어-매개물이 불변체와 맺는 연관은 원 텍스트에 의해 중개된다. 이러한 정의에서 의사소통의 초언어학적 성분들은 고려되지 않는다.

레온찌예프 А. А. Леонтьев는 다음과 같이 정의하고 있다. "[…] 불변체란 바로 발화 산물의 내적인 프로그램이다. 즉, 기능적으로 의미가 "부과된", 대상물을 묘사하는 코드 요소들, 혹은 그와 같은 요소들에 대한 행위들의 체계이다".

레온찌예프는 불변체를 발화 산물의 의미 구조로 국한시키며, 발화 산물의 "예술적 모델"(텍스트 구조에 관한 정보) 도 상황도 고려하지 않는다. 그러나 레온찌예프는 불변체가 밝혀지는 엄격한 범위를 잘 보아서 예술 작품 번역의 경우 "작품의 예술적 구조의 지배소 доминанта"를 불변체라고 부른다.

꾸즈민 Ю. Г. Кузьмин은 불변체를 "메시지 저자에 의해 인식되는 그대로의, 현실 속 상황"과 동일한 것으로 본다. 레온찌예프와 마찬가지로 꾸즈민에게도 번역에서의 불변체란 바로 변하지 않고 남아 있는 것이다(수학적 개념). 그러나 꾸즈민은 상황으로 주의를 분산시키면서, 발화 — 여기서 상황은 그 표현을 얻게 되지만 메시지 저자가 그러한 상황을 인식할 만큼 반드시 그런 것은 아닌 — 의 의미적 정보를 고려하지 않는다. 더욱이 이럴 경우 "안녕!", "새해 복 많이 받으세요!" 같은 유형의 발화에서 불변체를 어떻게 찾을 것인가는 알 수 없다.

불변체의 가장 진전된 정의 중 하나는 쉬베이쩨르 А. Д. Швейцер가 제시한 것이다. "[…] 번역 과정에서 언제나 변하지 않는 것은, 주어진 의사소통 행위의 기능적 특성들과 그러한 특성들 간의 상호관계에 의해 결정되고 모델화되는, 최초 메시지의 내용(의미론적 내용뿐만 아니라 화용론적 내용)이다". 그는 의미론적 정보도, 화용론적 정보도(상황적 정보도 포함하는), 주어진 의사소통 행위의 특성도 고려한다. 그러나 최초 메시지의 내용이 무엇인지, 그리고 쉬베이쩨르가 메시지를 발화 산물, 즉 텍스트와 동일시하지 않는지는 명확하지 않다. 이 경우 불변체의 정의는 예술번역에는 해당되지 않는다. 예술번역을 할 때에는 텍스트 구조에 관한 정보를 전달하는 것이 필수적이다.

그래서 위에 인용된 정의들 중 어느 하나도 우리를 완전히 만족시켜주지 못한다. 번역에서의 불변체를 정의할 때에는, 불변체를 분리해내는 주된 재료인 발화 산물뿐만 아니라 원 텍스트 저자의 목표, 동기, 의도까지도 고려해야 한다. 왜냐하면 번역에서는 단순히 원 텍스트의 내용과 형식을 보존하는 것뿐만 아니라 원 텍스트 저자가 전달하고자 하는 — 우리가 메시지라고 부르는 — 정보를 유지하는 것이 중요하기 때문이다.

"메시지"라는 용어는 훨씬 더 자세한 설명을 필요로 한다. "메시지"라는 말은 정보 이론의 입장들을 이용하는 것과 관련하여 언어학과 심리학에서 폭넓게 사용되고 있다. 이 단어의 두 번째 의미는, 우샤꼬프 Д.

Н. Ушаков가 편찬한 러시아어 해석사전에 따르면, 다음과 같다. "전달되는 것, 소식, 뉴스". 유감스럽게도 많은 저술들의 저자들이 메시지를 발화 산물 또는 심지어 기표 등과 동의어로 사용하기 시작했다. 몇 가지 예를 보자. "메시지는 발화 사슬이다. 그것은 시간 안에서 확장되고 시간 안에서 측정된다. 비유적으로 말하면 [···] 그것은 선적인 특성을 지닌다. 메시지는, 계열축적 측면과는 달리, 언어의 통합축적 측면이다 [···]", "메시지는 발화 첫 단계에서 설정된다. 실제로 청자는 분석되는 단어를 포함하고 있는 메시지에서, 분류된 일련의 정보를 획득하게 된다 [···]", "**메시지**, **메시지의 개략보고**, 그리고 **의사소통의 의미**를 각각 구분해야 한다".

이 단어의 의미는 아흐마노바의 언어학 용어사전에서도 충분히 정확하게 정의되어 있지 않은데, 그에 의하면 메시지란 "정보를 포함하고 있는, 발화의 의사소통적 측면"이다.

그러나 언어학에서 "메시지"라는 단어를 자유롭게 사용할 수 있다면, 번역 이론에서는 "메시지"라는 용어를 정확하게 써야만 한다.

발화 의사소통에서 원 텍스트 저자는 자신에게 떠오른 관념 및 사고를 수신자가 잘 알게 하려고 한다. 원 텍스트 저자의 의도는 메시지 전달을 통하여 실현된다. 메시지를 전달하기 위해 그는 상황을 이용할 수 있고 또 통상 발화 산물(발화 산물을 구성하는 방법은 그에게 매우 중요하다)을 생성해야 한다. 즉, 그는 수용자에 대해 일정한 작용(의사소통 효과)을 초래해야만 한다. 자신이 하는 활동의 목표, 발화 상황, 그리고 여타 요인들에 따라 원 텍스트 저자는 발화에서 구현할 목적으로 정보를 선택하고 또 발화 산물의 구성 방법을 선택한다. 여기서 말하는 정보 및 발화 산물의 구성 방법은, 그의 견해에 따르면, 주어진 조건들 속에서 필요한 의사소통 효과를 일으킬 수 있다. 그뿐 아니라 발화에서 구현할 목적으로 원 텍스트 저자에 의해 선택된 정보가 전달을 위해 예정된 정보와 반드시 일치하는 것은 아니다. 의미정보와 상황정보의 대비 이후에 메시지가 분리되고 또 메시지가 의미와 일치하는 듯 보였던 위의 예("이 고통을 네게 전해야 한다"라고 말하는 대신에 아픈 손에 관해 이야기하는) 에서처럼 말이다. 의미와 메시지의 일치에 관해서는 매우 조건적으로만 말할 수 있다. 왜냐하면 의미는 두 가지 기본적인 정보 — 의미정보와 상황정보 — 의 상호 작용에서 나온 것이며, 그러한 두 종류의 정보들이 수신자의 두뇌 메커니즘 속에서 변환된 결과물인 반면, 메시지는 그 자체로 정보, 즉 전달을 위해 예정된 정보이기 때문이다. 만약 어떤 구체적인 의사소통 사례에서 메시지가 의미정보와 상황정보로 이루어진다면, 이는 메시지에 의미로 변환될 수 있는 기반이 모두 들어 있음을 의미한다. 바로 여기에서부터 메시지와 의미 간의 외형적 일치가 나온다. 메시지는 언제나 전달을 위해 예정된 정보이나, 메시지를 구성하는 여러 가지 정보의 세트와 비중은 각 발화 행위에서(여기에는 번역 과정도 포함) 변할 수 있다. 메시지는 발화 산물(예를 들어 예술번역에서) 의 구조에 관한 정보 또한 포함할 수 있다. 그리고 그때 메시지는 수신자에게 의미로서만이 아니라 보충적인 심미적 효과로도 인식될 것이다.

이런 식으로 번역에서의 불변체가 되는 것은 메시지이거나 혹은 전달을 위해 예정된 정보이다. 이것은 단지 의미정보이거나 상황정보일 수도 있고, 구조에 관한 정보일 수도 있으며, 의미정보와 상황정보의 결합일 수도 있고, 모든 정보가 함께 선택된 것일 수도 있다. 이 모든 경우에 전달을 위해 예정된 모든 정보는 메시지를 구성하는데, 이리하여 메시지의 구조는 변하며 활동의 목표에 따라 좌우된다.

그래서 번역학 객체의 모델을, 그 기초 단위인 발화 행위를 분석하는 것에 기초하여 만듦으로써 번역의 본질적 특성을 분리해 낼 수 있었다. 즉, 번역은 두 언어 사용 의사소통의 중심 구성 분자라는 점, 번역은 발화 활동의 복잡한 유형이라는 점, 번역은 의사소통의 성분들을 배가시킨다는 점, 번역은 메시지 — 번역의 불변체이다 — 전달 과정이라는 점을 보여 주었다. 이러한 특징들을 종합하여 다음과 같은 정의를 내릴 수 있다. 번역은 의사소통 성분들을 배가시키는 발화 활동의 복잡한 유형이며, 원 텍스트 저자와 수용자가 사용하는 코드들이 서로 일치하지 않는 경우의 메시지 전달을 목적으로 한다.

위와 같은 정의에서는 — 우리 역시 이 점을 특히 강조하고 있지만 — 번역과 "모든 종류의 이른바 번안물" 간의 구분이 행해지고 있다. 왜냐하면 양자의 차이는 "전달의 완전함"에 있는 것이 아니라, 번역 시에는 바로 메시지의 전달이 발생하는 반면 모든 종류의 번안물은 메시지가 아니라 발화 산물의 전체적인 내용을 전달한다는 데, 즉 메시지를 축약해서 기술하고 개조하며 바꿔 말한다는 데 있기 때문이다.

결론

의사소통의 기초 단위, 즉 발화 행위에 대한 연구는 각 의사소통의 본질적이고 확고한 성분들이 상황, 원 텍스트 저자, 발화 산물, 수용자라는 것을 보여 주었다. 코드와 여러 가지 정보들은 의사소통에서 변형자의 역할을 하며, 이러한 변형자들을 목표 지향적으로 사용함으로써 의미, 보충적인 심미적 효과, 소음의 형태로 된 의사소통의 산물을 얻게 된다. 의사소통에서 변형자들의 상응하는 세트는 메시지를 구성하는데, 이때 메시지는 발화 산물이 아니라, 전달을 위해 예정된 정보와 동일시해야 한다. 의사소통에서 복잡한 유형의 발화 활동(즉, 번역)이 나타난 것은 "원 텍스트 저자-수신자"의 연결이 깨어진 것으로 설명된다. 전통적인 변형자들은 이미 원 텍스트 저자와 수신자 간의 연결을 보장하지 못하며, 새로운 변형자인 번역가(인간 혹은 기계)가 의사소통에 도입된다. 번역의 출현은 질적으로 새로운 유형의 의사소통, 즉 배가된 성분들을 지닌 의사소통을 구성한다. 이러한 의사소통은, 다른 유형의 의사소통과 마찬가지로, 메시지의 전달을 목적으로 한다. 메시지(즉, 원 텍스트 저자가 전달을 위해 예정한 정보)의 전달은 여러 가지 번안물과 구별되는, 번역의 필연적 특징이기도 하다. 이렇게 해서 메시지가 곧 번역에서의 불변체이다.

제4장
번역과 발화 유형

번역에서의 불변체가 메시지라고 한 전장의 결론은, 각각의 구체적인 경우에 수신자가(그리고도 번역가 또한) 불변체를 찾을 수 있도록 해 주는 의사소통 성분들과 관련하여 이 개념을 고찰해야 할 필요성을 야기한다. 그러한 성분은 우선 메시지를 구성하는 일련의 정보 중 많은 부분을 소지하는 발화 산물이다.

메시지를 구성하는 정보 유형을 정의하는 것은 번역 과정상 번역가에게 발화 산물과 초언어학적 요인들을 분석할 시간이 많이 있는 글 번역에서 더 쉽다. 분명 글 번역에서는 구조에 관한 정보를 구분해 낼 수 있는데, 이때 구조에 관한 정보는 예술 작품에서 메시지의 필수적 성분이지만, 이따금 전달을 위해 지정된 — 예를 들어 발몬트 Бальмонт의 시 〈괴로움의 통나무배〉에서와 같이 — 정보의 독특한 유형이기도 하다.

밤이나. 해변이나. 바람의 한숨,
파도의 당당한 환호.
가깝게 폭풍우가 있다. 해변에 치는

낯선 매혹 검은 통나무배…
행운의 낯선 순수한 순간,
괴로움의 통나무배, 불안의 통나무배
해안이 던지고 폭풍우가 치고,
환한 새로움의 궁전이 찾는다.

통역에서 메시지를 분리해 내는 문제는 좀더 복잡한 것처럼 보인다. 어려움이 생기는 것은 무엇보다 원 텍스트 저자(두 언어 사용 의사소통에서 번역가는 원 텍스트 저자-대역으로 등장한다)의 동기와 목표가 발화 상황에서 직접적으로 제시되지 않기 때문이다. 외교관은 회의에서 말을 하거나, 자신의 정부를 위해 중요한 공식 서류를 체결하거나, 이익이 되는 회담을 체결하고자 하는 목적을 숨기면서 대화를 한다. 그의 활동 동기는 관념적 확신, 위신의 고려, 그 사회적 위상의 변화 등일 수 있다. 메시지 전달에서 최상의 결과는 분명 최초 원 텍스트 저자와 원 텍스트 저자-대역(번역가)의 동기와 목표가 일치될 때 달성될 것이다. 바로 이런 이유로 많은 국가 및 사회 활동가들은 일의 본질과 그에 상응하는 지시 사항들을 잘 알고 있는 번역가를 갖기를 원한다.

전달을 위해 지정된 정보의 정의에 따라 번역가의 과제는, 의사소통자들의 역할 행동을 예상하는 것이 어렵지 않은 표준적 상황에서 부담 없는 것이 된다. 역할 행동은 개인의 사회적 상태에 의해 정해진다. 승객-택시 운전기사, 상인-소비자, 스튜어디스-비행기 승객, 종업원-손님 유형 등의 표준적 혹은 규범적 상황에서 의사소통자들이 무엇을 행하고 말할지 미리 제시할 수 있다.

동일한 지위에 있는 개인들(장관-장관, 사회 활동가-사회 활동가)이 충돌하는 상황에서 의사소통자들의 역할 행동을 번역가가 예상할 수 있는 가능성은 더 적다. 이러한 상황에서는 그 상황에 참여하는 각각의 사람들이 실현하고자 노력하는 목표를 예상하기란 어렵다.

다양한 규범적 상황에서 의사소통자의 역할 행동, 그 사회적 상태 및 개별 성격, 그 시각과 의도를 연구하는 것은 모두 번역가의 과제를 덜어 주기는 하지만 그렇다고 해서 발화 상황의 다양성과 관련하여 발생하는 모든 어려움을 해결해 주는 것은 아니다. 결과적으로 실제 작업 조건에서 번역가는 분석을 위해 단지 발화 산물만을 자유롭게 쓸 수 있게 된다. 즉, 번역가는 발화 산물을, 최종 수신자에게 부과된 의사소통 효과를 불러일으킬 수 있는 일련의 정보들을 보유하면서, 다른 언어 수단에 의해 변형하지 않으면 안 된다. 상응하는 의사소통 효과가 발화 산물이 갖는 하나의 의미정보에 의해서가 아니라 모든 종류의 정보들 간의 상호작용에 의해 달성된다는 것, 그리고 의미는 의미정보와 상황정보의 상호 연관의 결과로 생성된다는 것을 기억하자. 이때 의미 형성에 있어서 이러저러한 정보가 하는 역할의 비중은 항상적이지 않다. 다시 말해, 의미는 발화 산물이 나르는 정보에 의해서만 생성될 수 있으며, 다음의 예에서 볼 수 있듯이, 복잡화된 발화 상황에 의할 수도 있다.

나는 일층에 산다.
나는 가지 않는다.
우리는 너무 많다.
나는 친구를 기다린다.
나를 기다리지 마라.
갈 수 있다.
나는 엘리베이터를 사용 하지 않는다.
나는 도보로 걷는 것을 선호한다.

이 발화[1]에서 의미정보는 일치하지 않는다. 그러나 모든 발화 산물은 동일한 소통 상황에서 말해질 수 있다. 즉, 당신은 엘리베이터를 당신 없이 올라가게 할 목적으로 엘리베이터 안에서 당신을 기다리는 사람에게로 얼굴을 돌린다. 엘리베이터 안에 있는 사람의 관점에서는 당신이 무슨 이유로 엘리베이터를 타지 않는지는 중요하지 않다. 그에게 중요한 것은 당신을 기다려야 할지에 대한 정보를 얻는 것이다. 이러한 경우에 상황은 이미 50% 정도 의미를 결정했고, 자신들의 발화 수단(의미정보)을 지닌 의사소통자들이 요소적 선택—즉, 예-아니요(간다-가지 않는다)—을 하도록 했다. 이러한 경우에 의미적 결정을 할 수 있는 최초의 확률은 1/2 이다. 이것은 유사한 발화의 의미를 정의하기 위해 상황정보와 의미정보는 동일한 가치를 갖는다는 것을 의미한다.

이러한 발화들의 특성은 상황이 50%의 대답을 준비하고 있다는 점뿐만 아니라 발화 산물의 내용 자체(의미정보)가 목표로 하는 대답을 항상 가지고 있는 것은 결코 아니라는 점에 있다. "나는 일층에 산다" 혹은 "나는 친구를 기다린다"라는 발화의 의미정보는 의사소통자의 사역적 사고 진행을 반영하고("나는 일층에 살기 때문에 엘리베이터가 필요 없다"), 의미정보 그 자체는 메시지와 별로 관련이 없다. 물론 이러한 각 상황에서 그러한 발화들의 수는 제한되어 있다. 그 속에는 수용자가 결정할 수 있게 해 주는 정보가 포함되어야만 한다.

발화의 의미를 정할 때 상황정보와 의미정보의 상호 의존성을 보여주는 하나의 예를 보자. 예를 들어 하나의 상황에서 말해진 다음 발화들이 의미하는 것은 무엇인가?

---

1) 여기서—앞으로도—"발화"라는 용어는 문장에 부합하는 의사소통 단위의 의미로 사용된다. 그러나 문장과는 다르게 발화는 반드시 상황과 연관되어 있다. 발화는 언제나 발화 산물이지만, 발화 산물은 몇 가지 발화들을 포함할 수 있다.

당신은 운이 없었다.
그는 떠났다.
유감스럽다.
당신은 너무 힘이 없다.
경기장이 너무 작다.
당신은 내게 낮게 서비스한다.
50cm.
미안하지만, 이것은 무조건 아웃이다.

마지막 발화 산물만이 우리에게 이 발화들의 의미—즉, 파트너의 공은 경기장 밖으로 나갔다—를 드러낸다. 그러나 모든 발화들은 특정 상황에서(테니스 코트에서, 배구 경기장에서) 분명하게 된다.

만약 앞서 언급한 엘리베이터 예에서 의미가 "나 없이 엘리베이터를 타고 가도 된다" 같은 말로 표현될 수 있고, 바로 위에 든 예에서는 "당신의 공은 경기장 밖으로 나갔다"라는 말로 의미가 표현될 수 있다면, 두 예에서 발화 의미가 발화 행위의 목표와 부합한다는 것을 알아채기는 어렵지 않다. 예로 든 발화들의 이러한 특성은 또한 우리로 하여금 그것들을 목적을 갖는 발화라고 부를 수 있는 근거를 제공했다. 그래서 그 의미가 발화 행위의 목표와 부합하는 발화를 우리는 목적성 발화라고 부른다. 목적성 발화를 사용하는 의사소통에서의 메시지를 정의하는 데 있어서 상황정보 및 의미정보의 가치는 1 : 1의 관계로 표현된다.

목적성 발화들은 대화체로 된 대화에서 자주 접할 수 있다. 그것들은 상황을 잘 아는 대화 상대방에 의해 쉽게 이해되며, 상황을 잘 알지 못하는 사람들에 의해서는 보통 이해되지 못하는데, 우리는 상점, 극장, 버스, 지하철에서 그러한 발화들을 들을 수 있다(그리고 이해하지 못할 수 있다!).

발화의 다른 유형은 다음의 텍스트에서 특징적으로 나타난다.

> 당신의 기념일에 당신을 사랑으로 안아줄 겁니다. 당신은 매우 어렵고 전투적인 길을 지나왔습니다. 민족의 삶과 직접적으로 연관하여 검은 상장은 당신의 재능을 성숙하게 했습니다. 민족의 깊은 심연에 당신의 예술성이 들어가고, 민족의 용감함 속에 당신 성공의 비밀이 있습니다. 우리는[…]

이 텍스트에서 각 발화가 그 목표에 있어서뿐만 아니라 일련의 발화 수단들에 있어서도 "기념일 축하"라는 주제에 속한다는 것을 쉽게 알 수 있다. 각 발화는 어떤 창조적인 일을 하는 사람의 기념일에 사용될 수 있다. 임의의 주제에 속한 일련의 발화들은 공식적인 삶의 수많은 상황들의 특징이다. 여기서 공식적인 삶의 상황들로는 국서의 수교, 고위 인사와의 만남, 국제회의·집회·학술회의의 개막, 여러 의식에서의 인사말 연설 등을 언급하는 것으로 충분하다.

어떤 주제에 속한 발화들은 의사소통자들의 사회적 상태 및 공식적인 상호관계에 따라 달라진다. 주제 텍스트를 생성하는 각 상황에서 그러한 발화들의 수는 제한되어 있다. 유사한 발화들의 의미정보는 사실 독립성이 없으며, 선택적이지 않은 상황에 의해 예정된다. 이러한 유형의 발화들에서는 상황정보가 전면에 등장하며 메시지에서 의미정보가 갖는 가치는 그다지 많지 않게 된다. 그 내용이 텍스트의 주제(즉, 주어진 상황)에 의해 정해지는 발화를 우리는 주제적 발화라고 부르게 된다. 주제적 발화의 특성은 발화 산물의 정보성 수준이 낮다는 데 있다.

주제적 발화의 다른 특성은 그러한 발화를 생성할 때 전면에 등장하는 것이 고정화된 발화 수단 — 여기서 그러한 발화 수단의 세트는 제한되어 있으며 경험 있는 연설자나 그에 상응하는 공식 인사들에게는 그러한 발화 수단이 잘 알려져 있다 — 이라는 데 있다. 그러한 수단들은 경험 있는 번역가들에게도 잘 알려져 있어야 하며, 경험 있는 번역가들은 항상 주어진 주제에 있어 전형적인 일련의 표현들과 상투어구들을 자유롭게 사용한다. 주제적 발화에서 이용되는 고정화된 발화 수단에는 다음과 같은 것들이 관련된다. "열심히 축하하고 인사하기", "기쁨으로 만나기", "희망을 표현하기", "깊은 감사를 표현하기", "커다란 역할을 하기", "기쁨으로 충만하기", "특별한 의미를 전달하기".

어떠한 테마에 속한, 제한된 수의 발화와 함께 고정화된 발화 수단을 사용하는 것은 통역가의 준비 과정에서 연구된다.

주제적 발화 가운데 특별한 위치를 차지하는 것은 상황적 상투어구이다. 다른 주제적 발화들과는 달리, 해당 상황에서 그러한 문구의 출현은 가능한 것일 뿐만 아니라 필연적인 것이다. 몇몇 상황적 상투어구는 도구, 기억, 규칙에서 특별하게 기술된다. 각 상황을 위해서 그 언어적 형식이 변하지 않는 명령적 구조—"정렬!", "해산!", "우로나란히!", "의식 행진!"—가 예상된다.

상황에 따라 테니스 경기의 주심은 다음과 같이 심판한다. "제로!", "15 대 0!", "동점!", "첫 번째 경기 3 대 1!".

구조와 설정에 의해 예상되지 않는 다른 상황적 상투 어구는 관례적으로 정해지는데, 그럼에도 불구하고 이러저러한 상황에서 또한 필연적이기도 하다. 예를 들면 다음과 같다.

표서 : "출입금지!", "매진!", "등록", "국무총리"
의례적 어구 : "안녕하세요!", (결혼식에서) "키스해!"(라고 하는 소리), "많이 드세요!", "새해 복 많이 받으세요!"

상황적 상투 어구의 의미정보는 임의의 상황에 대해 표시할 뿐이다. 이것은 만약 상황이 알려져 있다면 발화 역시 추측이 가능하다는 것을 의미한다. 반대로, 만약 상황적 상투 어구를 듣는다면, 어떤 상황에 대해 말하고 있는지 정하기는 어렵지 않다. 의미정보가 상황정보에 종속되어 있음은 번역할 때 잘 나타난다. 즉, 동일한 상황에서 두 언어의 상황적 상투 어구는 대부분의 경우 다양한 의미가 보충된다.

"여기는 모스크바입니다!" - "Ici Moscou!"
"발에!" - "Reposez arme!"

의미정보의 상황정보에 대한 의존성은 상황적 상투 어구가 주제적 발화에 연관되도록 한다.

주제적 발화(독립적 의미정보가 없는 발화)는 연설자의 발화 같은 것을 포함하여 통역에 해당하는 많은 텍스트들에서 접할 수 있다. 주제적 발화는 상응하는 역할 행동의 필수적인 특징으로서 연설자와 청자에게 모두 꼭 필요하며, 또 기술적으로는 연관 수단들의 배가에 의해, 그리고 언어적으로는 발화 수단들의 과잉에 의해 달성되는, 의사소통을 하고자 하는 의도를 위해서도 꼭 필요하다. 주제적 발화를 사용하는 의사소통에서 메시지를 정의하기 위해 상황정보 또는 의미정보의 가치는 1 : 0의 관계로 표현된다.

의사소통의 성분으로서 발화 산물이 하는 역할은, 정보 자료, 예술 문학, 학술 연구에 포함되어 있는 수많은 발화들에서 관찰되듯이, 그 발화 산물에 포함된 의미정보가 독립적일수록 특히 커진다. 몇 가지 예를 보자.

"모스크바에서는 4월 30일 두 나라 간의 문학과 학술 협력 측면의 계약이 체결되었다."

"나는 아침 5시에 끼슬로보츠크에 돌아왔다. 침대에 뛰어들어 워

털루 전쟁 후 나폴레옹처럼 잠을 잤다." (레르몬또프 〈우리 시대의 영웅〉 에서)

"수용 분석기 덕택에 개별성을 예상하는 것이 쉽고, 감각처럼 그것들을 인지하는 것이 대상의 개별 성질의 차이를 가능하게 해 주었다."

예로 든 발화들의 의미는 무엇보다도 의미정보에 의해 정해진다. 그러한 발화들의 출현은 발화가 제기되는 순간에 주변 현실에 의해서는 제한되지 않는다. 대상적 상황은 발화 자체의 의미정보에 의해 만들어진다. 발화의 이해를 촉진하는 것은 발화 상황이 아니라 문맥을 인지하는 것이다. 발화 상황은 의미를 결정하지 않는다. 이러한 관점에서 상황정보의 가치는 제로(0) 와 같다.

결국 이와 비슷한 발화들의 주요 특성은 그 의미정보의 결정적 역할에 있는데, 여기시 의미정보는, 만약 구조에 관한 정보에 주의를 기울이지 않는다면, 메시지 구성을 또한 결정한다.

알려진 것처럼, 발화의 의미는 의미정보와 상황정보의 상호 관련으로부터 나온다. 그러나 위에서 고찰된 발화들에서 의미를 정할 때 상황정보는 이해되지 않을 수 있기 때문에, 이러한 경우에 의미정보와 의미 간의 일치가 관찰된다는 결론을 내리게 된다. 다른 말로 하면, 이러한 발화들은 자체적으로 정보적이고, 전달에 속하는 모든 정보는 그 발화들 자체에 들어 있으며, 따라서 이러한 발화들은 정보적 발화라고 부를 수 있다.

그리고 마지막으로 번역가가 고려해야만 하는, 정보적 발화의 특수성이 한 가지 더 있다. 즉, 정보적 발화는 언제나 상황이 암시알 수 없는 정보를 표한한다는 점이다.

정보적 발화의 의미는 암시될 수 없다. 왜냐하면 그러한 발화에서 임의의 정보가 출현할 확률은 실제적으로 무한하기 때문이다. 만약 정보적 발화에 있어서도 상황정보와 의미정보의 가치를 수량으로 표현한다면, 그 관계는 0 : 1이 될 것이다. 많은 수의 텍스트들이 여러 유형의 발화를 포함하며, 특히 정보적 발화와 주제적 발화를 포함한다는 것을 염두에 두어야 한다.

결론

번역에서의 메시지를 정의할 때 나타나는 발화 유형을 고려하는 것이 좋다. 장소에 따라 의미정보들은 목적적 발화, 주제적 발화, 정보적 발화로 나뉜다.

만약 목적적 발화에서 메시지가 의미정보와 상황정보의 상호 관계로 형성된다면, 의미적 발화에서 메시지는 상황에 기초해 추측되고, 정보적 발화에서는 의미정보 때문에 메시지가 분리된다.

제 5 장
정보보유에 대한 이해

지금까지 우리는 메시지를 그 구조 및 그것을 구성하는 정보 유형들의 상호 관계에 의거하여 고찰했다. 수용자의 입장에서도 메시지를 평가하는 것이 적잖이 중요하다. 번역과 함께 수행되는 의사소통에서 두 부류의 수용자 — 번역가와 메시지가 전달되는 최종 수용자 — 를 고려해야 함을 상기해 보자. 메시지의 성공적인 전달은, 메시지를 "찾을" 수 있도록 하는 번역가의 충분한 준비뿐만 아니라, 최종 수신자가 얻은 정보가 그가 기대하는 의사소통 효과를 일으키도록 그 최종 수신자의 의미 수준을 평가할 수 있는 번역가의 능력을 전제로 한다.

번역과 함께 수행되는 의사소통에서 최종 수신자는 개인일 수도 있고 청중일 수도 있다. 이러저러한 지식 영역에서 개별 인간의 정보보유 수준을 정하기는 청중의 경우보다 쉬울 것이다. 앞에 서 있는 최종 수신자는 번역가에게 잘 알려져 있을 수 있다.

- 미리 조건적으로 지정된 사람으로서 : 그와의 만남은 예정되어 있다(이 경우에 번역가는 최종 수신자에 대해 가능한 한 많은 지식을 모

아야 한다).

- 표본이 되는 사회적 상황의 참여자로서 : 그의 역할 행동 및 정보 보유 수준을 예상할 수 있다.
- 임의의 의미 그룹, 즉 일반적인 어구사전과 특별하게 복합적인 발화 지식을 고려하는 사람들의 그룹으로서.

만약 앞에 있는 최종 수신자가 번역가에게 잘 알려져 있지 않다면, 첫 번째 반응이 있은 이후에 개별 수용인(대화자들은 보통 서로 설정된다)의 사회적 상태 및 문화적 수준(그의 말에 기초하여)에 관한 결론을 내리고, 몇 가지 수정(예를 들면, 결혼하지 않은 프랑스 여성에게는 "마담"이 아니라 "마드무아젤"이라고 말해야 하고, 리버풀에서 온 부두노동자에게는 뜨레쨔꼬프스끼 미술관이 왜 유명한지 설명해 주어야 하며, 우즈베키스탄에서 온 목화재배업자는 이탈리아 화폐 명칭을 모를 수 있다)을 가하는 것은 어려운 일이 아니다.

만약 앞에 있는 최종 수신자가 개별 인간이 아니라 전체 청중이라면, 수신자를 평가하는 것은 훨씬 더 어렵다. 공개적이고 긴밀한 청중과 비공개적이고 분산된 청중이 존재할 수 있음을 고려해야만 한다. 비공개적이며 분산된 청중은 신문, 라디오, 텔레비전 같은 대중 매체 수단들에서 관찰된다. 라디오나 텔레비전에 출현하는 사람은 청중을 볼 수 없다. 따라서 그에게 청중은 "감추어져" 있다. 게다가 라디오·텔레비전 매체의 청중은 한곳에 모일 수 없다. 따라서 청중은 "분산되어" 있다. 비공개적 청중의 특성은 피드백이 빠르지 않다는 데 있다. 번역가에게는 그에 의해 번역되는 정보가 어떻게 인식되는지를 보거나 듣기 위해서 피드백(즉, 최종 수신자의 반응)이 필요하다.

비공개적이고 분산되어 있는 청중을 향한, 번역을 통한 의사소통은 비교적 드문 현상이다. 그러나 번역가는 반(半)공개적인 청중과 접촉해야만 한다. 이것은 동시 번역에서 발생하는데, 이때 번역가가 있게 되는 공간은 종종 회의실로부터 분리되어 있다. 번역가는 수신자의 반응을 헤드폰을 통해 얻고, 이러한 반응을 바탕으로 자신의 작업을 수정하는 것이다.

무엇보다 번역가는 공개적이며 긴밀한 청중과 자주 연관된다. 그러한 청중의 반응은 빠른 피드백뿐만 아니라 특정 구성에 의해 비공개적인 청중과 구별된다. 즉, 공개적 청중은 공통된 동기 및 목표를 지닌 사람들의 그룹인 것이다. 번역과 함께 수행되는 의사소통에서 공개적 청중을 이루는 사람들의 대부분은 하나의 의미 그룹과 관련된다. 번역가는 그러한 의미 그룹의 대략적인 정보보유를 목표로 해야 한다.

그래서 제1발화산물(최초의 원 텍스트 저자에 의해 생성된)을 변환할 때 번역가는 전달을 위해 예정된 정보(즉, 메시지)가 수용자에게 완전하게 전달되도록 하기 위해서 수용자의 정보보유를 고려해야 한다. 수신자가 메시지를 이해하는 데 있어 정보보유가 하는 역할은 좀더 면밀한 고찰을 필요로 한다.

정보보유란 본질적으로 상황 및 문맥 같은 개념에 가깝다. 그러나 만약 상황 및 문맥이 의사소통자와 별개로 존재한다면, 정보보유는 의사소통자와 구분되지 않고 구체적인 의사소통자와 관련하여 정해질 수 있다. 그리고 대체로 "상황", "문맥", "정보보유"라는 개념은 동일시될 수 없다.

3장에서 우리는 이미 "상황"이란 용어를 고찰했고, 발화 상황과 대상적 상황을 구분해야 할 필요성에 대해 살펴보았다. 문맥이라고 함은 보통 언어 단위의 언어학적 환경을 지칭하는 것이다. 그러나 많은 연구자들은 텍스트 성분들의 초언어학적인 연관들도 문맥이라고 부른다. 나르스끼 И. С. Нарский는 기호의 기능장의 구조를 기술하면서 문맥을 네 가지로 구분하였다. "대상적 문맥", "기호적 문맥", "첫 번째 해석자의 활동 문맥", "두 번째 해석자의 활동 문맥". 나르스끼가 "주어진 대상과 여러 관계에 있는 대상들의 체계"라고 정의한 대상적 문맥은 정보보유 개념에 무엇보다 가깝게 다가간다. 우리가 정보보유라고 부르는 것은 의사소통자에 의해 몇몇 언어 기호들과 연합된, 혹은 그러한 언어 기호들에 의해 표기된 현실의 객체(지시체 : денотат)와 연합된 정보의 양이다. 여러 의사소통자들에게서 정보의 양은 자주 일치하지 않는다. 그래서 "Что, где, когда? (무엇, 어디, 언제?)"라는 텔레비전 방송은 여러 의사소통자들이 가지고 있는 지식의 양과 특성에 따라 다음과 같은 것들을 의미할 수 있다.

- "무엇, 어디, 언제?"라는 제목을 갖는 실제 텔레비전 방송의 하나.
- 모스크바의 텔레비전 방송.
- 모스크바에서 오스딴끼노 Останкино 채널의 텔레비전 방송.

이 외에도 의사소통자는 주어진 지시체에 관한 다른 지식들도 — 예를 들어, 텔레비전 시청자들의 문제에 대한 답을 찾는 "전문가들"의 게임 텔레비전 방송, 보로쉴로프 Ворошилов라는 텔레비전 방송의 작가 및 진행자, 네스꾸츠늬 Нескучный 정원에서 텔레비전 방송이 진행된다 등등 — 자유롭게 사용할 수 있다.

언어 기호가 일련의 지식을 가지고 있고 "사고의 복합체"를 야기한다는 것은 많은 연구가들에 의해 지적되었다. 그래서 셀리베르스토바 О. Н. Селиверстова에게 있어 "언어 기호의" 대상적 "의의는, 소리 혹은 도해의 사슬에서 제시된 기표적 기호를 인지할 때 해당 언어를 자유롭게 사용하는 사람이 반드시 얻게 되는, 그러한 일련의 지식과 동일시된다". 그로진스끼 Е. Гродзинский가 몇몇 기호들의 전개된 의의라고 하는 것은 실제 현실 속의 대상이나 현상에 관한 사고의 복합체이다. 우리로서는 이러한 현상의 주관적 성질을 강조하는 것이 특히 중요하다. 왜냐하면 번역과 함께 수행되는 의사소통에서 원 텍스트 저자와 수신자는 여러 언어 및 여러 문화의 운반자이기 때문이다. 동일한 언어 기호가 원 텍스트 저자와 수신자에게 상반된 연상을 불러일으킬 수 있는데, 그러한 상반된 연상의 기원에는 민족적 전통, 교육, 관심사, 사회적 제한 등이 놓여 있다. 이러한 문제에 대한 연구는 동일한 언어의 운반자들조차 이러저러한 발화 단위를 가지고 다양한 정보를 연상한다는 사실을 보여준다. 이 점은 포쩨브냐 А. А. Потебня도 지적한 바 있는데, 그에 따르면, 인지되는 텍스트의 내용이 독자에게 허용되는 것은 "그의 언어"를 통해서이고, 그 결과 텍스트의 처음 내용은 변하게 된다. 게다가 아래에서 이야기될, 우리가 실시한 실험들은 우리가 몇몇 어휘적 단위들을 (비록 그것들을 파롤에서 규칙적으로 사용한다고 할지라도) 잘 이해하지 못한다는 것을 확실하게 보여 준다. 이것에 관해 발리 Ш. Балли는 다음과 같이 썼다. "[…] 모국어를 일상적으로 사용하면서 사람들은 그들이 말하거나 쓰는 것을 모두 이해한다고 오해할 수 있다. 말하면서 우리는 우리에게 어떠한 의미도 없는 단어를 끊임없이 발음하고, 그것들을 알지도 못하면서 우리는 자신의 말에서 그 의미를 비슷하게도 이해하지 못하는 많은 언어적 잔재들을 보유하고 있다".

동일한 발화 단위에 대한 각기 다른 이해가 의사소통자들에 의해 발생하는 것은, 철학자들이 증명하는 것처럼, 추상적 객체는 공통 개념에 일치하는 반면, 이 객체는 "물건들 간의 연관과 관계의 실제 조화에 근접하게 일치할 뿐이고 […]" 게다가 "[…] 구체적 현실을 추상화함으로써 그 근접성은 불가피할 뿐만 아니라 필수적인 것이다. […] 왜냐하면 추상화 자체는 필요하지만 추상화가 그것이 기원하는 실제와의 관계에서 대략적이지 않을 수 없기 때문이다".

그럼에도 불구하고 철학가들의 설명은 번역에서의 정보보유의 문제를 해결하지는 못한다. 왜냐하면 의사소통에서의 메시지 전달이라는 번역의 목표가 남아 있기 때문이다. 그리고 이러한 목표를 어느 정도 실현하는 것은 상응하는 발화 단위들에 의해 수신자에게 연상되는 정보의 양에 달려 있다. 경험 있는 번역가들은 이 점을 잘 알고 있다. 하나의 발화를 예로 들어 보자. "만약 다루어지는 정보와 축적된 지식 간의 차이가 너무 크다면, 그것들 간의 연관은 설정되지 않으며 이해가 이루어지지도 않는다. [···] 그 후의 이해는 정보를 상응하는 지식과 연관시킨다. 만약 그러한 지식이 없다면, 정보는 눈에 띄지 않을 것이다".

그렇다면 얼마만큼의 정보량이 언어 기호와 연상되며, 그것이 단일한 민족적·사회적 그룹의 사람들에게, 단일한 교육 정도의 사람들에게 얼마나 동일한 가치를 가지게 되는가? 그러한 문제들은 40명의 피실험자가 참여한 우리의 조직적 실험에서 평가되었다. 그들은 모두 실험에서 제시된 어휘적 단위들을 포함하는 텍스트들을 잘 번역하였다. 실험 자체는 피실험자들이 20개의 동일한 어휘 단위들의 의미를 글로 설명해야 하는 것이었다. 대답을 위한 시간은 제한되지 않았으며, 예상한 바대로, 대답의 내용은 정말로 다양하였다. 그것들 가운데 네 개의 어휘 단위에 대한 대답들을 살펴보자.

Ⅰ. **미국의 국무장관**

1. 대통령 조력자.
2. 미국 대통령에 따르는 사람.
3. 미국 국가기관의 관리.
4. 국가 업무를 수행하는 비서관.
5. 미국 정부의 서열 2위.
6. 미국 외무부의 장관.

Ⅱ. 코뮈니케(공식성명서)

1. 교섭 진행에서 적절한 교서의 형태.
2. 관심 문제 해결의 방법.
3. 계약 당사자의 쌍방에 의해 작성된 문서.
4. 사절단 방문 이후 신문에 난 간략한 보도.
5. 회의 결과 채택된 정치적 문서.
6. 공보(公報).

Ⅲ. 노동 운동에서의 기회주의

1. 역사적 자료의 범주. 다른 시각들.
2. 범민족적 노동 운동에서 극단적인 좌파.
3. 반대 표시를 위한 정치적 용어.
4. 파생된, 그리고 구성적 이데올로기.
5. 정치적 경향.
6. 협조주의, 프롤레타리아의 고전적 관심의 사회 소시민·프티 부르주아 조직의 관심에 대한 적응의 정치학.

Ⅳ. 킬리만자로

1. 산의 정상.
2. 지리적 용어.
3. 아프리카에서 가장 높은 산.
4. 휴화산.
5. 모름.
6. 만년설이 있는 화산 분화구의 아프리카의 높은 지점.

피실험자들의 이러한 대답들을 분석함으로써 다음과 같은 결론을 내렸다.

1. 언어기호를 지닌 의사소통자와 연상되는 정보의 양은 제로("킬리만자로"의 경우 5번의 답)에서부터 시시체에 관한 직집된 지식("노동 운동에서의 기회주의"의 경우 6번의 답)까지 변화한다.
2. 어휘 단위들과 연관된 일련의 정보는 비구체적인 성질을 가진

다("미국 국가기관의 관리" — 어휘 단위 I에 대한 3번 답, "지리적 용어" — 어휘 단위 IV에 대한 2번 답, "반대 표시를 위한 정치적 용어" — 어휘 단위 III에 대한 3번 답 등).

3. 언어 기호와 연상되는 정보는 무엇보다 자주 피실험자가 이 어휘 단위를 습관적으로 사용함으로써 생성되며, 그 어휘 단위의 기본적인 "의미"에 의해서 생성되는 것이 아니다(예를 들어 코뮈니케는 "사절단 방문 이후 신문에 난 간략한 보도"이기는 하지만 "공보"는 아니다).
4. 파롤에 기호를 삽입하는 것은 그 내용의 의미가 아니라 그 사용 방법에 대한 지식에 의한다.

이러한 결론과 관련하여 번역 이론상 매우 본질적인 문제들이 발생한다. 첫째, 의사소통자에게서 언어 기호와 연상되는 정보를 분류할 수 없는가? 둘째, 번역에서 어휘 단위의 의미는 무엇인가? 셋째, 번역의 효과는 언어 기호와 연상되는 정보의 양에 얼마나 의존하는가?

첫 번째 문제에 답하기 위해 우리는 우리의 실험에서 얻어진 모든 답들을 고찰하였고, 그것들에 포함된 정보에 따라 그 답들을 분류하였다. 이때 수용자가 자신이 아는 언어의 법칙에 따르는 모르는 단어들로부터 추출하는 기본적인 문법 정보(예를 들면, "кавтолог"는 단수 남성 주격 명사이다)에는 주의를 기울이지 않았다. 정보보유, 즉 의사소통자가 얻은 지식은 언어 기호를 현실과 연결시키면서, 다음과 같은 단계로 분류되었다.

1단계 정보보유 이것은 어휘 단위와 연관된 가장 작은 지식의 양이다. 1단계 정보보유는 예정된 어휘 단위를 임의의 삶의 영역과 연관시키도록 해 주는 정보량으로 정의할 수 있다(예를 들면, "킬리만자로"는 지리적 용어이며, "코뮈니케"는 정치적 용어이다). 1단계 정보보유는 의사소통자로 하여금 주어진 어휘 단위를 알고 있다고 생각하게 하는, 정보의 최소량이다. 만약 1단계 정보보유가 파롤 단위와 연결되지 않는다면, 즉 파롤 단위를 임의의 지식 영역에 관련시키지 못한다면, 그 파롤 단위는 모르는 어휘 단위로 고찰되어야 한다.

무엇보다 자주 "작은 문맥", 즉 언어학적 환경은 수용자로 하여금 모르는 어휘 단위를 임의의 지식 영역과 상호 관련시키도록 해 준다. 그래서 드러나지 않은 독자는 어려움 없이 다음의 구절로부터 "신조어"라는 파롤 단위를 언어학과 연관시킬 것이다. "꼬르네이 츄꼬프스끼 Корней Чуковский는 아이들의 말에서 신조어를 자세히 골라내고 기술하였다". 그러나 언어 기호를 임의의 지식 영역과 상호 관련시키는 것이 그 언어 기호를 올바르게 이해하는 것을 의미하지는 않는다. 이것에서 의사소통의 메시지가 상당히 상실되고, 전달되지 않기도 한다.

2단계 정보보유 예정된 어휘 단위에 대한 피실험사의 내답에서 그것들을 지식의 전체 영역이 아니라 그 부분과 연관시키려는 시도를 접할 수 있다. 그래서 코뮈니케는 단순히 정치적 용어가 아니라 정치적 문서이며, 킬리만자로는 지리적 용어가 아니라 산의 이름이다. 모든 예에서 언어 기호와 연관된 정보량의 증대, 즉 정보보유의 축적이 관찰된다는 것을 어렵지 않게 알 수 있다. 1단계 정보보유와는 달리, 대상 및 현상의 종류에 따르는 것이 아니라 유(類)에 따르는 기의의 분류가 발생한다.

2단계 정보보유로 간주할 수 있는 것은 또한 언어 기호의 의미를 구체화하려는 시도가 성공적이지 못한 것으로 관찰되는 대답들이다. 그래서 코뮈니케는 "계약 당사자 쌍방에 의해 작성된 문서"로 정의되고 있으나, 이 단어의 기본적인 의미는 "공보"로 알려져 있다. 계약 당사자 쌍방은 각기 다른 서류를 작성하는 법이다. 간단하게 말하면, 이 경우

기의를 구체화하려는 시도에 성공하지 못한 피실험자는 "코뮈니케"라는 어휘 단위에 대해 자신이 가지고 있는 정보가 표기되는 대상을 정치적 문서와 동일하게 취급하는 정도(유개념의 상관성)까지만 옳다는 사실을 보여 주었다. 언어 기호의 종개념의 상관성을 정하려는 시도는 성공적이지 못한 것으로 판명되었다. 아마도 2단계 정보보유가 의사소통의 효과를 언제나 나아지게 하는 것은 결코 아닌 듯하다.

3단계 정보보유 만약 2단계 정보보유에서 파롤 단위로 표기되는 대상들 및 현상들의 "유개념의 상관성"이 지적된다면, 3단계 정보보유는 "종개념의 상관성"으로 특징지어질 수 있다. 이 경우 지시체의 가장 본질적인 특징들은 의사소통자에 의해 분명하게 인지되며, 의사소통자는 동일한 대상 및 현상의 그룹으로부터 그 지시체를 구분해 낼 수 있다. 그래서 킬리만자로는 불특정한 산들 중에서 "아프리카의 가장 높은 지점"이 되고, 코뮈니케는 특정한 정치적 문서, 즉 "공보"가 된다.

3단계 정보보유는 어휘 단위의 지식 층위인데, 이 층위는 어휘 단위를 자유롭게 사용하게 하고 또 파롤에서 어휘 단위를 올바르게 이해하며 사용하게 한다.

4단계 정보보유 대상, 현상, 행동에 관해 우리가 가질 수 있는 지식은 실제로 무한하다. 킬리만자로 산을 다른 산들과 구분하는 것은 어렵지 않지만, 우리는 그 산에 관해 더욱 많은 양의 정보를 가질 수 있다. 높이는 6,010미터에 이른다는 것, 탄자니아에서 에콰도르 남쪽까지 펼쳐져 있다는 것, 휴화산이라는 것, 산악인들이 쉽게 등반한다는 것 등 실로 다양하다. 즉, 이러한 수준에서 이른바 "학술적" 개념이 구성된다. 지시체에 대해서 체계화된 지식이 어느 정도 존재한다는 것은 4단계 정보보유로 분류할 수 있다. 전체적인 학술 어휘 단위(예를 들어, 의학 전문 용어)와 연관된 4단계 정보보유는 해당 전문가들에게는 필수적이다.

5단계 정보보유 외형적으로 정보보유의 5단계를 고려해야 한다. 이것은 대상, 현상, 행동의 본질을 통찰하는 것, 지시체의 경계에 있는 비현실적 특징과 가능한 변화를 분명하게 이해하는 것에 대해 말하는 것이다. 이러한 심도 있는 이해를 학술 연구에서 접할 수 있고, 또 단지 개별적인 어휘 단위들의 관계에서도 접할 수 있다.

그래서 실험 이후 우리에게 제기된 첫 번째 문제에 대해 답을 내릴 수 있다. 즉, 의사소통자에게서 어휘 단위와 연관된 정보보유는 5개의 범주로 나눌 수 있고, 이 범주들 각각은 메시지 전달 과정에 중요한 영향을 미칠 수 있다.

두 번째 문제는 번역에서 어휘 단위의 의미를 정하는 문제이다.

의미론에서 가장 관심 있게 다루는, 번역 이론에서의 의미 문제는 (우선 어휘적 의미의 문제) 철학, 사이버네틱스, 언어학, 논리학에서와 같이 연구의 객체이다. 언어 기호의 의미를 이해하는 데 있어 연구자들 간의 일치된 하나의 합의점은 없다. 기호의 의미는, 예를 들어 그것이 현실과 맺는 관계로서 정의된다. "각각의 의미 있는 단어는 (실제 — 객관적, 주관적 — 현실에서) 특정한 기의와 연관된다. 이 관계는 의미이기도 하다[…]". 기호의 의미는 해석가의 행동으로도 정의된다. "단어의 의미는 언어에서 단어를 사용하는 데에서 나온다". 이것과 유사한 다음의 정의를 살펴보자. "charge라는 단어의 의미를 '정의하는' 유일한 방법은 그 단어의 분포를 (보통 단어결합과 문장으로 예시하면서) 기술하는 것이다". 또는 "[…] 어휘적 의미는 그 언어학적 존재를 독립된 단어에서 찾는 것이 아니라, 단어와 더불어 그 단어가 다른 단어들과 일정한 방식으로 결합되는 능력에서 찾는다". 기호의 의미는 정보의 불변체로서도 고찰된다. "[…] 의미는 어휘적이거나 비어휘적인 기호, 또는 그것들의 결합에 의해 전달되는 정보의 불변체이다". 언어 기호의 의미는 개념에, 혹은 이른바 "단순화된 개념"에 비견된다. "개념과 의미 간의 차이는, 의미가 "단순화된 개념"이고, 개념에서 안정적인 것이며, 언어기호에서 고정되고, 해당 기호가 사회적 의의를 얻기 위해 꼭 필요한 최소한의 개념 특징들이라는 데 있다". 의미는 현실의 반영으로도 이해된다. 예를 들면, 스미르니쯔끼 А. И. Смирницкий의 정의에서처럼, 단어의 의미는 "[…] 대상, 현상 혹은 인지관계의 잘 알려진 표현인데 […], 그러한 표현은 이른바 단어의 내적 측면으로서 단어의 구조에 속한다. 그리고 그 관계에 따라 단어의 의미는 의미의 표현과 다른 사람에게 전달되는 메시지를 위해서뿐만 아니라 그 자체적인 발생, 형성, 존재 및 발전을 위해서도 필요한 외적인 자료로서 나온다".

언어 기호의 의미 문제에 대한 여러 접근은 5단계 정보보유로 나누어진 피실험자들의 대답을 새로운 관점에서 읽게 한다. 그 분석은 의미 정의 중 어떠한 것이 더 선호되며, 어떠한 정보보유의 수준에서 완전한 가치를 지닌 의미에 대해 말할 수 있을지를 알려 주어야만 한다. 1단계 혹은 2단계 정보보유 수준에서의 대답에는 기호와 기의 간의 어떠한 관계도 표현되어서는 안 된다. 왜냐하면 기의는 1단계 혹은 2단계 정보보유 수준 정도의 정보량을 지닌 의사소통자들에게는 잘 알려지지 않기 때문이다. 이러한 대답들에서 대상과 현상에 대한 표현은 나타나지 않는다. 개념, 심지어 "단순화된" 개념에도 그것들을 맞춰서는 안 된다. 1·2단계 정보보유는 언어 기호를 사용함에 있어 몇 가지 수단을 자유롭게 사용하는 수준과 동일하다고 볼 수 있다. 언어 기호에 대한 3단계 정보보유는 이미 파롤에서 어휘 단위를 자유롭게 사용하는 수준이다. 즉, 3단계 정보보유는 기호의 의미에 이미 나타나는 요구들 — 특정 기의와의 관계, 정보의 불변체, 대상 및 현상의 표현 — 에 대해 대답한다.

4단계 정보보유는 대상들의 인지된 체계이다. 이때 표기된 대상, 현상, 특징이 그러한 대상들과 연관된다. 다른 말로 하면, 해석가가 지시체에 대해 알 수 있는 지식 층위에서 분명하게 표현된 대상적 문맥에 관해 말할 수 있게 된다. 대상적 문맥은 3단계 정보보유 층위에서는 완전히 나타나지 않는다고 할 수는 없었다. 즉, 대상 및 현상의 그룹으로부터 인지된 지시체를 분류하는 것은 해석가가, 외부 세계와 함께 표기되어 존재하는 연관들을 이해하고 있음을 알려 준다. 그러나 4단계 정보보유 층위에서 대상적 문맥은 독립적 문제, 즉 기호 해석을 하는 데 가능한 수단들은 특별하게 연구해야 하는 문제이다. 이 문제는 4단계 정보보유 층위에서는 다른 지식처럼 완전하게 해결되지 않지만, 5단계 정보보유 층위에서는 완전히 해결될 수 있다.

언어 기호와 연관된 정보량의 연구는, 만약 그 사용 수단의 하나가 잘 알려져 있나면, 발화 활동에서 기호가 제 기능을 수행할 수 있다는 것을 보여 준다. 그러나 그러한 유일한 수단은, 예를 들어 3단계 정보보유의 층위에서 관찰되는 대로, 지시체를 표기하기 위해 완전한 가치를 지닌, 사회적으로 해석가가 인지하는 기호 특성이 아니다. 1·2단계 정보보유의 층위에서 기호의 사용은 의사소통자의 제한된 발화 경험에 기초하여, 지시체를 나누는 기호 수단을 직관적으로 추측하는 것이다.

그래서 번역과 같은 발화 활동에서 소리 종합체는, 의사소통자의 인지에서 주변 현실로부터 임의의 대상 및 현상이 분명하게 구분되는 순간, 언어 기호 또는 파롤의 단위가 된다. 바로 그 때문에 번역의 관점에서 언어 기호(어휘적 단위)의 의미는 언어 기호가 가지고 있는, 주위의 객관적 또는 주관적 세계로부터 대상, 현상, 특징(지시체)을 분류하는 사회적으로 제한된 물질적 표현의 능력이라고 말할 수 있다.

이제 번역의 효과가 언어 기호와 연상되는 정보의 양에 얼마나 의존하는가라는 세 번째 질문에 답해 보자. 주제적 지식(특정 용어와 연관된 의미 있는 정보보유)이 발화 활동을 촉진한다는 것은 이미 오래전부터 알려져 있다. 1947년 소꼴로프 A. Н. Соколов는 그 언어와 직업에 대한 사전준비에 따라 피실험자들을 세 그룹으로 나누어 학문적 텍스트를 번역하는 실험을 하였다. 텍스트가 속한 학문 영역을 준비한 피실험자들이 언어 구사 수준과는 상관없이 가장 좋은 결과를 보여 주었다.

번역가가 모든 지식 영역에서 전문가이기를(4단계 정보보유를 능숙하게 사용하기를) 요구하지 말아야 한다. 번역에서 좋은 결과를 얻기 위해서는 텍스트의 기본적인 어휘 단위와 3단계 정보보유를 결합하는 것으로 충분하다. 왜냐하면 아마도 의사소통자는 이 정보의 양을 파롤에서 이용되는 언어 기호들과 연상하여 생각하지 않기 때문이다.

언어전문학교의 참여자 그룹 가운데에서 실시된 연구들은 정치 영역에서는 어휘 단위의 40%만이 3단계의 정보보유와 연상됨을 보여 주었다. 나머지 어휘 단위들은 더욱 부족한 정보를 지닌 것이다. 기술 영역에서는 이러한 정보보유는 더 적은 것으로 나타났다. 3단계 정보보유는 25%의 어휘 단위에 대해서만 중간 정도로 기록되고 있다. 지리 영역에서도 상황은 마찬가지이다.

그러나 불충분한 정보보유 수준이 피실험자들에게 정치 영역에서 발화 활동을 실현하지 못하게 하는 것은 아니었으며, 민족적 실재를 표기하는 파롤의 지리적 용어와 단위들을 이용하지 못하게 하는 것도 아니었다. 이러한 경우에는 바꿔 말하기, 그리고 두 언어 사전의 도움을 받아 텍스트를 번역하는 것이 발화 활동으로 간주된다. 물론 각 정치학 텍스트가(기술 텍스트와 같이) 정치적 용어와 더불어 일상의 많은 어휘 단위를 포함한다는 것을 고려해야 한다.

1·2단계의 정보보유 층위에서 의사소통자에게 연상을 불러일으킬

수 있는 일정량의 파롤 단위가 텍스트에 존재함으로써 발화 산물의 이해가 느려지고, 그렇기 때문에 발화 행동도 느려진다는 것은 분명하다. 의미가 불분명한 단어들은 청각적인 것이 부족하고, 표현의 내용에서 형식으로 의사소통자들의 주의를 돌린다. 발리는 이에 대해 다음과 같이 썼다. "단어의 의미가 알려져 있을수록, 실제 사고에 기초하는 연상은 단어 형식에 의한 연상을 배제하려고 하는 경향이 더 강하다. 반대로 실제 사고에 기초하는 연상이 복잡할수록, 단어의 형식에 의한, 또는 심지어 단어의 물질적 소리에 의한 연상은 화자의 인지에서 전면에 나오려는 경향이 더 강하다".

발화 행동의 정지는 언어전문학교 학생 30명을 대상으로 한 소규모 실험에서 관찰되었다. 번역하여 빨리 기술하는 것과 5개의 신문 텍스트에 있는 여러 주제들을 문어적으로 번역하는 것이 학생들에게 과제로 주어졌다. 각 참여자에게 번역 시간은 정해져 있었다. 실험이 끝난 후, 파롤의 일반적이지 않은 주제별 단위[2]와 기술에서 적절하지 않거나 불완전하게 표현된 단위들을 고려하여 실험자들의 정보보유가 결정되었다. 각각의 텍스트에서는 1·2단계의 정보보유를 지닌 파롤의 몇몇 단위들(정치 텍스트에서의 단위들부터 음악 텍스트에서의 14개 단위까지)이 나타났다. 실험은 그러한 단위들의 양에 피실험자들의 번역 시간이 직접적으로 종속된다는 것을 보여 주었다(표 1).

이러한 실험에 기초하여 발화 활동에서 정보보유가 어떠한 역할을 하는지에 대한 결론을 내릴 수는 없다. 그러나 텍스트에서 1·2단계의 정보보유를 지닌 파롤 단위가 양적으로 증가하는 것이 텍스트의 번역 시간과 비례한다는 것은 확실하다. 특별한 연구는 세안된 정보보유(1·2단

2) "파롤의 일상적이지 않은 단위"를 부분별 용어(예를 들면, 스포츠 용어)에 연관된 어휘 단위로 간주한다.

표 1.

텍스트	인쇄 기호의 수	실험자들의 번역 시간(분)			텍스트에서 일상적이지 않은 단위들의 수(중간치)	
		최소치	중간치	최대치	1단계 정보보유	2단계 정보보유
정치적	1,210	3'50"	3'55"	4'	—	1
경제적	1,190	4'50"	4'55"	5'10"	3	2
스포츠	1,410	7'10"	7'20"	7'25"	2	8
정보적 (기념일)	1,290	4'33"	4'35"	4'38"	—	4
음악적	1,300	8'40"	8'57"	9'15"	6	8

계)를 지닌 단위들에 의해 텍스트 포화라는 것의 원칙적인 경계를 지시할 수 있는데, 그러한 단위들의 범위 너머에서 의사소통의 실현 가능성은 제로(0)가 될 수 있다.

이 연구는 번역 분야에서의 실제적인 작업에 있어 특별히 흥미롭다. 왜냐하면 번역가는 모국어가 아닌 언어—이러한 언어에서는 제한된 정보보유를 지닌 어휘 단위의 양은 증가한다—를 번역해야 하기 때문이다.

모국어에서 여러 어휘 단위와 연상되는 동일하지 않은 정보보유는 삶의 여러 영역에서 언어 구사 수준이 매우 가변적이라는 상황을 설명해 준다. 실제로 언어를 능숙하게 사용하는 것은 상대적으로 제한된 소통 범위에서, 항상 반복되는 상황에서, 주로 엄격하게 정해진 파롤 단위의 틀 안에서만 관찰될 수 있다. 3단계 정보보유와 연상되는 일련의 언어 기호의 확대는 인간의 문화와 연관된 문제이다. 언어로 작업하는 사람들은 불가피하게 그러한 상황에 접하게 된다. 정보보유의 문제는 번역가가 전문적으로 해결해야 하는 의무에 속한다. 왜냐하면 번역가는 발화 산물을 형성할 때, 수신자에게 3단계 정보보유의 수준에서 연상을 불러일으킬 수 있는 그러한 어휘적 단위들을 선택해야 하기 때문이다.

결론

여러 수신자는 발화 산물로부터 여러 정보를 추출한다. 발화 산물이 주는 정보의 총합은 가변적이며 또 각 개별 수신자의 정보보유에 의거한다. 여기서 수신자는 정보보유를 발화 산물을 구성하는 어휘 단위와 관계하여 고려한다. 어휘 단위를 지닌 수신자와 결합되는 정보의 양은 정보보유의 5단계로 구분된다. 연구에 의하면, 어휘 단위가 의사소통자의 어구사전에 들어가기 위해서는 언어 기호를 사용하는 한 가지 수단을 아는 것으로 충분하다. 어휘 단위를 자유롭게 구사하는 것은 3단계 정보보유 수준에서만 가능하다. 즉, 어휘 단위가 갖는, 주변 현실로부터 대상, 현상, 특징을 분류하는 사회적으로 제한된 능력, 바로 어휘 단위의 의미라고 부를 수 있는 그러한 능력이 완전하게 실현될 때 가능하다.

제 6 장

텍스트의 정보성 이론

각 번역에서 발화 산물은 번역가에게, 그리고 최종 수신자에게 텍스트의 형태로 다루어진다. 번역가가 다루는 발화 산물을 원 텍스트라고 하며, 최종 수신자가 다루는 발화 산물을 번역 텍스트 또는 출력 텍스트라고 한다. 텍스트의 크기는 한 개 혹은 몇 개의 문장에서부터 수십 장의 인쇄지까지 커질 수 있다.

번역가의 활동의 객체가 되는 것이 텍스트이기 때문에 텍스트의 본질과 특성은 번역학에서 다루는 문제의 범위에 들어간다. "텍스트"라는 개념은 종종 글로 고착화된 파롤 산물에 속한다. 만약 파롤 산물이 작가의 생각과 일치한다면, 단어들의 단순한 집합이 파롤 산물일 수 있다. 이러한 견해는 텍스트의 본질을 바라보는 다른 시각과 모순될 수 있다. 잘 알려진 심리학자 쥔낀 Н. И. Жинкин의 견해를 살펴보면 다음과 같다. "만약 어떤 하나의 문장에 다른 문장에서 제기된 문제에 대한 해답이 없다면, 두 문장은 서로 연관되지 않은 것으로 인정해야 한다. 즉, 그것들은 단일한 텍스트를 구성하지 않는다".

이 정의에서 텍스트의 여러 특징들 — 텍스트는 발화 활동의 산물에 속하지만 가끔은 글로 쓰인 발화에도 속한다는 것, 텍스트의 완결성 — 을 강조되고 있다. 책도 연설자의 말도 발화 활동의 산물이다. 게다가 책은 라디오로 혹은 무대에서 읽혀질 수 있고, 연설자의 말은 인쇄될 수 있다. 즉, 발화 활동의 동일한 산물이 글 형식뿐만 아니라 말 형식도 채택할 수 있다. 그렇기 때문에 "텍스트"라는 개념을 단지 글로 쓰인 파롤 작품과만 연관시켜야 하는 근거는 없다.

텍스트의 다른 특징인 텍스트의 완결성은 다르게 이해될 수 있다. 텍스트의 완결성은 하나의 문장이 다른 문장에서 제기된 문제에 대답하는 것으로, 텍스트의 모든 요소들이 논리적으로 상호 연관되어 있고 의미적 관계에서 마치 서로를 보완하는 듯하다는 것으로 표현된다. 이러한 관점을 같이하고 있는 사람이 드리제 T. M. Дридзе이다. 그가 이해한 바에 따르면, 텍스트란 "[…] 일정한 의미 개념을 가지고 있는, 여러 단계의 복잡성과 복합성 요소들의 어떤 체계이다". 텍스트는, 예를 들어 연습문제에서처럼, 서로 연관되지 않은 문장들이 하나의 공통된 명칭에 의해 결합되어 있을 경우에도 완전한 텍스트라고 불릴 것이다. 파롤에서 인정되는 표현들 — "책 텍스트"(하나의 책이 여러 작가들의 이야기를 포함할 경우에도), "역할 텍스트"(텍스트가 의미 관계에서 희곡의 개별 단편들을 구성할 수 있다 하더라도), "파롤 텍스트", "연습문제 텍스트", "사전 텍스트" — 의 정당성은 의심할 필요가 없다. 이렇게 말할 수 있는 것은 매번 발화 산물의 완결성이 그 발화 산물의 단일한 임무에 의해, 예를 들면 민족적, 문예학적, 연령상의, 또는 다른 특징에 따라 결합된 작가 또는 작가들의 작품에 관한 지식을 얻는 수단으로 기능한다거나 번역 작업의 객체이자 상호 작용의 수단, 혹은 단순히 교과 자료로 기능한다는 등의 임무에 의해 정해지기 때문이다. 말하자면 그 완결성이 문장의 논리적인 상호 연관에 의해 결정되는 텍스트를, 몇몇 학자들(예를 들면, 즈베긴쩨프)은 다른 모든 텍스트와 구별하여 담화дискурс라고 부른다.

그래서 텍스트는 고유한 완결성이 특징인 발화 산물이다. 그러나 텍스트는 파롤(예를 들면, 대화 텍스트)의 몇몇 산물을 포함할 수 있고 그 완결성은 몇 가지 요인에 의해 결정되기 때문에, 단일한 임무로 제한된 도식적 혹은 음성적 언어 기호들의 어떤 연속성으로서 텍스트를 고찰하는 것이 더 정확할 것이다.

텍스트는 광범위한 개념이다. 그 임무와 더불어 텍스트는 고유한 어휘적 성분, 사용된 발화 수단들의 특성, 통사적·논리적 구조, 문체상 및 여타 특성들에 의해 특징지어진다. 이 모든 특성들은 내용에 있어 매우 구체적이다. 즉, 그러한 특성들에 관해 말하는 것은 구체적인 텍스트와 연관해서만, 또는 더 좋은 경우로는 이러저러한 유형의 번역에, 그리고 이러저러한 언어에 전형적인 텍스트들과 연관해서야 가능하다. 그러나 번역의 일반이론을 위해 텍스트의 일반적 특성이 중요하고, 우선적으로 텍스트의 내용과 연관된 특성, 그리고 텍스트에 포함된 정보와 연관된 특성이 중요하다. 이러한 특성을 텍스트의 정보성이라고 부를 수 있다.

텍스트가 발화 활동의 산물이라는 것을 이미 강조한 바 있다. 사고에서 전체적으로 제시되는 것은 파롤을 구현하면서 부분적 형식을 채택한다. 븨고츠키의 다음 설명을 보자. "사고는 개별 단어로부터 형성되는 것은 아니다. 왜냐하면 파롤이기 때문이다. 사고는, 고유한 길이와 양을 비교해 보면, 항상 개별 단어보다 훨씬 더 큰 임의의 전체이다. 연설자는 어느 정도 시간이 흐르면 자주 동일한 사고를 발전시킨다. 이 사고는 그의 지식 속에 선제적인 것으로 내포되어 있다. 그러나 파롤이 발전하는 것처럼 개별적인 단위로서 계속적으로 발전되어 가는 것은 아니다. 사고에서 동시적으로 포함되는 것은 파롤에서 연속적으로 전개된다".

파롤에서 사고를 선적으로 전개해 보면 파롤의 여러 단편, 여러 층위의 정보성이 동일하지 않다는 것을 알게 된다. 그러한 정보들 중 하나는 매우 가치 있는 정보를 포함하고, 다른 것들은 이미 알려진 것들을 반복한다.

정보의 가치를 메시지의 가치와 혼동해서는 안 된다. 만약 정보의 가치가 그 고유성에 의해, 그리고 그것을 얼마나 예측할 수 있는지에 의해 변한다면, 메시지의 가치는 그 중요성에 의해, 메시지가 전달되지 않음으로 해서 나타날 수 있는 결과들에 의해 결정된다. 바로 이런 이유로 가장 가치 있는 것은 메시지이며, 인간의 안전은 메시지에 달려 있다(예를 들면, 비행기 조종사와 운항관리원은 메시지로 교신한다). 가치 있는 메시지를 전달할 때에는 특별한 기대치가 요구된다. 그러한 기대치는 연관 수단들의 복제에 의해 기술적으로 확보된다. 언어적 의사소통을 할 때 메시지 전달의 기대치는 언어적 잉여성에 의해 어느 정도 확보된다.

언어적 잉여성이란 번역에 있어 주목할 만한 현상으로, 그것에 특히 주의를 기울여야만 한다. 앞에서는 사고의 표현을 위해 수많은 단어들이 필요하다는 것만을 언급했다. 사고의 표현을 위해 필요한 단어의 양은 다음과 같은 것들에 달려 있다.

- 과제의 의사소통
- 해당 언어에 포함되어 있는 문법의 실제 규칙
- 원 텍스트 저자에 상응하는 어휘 구사 수준
- 원 텍스트 저자의 언어 경험
- 수신자의 정보성 수준
- 메시지의 가치

메시지가 가치 있을수록, 그것을 전달할 때 더 많은 단어들이 이용되고, 그만큼 텍스트의 언어적 잉여성은 더 커진다. 여기서 언어적 잉여성과 파롤의 잉여성을 구분해야 할 필요가 있다. 텍스트의 언어적 잉여성은 파롤의 잉여성으로도 고찰될 수 있는 이미 표현된 의미정보를 반복하는 어휘 단위를 사용하는 것뿐만 아니라, 파롤의 문법적·음성적 형성의 잉여성에 관해서도 증명한다. 언어적 잉여성은 그 한 측면(문자 기술)에서 다음의 예로 설명할 수 있다. "Рбч млджь букв успшно зврщла трдв смстр".[3] 몇 개의 문자가 생략되어 기술된 구는 특별한 어려움 없이 읽을 수는 있다. 그것을 완전히 기술하기 위해서는 문자의 양을 50% 이상 늘려야 한다. 간단한 계산은 문자 기술의 관점에서 이 구의 언어적 잉여성이 35%라는 것을 보여 준다.

파롤의 잉여성에서 표현되는 언어의 잉여성은 다른 예에서 제시되어 있다. "Население столицы радостно приветствовало дорогого гостя(수도의 주민들은 즐겁게 반가운 손님들을 맞았다)". 동일한 정보를 "Столица привествовала гостя(수도는 손님들을 맞았다)"라는 단어들로 전달할 수 있다. 첫 번째 예에서 메시지 전달을 위해 필요한 단어의 양은 두 번째 예의 두 배이다.

코드의 잉여성에 관한 입장은 쉐논K. Шеннон이 최초로 주장했다. 언어의 잉여성은 필요한 경우에 텍스트를 생략하게 할 뿐만 아니라 발화 조건에서 메시지가 전달되게 해 준다. 항공에서 비행기 조종사들의 무전기 통화를 연구한 미국 학자 프릭Фрик과 삼비Самби는 잉여성에서 96%에 가까운 의미를 얻었다. 그러한 잉여성은 특별한 상황에 의해 제한된다. 일반적 조건에서는 언어의 잉여성이 50% 이상 된다고 할 시라

---

3) 이 문장은 의미 없는 단어들로 구성되었으며, 그 잉여성은 매우 크다. [역주]

도 어느 정도 그보다는 낮게 측정된다. “여러 언어에서 잉여성의 정도는 매우 작은 지점에서 유동적이다. 그래서 대체로 언어의 일반 특성처럼 60~70%의 잉여성 정도에 관해 말할 수 있다(분석 자료들은 유럽 언어로 제한하였다)”.

언어의 잉여성, 나아가 텍스트에서의 단어들의 잉여성은 감각 기관들이 파롤을 인지하고 그에 상응하는 뇌의 중심부가 그 파롤을 연속적으로가 아니라 정보의 일정량을 축적하는 방식으로 가공한다는 것으로도 설명된다. 정보의 일정량이 뇌의 메커니즘에 의해 시기적으로 축적되는 것은 텍스트에서 정보가 불균형하게 확산되게 한다. 이것은 전체 유럽어 계열에서 행해진 연구들을 증명한다. 피오트로프스키 Р. Г. Пиотровский는 이에 관해 다음과 같이 썼다. “러시아어, 영어, 그리고 적게는 프랑스어, 스페인어, 루마니아어의 예에서 볼 수 있는 것처럼, 텍스트에서 정보의 분배는 양자적 특성을 갖는다. 단어의 시작은 정보의 최대치를 가지고 있다. 그때 단어의 마지막 철자처럼, 특히 그것들에 뒤따르는 공백들은 정보의 양이 적거나 대체로 잉여적이라는 것으로 제시된다. 통계적으로 정보를 분배하는 것은 언어 텍스트의 개작으로 인간의 두뇌 작업을 특징짓는 이러한 특성과 연관된다”.

언어의 잉여성은 확률론적인 예측과 같은 파롤 메커니즘이 기능하는 근간을 이룬다. 동시 번역에서 확률론적인 예측 메커니즘을 잘 연구한 체르노프는 다음과 같이 썼다. “발화 단위들이 서로 뒤이어 출현할 확률을 예측하는 것은, 발화 흐름이 상호 의존적인 단위들로 구성되거나 반대로 ‘원 텍스트 저자의 메시지가 반복되는 것’을 의미하는 경우에만 가능하다. 상호 연관된 사건들의 고리에서 반복되는 요소들은 새로운 정보를 지니지 않고 또 이미 알려진 정보를 반복할 뿐이기 때문에, 그것들을 잉여적이라고 하는 것은 적절하다 […]”.

일정 수준의 잉여성은 동시 번역이 가능해지기 위해서는 꼭 필요한 것으로 판명되었다. "그래서 그러한 메시지의 의의를 '요약적으로' 설명하는 것이라는 점에서 시 작품의 동시 번역이 불가능하다는 것을 실험적으로 제시하기는 그다지 어렵지 않다. 이것으로 시 작품에서 잉여성의 층위가 낮고 각 상징에서의 정보량이 많을수록, 시 작품 저자의 독창성과 고유성은 높다".

잉여성의 기능들이 다양하다는 것을 제시하기는 어렵지 않다. 잉여성은 의사소통이 효과적인 것이 되는 데 있어 필수 조건이다. 또한 잉여성은 텍스트의 정보성을 어느 정도 결정하는데, 이때 정보성은, 피오트로프스키가 제시했듯이, 발화 산물에서 정보가 그 시기적 축적 — 적은 정보가 있는 발화 단편이 교체되는 — 을 희생하여 불균형하게 분배되는 것으로 표현된다.

이로부터 텍스트의 정보성을 정의하기 위해서는 임의의 의미적 특징에 따라 발화 단편들로 분해하고 그 발화 단편들 속에 포함된 정보를 평가하는 것이 필요하다고 결론 내릴 수 있다.

각 텍스트는 자연스럽게 의미를 지닌 단편으로 나누어진다. 텍스트의 양자 구조는 그를 둘러싼 현실의 단편들을 계속해서 분리하는 인간의 사고 형성을 표현한다. 텍스트에서 의미를 지닌 가장 작은 단편들은 논리적으로 문장들에 결합되는데, 그런 식으로 문장들은 대상, 현상, 특징들 간의 상호 작용(과정, 행동, 관계)을 보여 준다. 상호 작용하는 각각의 대상, 현상, 특징은 파롤에서 표기되고, 그렇게 표기된 각각이 텍스트 수용자를 위한 임의의 정보량이다. 그러므로 문장에서의 양자 정보는 보통 동사-술어 간에 연관되어 전개된 표기(명칭)로 실징된다. 즉, 행동의 주체 및 개체, 행동의 장소, 시간 및 양태 같은 상황들 — 테니에르 Л. Теньер가 참여자 актант 및 상황 сирконстант이라고 부르는 — 을 표기하는 단어들이 문장에서의 양자 정보가 된다. 이때 문장의 연결고리는 당연히 동사의 마디일 것이다. 예를 들어 다음과 같은 문장을 제시할 수 있다. "Под Псковом 4 октября состоялся традиционный мотокросс, посвященный памяти Александра Матросова(프스코프에서 10월 4일 알렉산드르 마트로소프를 기념하기 위한 전통적인 모터크로스가 열린다)".

열렸다

무엇?	어디서?	언제?
전통적인 모터크로스	프스코프에서	10월 4일
어떠한?		
알렉산드르 마트로소프를 기념하기 위한		

위의 문장에는 네 개의 나누어진 정보가 있고, 그 각각은 독립적인 파롤 단위를 구성한다. 텍스트에서 이 문장의 분절화는 다음과 같이 나타낼 수 있다. "프스코프에서 ‖ 10월 4일 ‖ 알렉산드르 마트로소프를 기념하기 위한 ‖ 전통적인 모터크로스가 열렸다".

파롤 단편들로 나눌 때 자의적으로 정하지 않기 위해서는 어느 정도 직관적 원칙에 기초한 파롤 분절화를 형식화할 필요가 있다.

기본적인 분절 규칙은 다음의 방법으로 완성할 수 있다. 파롤 분절화는 피지배 단어가 지배 단어를 직접적으로 따른다는 조건에서 파롤 사슬의 내용적 연속성을 유지한다는 원칙에 따라 발생한다.

고찰된 문장에서 동사 "열렸다"에 종속된 "프스코프에서"와 "10월 4일"은 지배 단어 앞에 위치한다. 그래서 그것들은 개별적인 분절을 형성한다. 어휘 단위 "전통적인 모터크로스"는 그것이 종속되는 지배하는 단어(동사 "열렸다") 다음에 위치하고, 따라서 술어와 함께 하나의 발화 단편에 들어가게 된다. 분절 "알렉산드르 마트로소프를 기념하기 위한"은, 의사소통 기능에 의해 그 독립성이 결정되는 모든 형동사 표현들과 종속문처럼, 개별적인 발화 단편을 구성한다.

그러나 발화 사슬의 연속성 유지 원칙은 한정어가 한정되는 단어 뒤에 오지 않을 경우에는 파괴된다. 왜냐하면 한정어는 한정되는 단어와 함께, 한정어의 위치에 관계없이, 하나의 분리되지 않은 전체를 구성하기 때문이다. 예를 들어 보자(한정어들은 굵은 강조체로 구별되어 있다).

> Политика **мира** и **взаимопомощи** ‖ укрепляют доверие к **нашей** стране, ‖ идущей по **пути демократических** преобразований.
>
> (평화와 상호협조의 정치는 민주주의적 변환의 길을 따르는 우리나라에 대한 신용을 강화한다.)

이 예에는 세 개의 의미 단편이 있으며, 그 속에 있는 단어들은 지배하는 단어를 직접적으로 따르지 않거나("상호협력"은 "정치"를 따르지 않는다) 심지어 그것에 앞서 위치한다("민주주의적"). 그러나 그 단어들은 지배하는 단어에 대한 한정이기 때문에 개별적인 발화 단편을 구성하지는 않는다.

만약 확립된 단어결합이 임의의 언어 단위를 도입하는 것으로 인해 분리된다면, 이 원칙은 깨어진다. 예를 들어 보자.

> Он принимал в организации собрания активное участие.
>
> (그는 능동적으로 집회 조직에 참여했다.)

발화 단편 "그는 집회 조직에 참여했다"는 의미가 없고, 따라서 분절이 될 수 없다. 또 다른 예를 보자.

> Целый день Петруша бил, как говорится, баклуши.
> (하루 종일 페트루샤는 말하자면 빈둥거렸다.)

여기서 삽입어 "말하자면 как говорится"은 "빈둥거렸다 бил баклуши"라는 의미적 전체를 깨뜨린다. "말하자면"이란 숙어는 독립적이며 또 어떠한 단어에도 종속되지 않기 때문에 개별적인 발화 분절로 고찰된다. 이 예에는 4개의 발화 분절이 있다. (1) 하루 종일, (2) 말하자면, (3) 페트루샤는, (4) 빈둥거렸다.

발화 사슬의 연속성 유지 원칙을 고찰할 때에는 독립적인 단어, 즉 어떠한 의미 총체를 포함하면서 의사소통 기능을 수행할 수 있는 그러한 발화 요소만이 발화 산물에서 지배 혹은 피지배 성분일 수 있다는 점에 의거해야 한다. 이는 발화의 모든 비독립적인 구성 부분이 피지배 성분 또는 지배 성분의 부분으로서 고찰된다는 것을 의미한다. 다음의 예에서 그러한 비독립적 요소들은 굵은 강조체로 구분하였다.

> **После** какой-либо забастовки ‖ **или** демонстрации ‖ принимавшие **в них** участие "разгневаныые молодые люди" ‖ берутся на заметку.
> (어떠한 동맹파업 또는 시위 후에도 거기에 참여한 "화난 젊은이들"은 기록된다.)

문장을 분절할 때 주어 또는 주어 그룹은 동사 마디, 즉 동사 술어에 종속되는 발화 단편으로서 고찰된다. 따라서 주어가 직접적으로 동사 술어 뒤에 올 때, 주어는 동사 술어와 함께 하나의 전체("[…] 전통적인 모터크로스가 열렸다")를 구성한다. 그러한 주어 그룹은, 동사 술어에 선행할 경우 개별적인 발화 단편으로서 고찰된다.

문장을 분절할 때에는 도입 구조를 고려해야 하는데, 여기서 도입 구조는 원 텍스트 저자를 지시하거나 임의의 특징에 따라 원 텍스트 저자를 구분하면서 메시지 자체를 예상하는 듯하다. 몇 가지 예를 보자(도입 구문은 굵은 강조체로 구분하였다).

> **Очень приятно**, ‖ что в последнее время ‖ отношения между нашими странами ‖ развиваются в духе добрососедства.
> (최근에 우리나라 간의 관계가 선린적으로 발전된다는 것에 매우 기분이 좋다.)
>
> **Наша делегация надеется**, ‖ что во время визита ‖ удастся заключить новые торговые соглашения.
> (우리 사절단은 방문 기간 동안 새로운 무역 계약을 체결할 것으로 기대한다.)

도입 구조는, 만약 그것이 확장된 독립 문장(예를 들어, "우리 사절단은, ‖ 그 단일하지 않은 구성에도 불구하고, ‖ […] 라고 ‖ 여긴다")으로 제시되지 않는다면, 하나의 독립된 분절로서 고찰된다. 왜냐하면 도입 구조는 보통 메시지의 성분을 포함하지 않으면서 하나의 의사소통 기능을 수행하기 때문이다.

동일한 이유로 개별적인 발화 분절은 부동사, 형동사의 독특한 표현을 구성한다.

전치사 발화의 분절화는 표층 구조의 형식화된 분절이다. 그러나 그러한 분절은 심층적으로 새로운 심리적 측면을 갖는다. 각 발화 분절은 인간의 주관적이고 시각적인 코드에 특징적인, 발화에서 실체화되고 전개된 표기로서 고찰될 수 있다. 진킨은 주관적·시각적 코드에 관한 가설을 다음과 같이 제시하였다. "[…] 내적 파롤이 언어는 모든 자연어에 고유한 잉여성으로부터 자유롭다. 자연어의 형식들은 엄격한 규칙에 의해 결정된다. 그 결과 상호 연관되는 요소들은 구체적인 것이 된다. 즉, 한 요소들의 존재는 다른 요소들의 출현을 전제로 하는데, 바로 여기에 잉여성이 내포되어 있다. 내적 파롤에서 연관들은 대상적이다. 즉, 형식적이 아니라 내용적이다. 그리고 조건적 법칙은 해당하는 부분을 사고하기 위해 필요한 시간에만 구성된다".

쥔킨의 가설을 소콜로프 A. H. Соколов의 근본적인 연구가 증명한다. 그에 의하면, "[…] 심리적 관점에서 내적 파롤은 숨겨진 파롤 운동적(동력학적) 반응의 발현으로서 고찰될 수 있다. 이러한 반응에는 보충적인 성분으로서 단어들의 청각적·시각적 표상들이 결합될 수 있다".

주관적·시각적 코드로서의 내적 파롤에 관해 말해 주는 것은 또한 번역 속기와 같은 실제 활동이다. 이러한 활동은 인간의 시각적 표상(단어들의 표기 및 음성적 표현)에 기초한다.

그래서 얻어진 각각의 파롤 분절은 의사소통자의 내적 코드로부터 숨겨진 표현을 수정하는, 우리를 둘러싼 현실 속 단편들의 전개된 명칭으로서 고찰될 수 있다. 파롤 분절을 분석함으로써 그러한 분절들 중 대부분이 우리 주변 현실에 있는 임의의 한 객체 또는 과정에 대한 정보를 포함한다는 것을 알 수 있다. 만약 개별적인 파롤 분절에 두 가지 사실에 관한 정보가 동시에 포함된다면, 항상 둘 중 하나는 더 중요한 것으로 판명되고 다른 하나는 수신자에 의해 무시될 것이다. 다른 말로 하면, 각 분절에는 수용자에게 새로운 무엇인가를 포함하거나 이미 언급된 것을 반복하거나 하는, 단 하나의 정보만이 있을 수 있다. 발화 분절의 몇몇 부분은 잉여적이고, 또 그 양이 많을수록 텍스트는 덜 정보적이다. 공통적인 정보가 없는 발화 분절이 있는데, 이러한 분절에는 의미를 생산할 수 있는 정보가 대체로 들어 있지 않다. 예를 들면("빈" 분절은 굵은 강조체로 구별해 놓았다),

Делегат Аргентины ‖ был единственным представителем Южной Америки ‖ **в собственном смысле этого слова.**
(아르헨티나 대표는 이 단어의 본래 의미에서 남아메리카의 유일한 의장이다.)

텍스트의 분절화는 단순히 번역가의 기억 작업을 가볍게 해 주는 정신적 태도가 아니다. 텍스트의 파롤 분절화가 갖는 의미는 그러한 분절화가 텍스트의 정보성을 조건적으로 계산하게 해 준다는 데 있다.

우리는 이미 발화 단편의 경계가 텍스트에서의 정보 분리와 연관되고 의사소통자에 의해 분류된 현실 단편의 주관적이고 동시적인 내적 표시와 일치된다는 것, 그리고 각각의 파롤 분절이 텍스트의 의사소통성의 시각에서 중요하거나 중요하지 않을 수 있는 하나의 정보량(의미 정보의 부재에 관한 정보 역시 하나의 정보량으로 간주할 수 있다)을 가진다는 것을 제시했다. 따라서 파롤 단편의 정보, 혹은 같은 것을 의미하지만, 텍스트에서 단어들이 소지하는 정보를 평가할 수 있게 하는 것이 필요하다.

단어의 여러 의미 적재에 관해서는 많은 학자들이 언급하였다. 쥔킨은 1956년 이에 관해 다음과 같이 기술하였다. "문장에서 여러 단어가 다양한 의미 중량을 갖는다는 것은 분명하다. 단어들은 종속어나 독립어, 품사나 문장성분의 여러 범주에 속한다는 점뿐만 아니라, 구체적인 문장에서 임의의 범주 중 임의의 단어가 구체적이라는 이유로 주어진 텍스트에서 고유한 의미 무게를 갖는다는 점에 의해서도 여러 가지로 구분된다".

서로 소통하는 과정에서 우리는 보통 어려움 없이 의미 적재의 시각에서 단어를 평가한다. 통역에서 필기할 때뿐만 아니라 기억을 할 때에도 번역가는 의미 무게가 가장 큰 어휘 단위를 선택한다. 이때 정보의 손실은 일반적인 현상이다. 그러나 그러한 손실이 메시지 전달이라는 번역의 목표가 달성되는 데 방해가 되는 것은 아니다. 발화 산물에서 메시지 성분들을 무의식중에 나누는 것은 인간에게 보통 고유한 것이며, 번역가는 이러한 것들을 의식적으로, 그리고 전문적으로 사용하는 셈이다. 이러한 상황은 실험에서 사용되었다. 이때 우리는 통역가의 작업을 분석하는 것이 텍스트의 어휘 단위에 포함되어 있는 정보를 분류하는 최상의 기회라는 사실에 의거했다.

실험을 위해 연속 번역을 전문적으로 할 수 있는 번역학부 졸업생 22명을 선발하였다. 모든 학생들은 "소(小)지시체에서의 연습문제"에 대해 작업하면서, 청각적으로 인지된 텍스트에서 주요한 의미 성분을 구분할 수 있는 지식 능력을 얻게 되었다. 글 번역을 하기 위해 피실험자들에게 다음의 단편을 들려주었다(참여자들은 텍스트를 듣고 글로 번역한다).

> В результате успешно закончившихся переговоров между прави тельственными делегациями России и Афганистана, протекавши х в обстановке взаимопонимания, 24 февраля в Кабуле подписан о российско-афганское соглашение об установлении регулярног о сообшения между Россией и Афганистаном.
> (카불에서 2월 24일 이루어진 러시아와 아프가니스탄의 정부 사절단 간의 성공적인 회담 결과 러시아와 아프가니스탄 간의 정규적인 회담 설정에 관한 두 나라 간의 협약이 조인되었다.)

텍스트는 모든 피실험자에게 동시에 한 번 들려주었다. 그들은 텍스트를 들은 후 그것을 프랑스어로 번역하기 위해 잠시 시간을 가졌다. 잘 훈련된 기억력을 가지고도 많은 피실험자들이 최초 텍스트에서 30개 이상의 단어를 기억할 수 없었다는 것은 충분히 자연스러운 일이다.

그러나 특별하게 준비된 상황이기에 그들은 번역을 위해 주요 의미 성분, 즉 번역을 위해 예정된 모든 것을 기억하려고 노력했다. 다른 말로 하면, 제한된 시간 조건에서 피실험자들에게 주어진 작업은 최초 텍스트를 인식하기 위해서뿐만 아니라 번역을 형성하기 위해서도 메시지 전달을 목표로 했다. 물론 이러한 작업을 모든 피실험자들이 무난하게 수행할 수 있었던 것은 아니다. 그러나 권위 있는 전문가들에 의해 만족할 만한 것으로 평가된 이 작업에서, 메시지 전달에 필연적인 어휘 단위들이 다른 것들과 나란히 제시되었다는 것은 분명하다. 피실험자들의 작업에서(만족할 만한 작업만을 고려한다) 제시된 어휘 단위들은 메시지를 구성하는 핵심정보를 소지한 것이기도 했다.

검사가 끝난 후 20개 정도의 번역 텍스트가 만족할 만한 것으로 인정되었다. 이 텍스트들은 동일하지는 않았지만, 그렇다고 해서 원 텍스트에 일치하는 것도 아니었다. 만약 원 텍스트가 설명된 텍스트의 분절화의 상위 방법을 따르면서 의미 분절로 나누어진다면, 그러한 텍스트들의 분석은 좀더 훌륭히 수행될 것이다. 고찰된 텍스트에서 5개의 분절이 나누어진다.

1. "в результате успешно закончившихся переговоров между правительственными делегациями России и Афганистана"
   (러시아와 아프가니스탄의 정부 대표단 간의 성공적인 마무리 회담의 결과)
2. "протекавших в обстановке взаимопонимания"
   (상호 이해 상황에서 진행되는)
3. "24 февраля"
   (2월 24일)
4. "в Кабуле"
   (카불에서)

5. "подписано российско-афганское соглашение об установлени и регулярного сообшения между Россией и Афганистаном"
(러시아와 아프가니스탄 간의 정규적인 회담 설정에 관한 러시아-아프가니스탄 간의 협약이 조인되었다)

이러한 발화 분절에 따라 피실험자들의 작업을 비교해 보면 다음의 결과를 알 수 있다. 즉, 첫 번째 분절은 6개의 번역 텍스트에서 제시되고(30%), 두 번째 분절은 4개의 번역에서 제시되며(20%), 나머지 3개의 분절은 모든 번역에서 제시된다(100%). 번역가에 의해 번역된 모든 분절들을(3, 4, 5) 요소에 따라 분석해 보면, 마지막 분절 역시 번역에서 불완전하게 제시된다는 것을 알게 된다. "조인", "설정에 관한 협약", "러시아와 아프가니스탄" 등의 단위들은 100%의 재현을 얻었다. 게다가 모든 번역에서 마지막 두 단위는 원본에서처럼 두 번이 아니라 한 번 재현되었다. 구의 마지막 단편의 다른 단위들은 다음과 같이 재현되었다. "설정"은 8개의 번역에서 재현되었고(40%), "정규적인"은 6개의 번역에서 재현되었다(30%).

위에서 제기된 가설에서 근거하여, 원 텍스트의 필수적 의미 요소들에, 즉 메시지를 전달하는 요소들에 100% 재현되는 어휘 단위들이 연관될 수 있다. 그러한 어휘 단위에 해당하는 것이 "2월 24일 카불에서 러시아와 아프가니스탄 간의 회담에 관한 협약이 조인되었다"이다.

이러한 단위들은, 비록 거의 모든 번역에서 다른 것으로 보충되지만, 의미적 정수квинтэссенция를 구성하는 듯하다. 왜냐하면 그것들 없이는 어떤 번역가도 번역상의 문제를 해결할 수 없기 때문이다.

그래서 모든 경우에 번역된 것으로 판명된 것은 3·4·5 분절이었다. 3·4 분절은 정확한 단어들, 즉 정확한 일반정보를 가지고 있는 동일한 단어들이다. 이러한 정보는 분절 3("2월 24일")에서 문맥으로 암시되지 않으며, 따라서 매우 큰 엔트로피 энтропия를 갖는다("2월 24일"과 함께 2월 25일, 3월 1일, 8월 10일 등 최소한 365개의 대답이 존재한다). 분절 4는 체결 협정이 이루어진 장소에 대한 정보를 가지며, 따라서 문맥("러시아와 아프가니스탄")에 의거하여 그 속에서 최소한 두 개의 대답을 찾을 수 있다. 다른 말로 하면, 의미 분절 3·4에 포함되는 정보는 문맥으로 암시될 수 없다.

분절 5를 살펴보자. 이 분절의 정보는 다음과 같이 표현될 수 있다. "회담에 관한 러시아·아프가니스탄의 협약 설정". 이 분절에서 다른 모든 단어들은 이미 잘 알려진 정보("러시아와 아프가니스탄 사이의")를 반복하거나 암시되어 있는 정보("정규적인")를 전달한다.

흥미롭게도 파롤 분절 5에 포함되어 있는 정보는 분절 1·2의 정보를 소지한다. 실제로 각 협약에 선행하는 것은 교섭이다. 게다가 두 나라 간의 회담에 관한 협약은 단지 정부 대표만이 준비하고 서명할 수 있다(파롤 분절 1에서 "성공적으로"라는 개념은 충분히 잉여적인 것일 수 있다. 왜냐하면 그것은 모두 분절 5의 정보로부터 나온 것이기 때문이다). 파롤 분절 2에 관해 말하자면, "교섭"이란 개념의 보충적 성격을 지니는 정보는 교섭을 진행하는 나라들의 지시와 그 결과에 의해 암시된다.

그래서 상황적으로도 문맥적으로도 암시될 수 없는 정보를 가지는 어휘 단위들은 번역 텍스트에서 100% 재현되었다. 이는 메시지 전달을 위해(이것은 아마도 통역을 위해서만은 아닐 것이다) 일반적 정보를 지니는 어휘 단위를 필연적으로 고려해야 함을 의미한다. 외형적으로 정보의 일반성이란 메시지의 주된 특성 중 하나이다. 일반적이거나 중요한 정보를 가지는 어휘 단위들은 불변체적 어휘 단위라고 할 수 있다.

그러나 여러 연구들이 보여 주는 것처럼, 텍스트에는 불변적인 것 이외의 다른 어휘 단위들도 있다. 그러한 어휘 단위들을 주의 깊게 고찰하는 것은 텍스트에 들어 있는 정보를 향후 변별할 수 있도록 해 준다. 무엇보다도 보충정보를 가지는 어휘 단위들을 구분하여야 한다. 여기서 보충정보는, 텍스트에서 명시적으로 주어지지 않았다고 할지라도, 상황, 문맥, 발화 논리, 수용자의 정보보유에 의해 어느 정도 암시될 수 있다. 실험 텍스트에서 보충정보를 갖는 숙어의 예는 파롤 분절 2("상호 이해 상황에서 진행되는") 이다.

보충정보를, 정확하게 하는 정보, 즉 명시적이고, 다른 텍스트 단위에 들어 있는 정보의 일부분을 이루다가 마침내는 그러한 정보를 정확하게 하는 정보와 구분할 필요가 있다. 만약 보충정보를 지닌 어휘 단위들이 적어도 비전문가인 수용자에게 있어, 즉 주변 환경이나 상황을 잘 모르거나 단순히 추리력이 부족한 수용자에게 있어 새로운 무엇인가를 포함한다면, 정확하게 하는 정보를 지닌 어휘 단위들은 그러한 수용자들에게 어떠한 새로운 것도 제시하지 않는다. 텍스트의 그러한 단위들이 기능 장애가 있다고, 즉 모든 정보를 상실했다고 할 수는 없다. 그러한 단위들도 정보를 함축하고 있지만, 이때의 정보는 해당 텍스트에서 분명한 것, 이미 발화된 것만을 정확하게 하는 그러한 정보이다. 예를 들면, 위에서 언급한 문장 — "수도의 주민은 귀중한 손님을 기쁘게 맞았다" — 의 경우 어휘 단위 "주민"에서 정확하게 하는 정보를 표현하는 것은 쉽다. 왜냐하면 "수도"라는 단어에는 이미 "그 주민"이라는 개념이 포함되어 있기 때문이다.

실험 텍스트에서 정확하게 하는 정보를 지닌 어휘 단위들의 특징은 파롤 분절 5에서 "제정"이란 단어이다. 이 텍스트 요소는 필연적이지는 않다. 왜냐하면 "정규적인 회담에 관한 설정"이라는 표현이 그것을 암시하기 때문이다.

보충정보와 정확하게 하는 정보 이외에도, 텍스트의 어휘 단위는 하나의 완전한 정보를 포함할 수 있다(정보의 일상적인 반복을 고려한다). 정보의 반복은 연설자의 말에서 널리 이용되는 방법이다. 예를 들면(정보를 반복하는 어휘 단위들이 식별되어 있다),

> Процесс фашизации этой латиноамериканской страны достиг сегодня такой степени, что нет человека, который чувствовал бы себя в бесопасности, **не испытывал опасения за свою судьбу.**
> (라틴 아메리카 국가의 파쇼화 과정은 오늘날 어느 정도까지 진행되었다. 그 정도는 자신이 안전한 상황에 있다고 느낄 수 있는 사람도 없고, 운명에 대한 걱정을 안 해 본 사람은 없을 지경에 이르렀다.)

> И мы будем продолжать непримиримую борьбу до тех пор, пока кипрский народ не станет полностью сувернным **и сможет сам распоряжаться своей судьбой.**
> (우리는 키프로스 민족이 완전히 주권을 갖게 될 때까지, 그리고 자신의 운명을 스스로 처리할 수 있을 때까지 완강한 전투를 계속할 것이다.)

실험에서 사용된 텍스트에서 반복적 정보를 가지는 단위는 파롤 분절 5의 형용사 "러시아·아프가니스탄의"였다. 왜냐하면 발화 분절 1에 체결되는 국가에 관한 정보가 들어 있기 때문이다.

마지막으로 각 텍스트에서 의미정보를 잃은 발화 사슬의 단어들이나 단편들을 접할 수 있다. 첫째, 그것은 여러 종류의 잘못된 어휘들과 그 수정들이다. 둘째, 그것은 "공 пустые" 단어들과 중화적 숙어들이다. 예를 들면 "**Как бы там не было**, но позиция вашего кандидата не столь уж неуязвима(어쨌든 간에, 그러나 다른 것들은 이미 하나도 나무랄 데가 없는 정도는 아니다)". "공" 단어에 해당하는 것으로 또한 단어-공생자 — "그렇게 말하면 так сказать", "여기 있다 вот", "이해해라 понимаете" 등 — 가 있다.

흥미롭게도, 제로정보를 지닌 텍스트 요소들이 모두 의사소통자들의 문화 수준이 낮음을 증명하는 것은 아니다. 몇몇 "공" 단어들과 중화적 숙어들은 파롤에서 구조적 역할을 한다. 필요한 표현을 찾는 데, 사고를 자기 것으로 하는 데, 요구되는 문법적 일치를 구성하는 데 있어서 시간을 벌기 위해 그것들을 사용한다.

그래서 텍스트는 단일한 임무에 의해 제한된 문법적 또는 음성적 언어 기호의 단순한 연속체가 아니다. 텍스트는 결코 동일하지 않은 다양한 정보를 지닌 언어 단위들의 체계이기도 하다. 의사소통 가치라는 관점에서 텍스트에 들어 있는 정보를 분류할 필요가 있다.

- 일반적인 또는 핵심적인 정보
- 보충정보
- 정확하게 하는 정보
- 반복적 정보
- 제로정보

각 발화 분절의 정보를 이러한 정보들 중 하나에 관련시킬 수 있다. 그리고 그때 핵심정보를 지닌 파롤 분절의 양이 공통 분절의 수에 대해 갖는 관계에 따라 텍스트의 정보성에 관한 판단을 내릴 수 있다.

텍스트의 정보성에 대한 적절한 평가를 위해 다음과 같은 작용을 계속해서 포괄하는 방법론을 제기할 수 있다.

a) 피지배 성분이 지배 단어를 뒤따라갈 때 위에서 고찰된, 발화 사슬의 연속성 유지 원칙에 기초하여 텍스트를 발화 분절들로 분할할 수 있다. 설명을 위해 다음 예를 보자.

Станция "Восток", ‖ расположенная на вершине ледникого купола Антарктиды, ‖ представляет исключительный интерес для науки. ‖ В этом районе ‖ находится полюс холода нашей рланеты. ‖ Термомерт ‖ зафиксировал минус 88, 3 градуса. ‖ Жизнь на самой суровой точке Земли ‖ не могла не заинтересовать медиков. ‖ Станция "Восток" ‖ стала местом изучения жизнедеятельности человека в сложных условиях, ‖ психологических наблюдений. ‖ Небольшой коллетив, ‖ надолго изолированный от общения с внешним миром, ‖ ведет напряженные исследования. ‖ Здесь можно исследовать взаимоотношения людей: ‖ психологический коимат микроколлетива, ‖ совместимость. ‖ Сходные вопросы ‖ интересует исследователей космоса. ‖ В этом отношения ‖ у полярников с космонавтами ‖ имеется немало общих проблем. ‖ Ведутся на " Востоке " ‖ и буровые работы. ‖ Поставлена задача — ‖ пройти, ‖ отбирая образцы, ‖ всю толшу ледникого покрова до коренного ложа: ‖ около чстырех тысяч метров.

(남극대륙 얼음지붕의 끝에 펼쳐져 있는 "보스토크" 역은 학문적으로 특별한 관심을 끈다. 이곳은 우리 지구에서 가장 추운 지역이다. 가장 낮은 기온은 영하 88.3도를 기록했다. 이렇게 가장 추운 곳에서의 생활은 의학도들의 관심을 끌 수밖에 없었다. "보스토크" 역은 복합적인 조건에서 인간의 생활력을 연구하는 심리적인 관찰의 장이 되었다. 외부 세계와 오랫동안 연락이 두절된 작은 그룹의 연구자들은 지속적으로 연구를 진행하였다. 유사한 문제들이 전 세계 연구자들의 흥미를 끌게 되었다. 이러한 관계에서 우주비행들과 함께 극지탐험가들에게는 큰 공동의 문제가 있었다. "보스토크" 역에서 천공 작업이 진행되었다. 표본을 채취하면서 약 400미터 가까운 거리를 얼음 표층의 깊은 곳을 지나 지각 층까지 가야하는 과제가 부과되었다.)

б) 분석되는 텍스트에서 의미 분절들의 양을 결정한다. 위의 텍스트에는 11개의 문장과 30개의 분절이 있다. 마지막 문장에서 분절 "пройти всю толщу ледникого покрова до коренного ложа(얼음 표층의 깊은 곳을 지나 지구 중심까지 가다)"는 부동사 표현에 의해 두 부분으로 나뉘었고, 단어 "пройти(가다)"는 단어 "толщу(중심)"와 더불어 일정한 단어결합을 이루기 때문에 개별적인 발화 분절을 구성할 수 없다.

в) 정보가 의사소통적으로 가치를 지니고 있음을 결정하는 것은 각 발화 분절에서 순서대로이다. 만약 하나의 명칭에 더 높은 의사소통 가치가 있고 더 복잡한 정보는 낮은 수준의 정보를 흡수한다는 것에 의거한다면, 보통 하나의 발화 분절은 하나의 지배 정보를 포함한다.

예로 든 텍스트의 첫 번째 문장에서 정보가 의사소통적으로 가치가 있다는 것을 정의해 보자.

첫 번째 문장에는 분절이 3개 있는데, 그중 첫 번째 2개는 정거장 "보스토크 Восток"의 장소 확산에 관해서뿐만 아니라 메시지 전체 주제에 관한 정보를 가진다. 그러한 방법으로, 주어진 책의 저자처럼 수용자를 위해 2개의 분절은 핵심정보를 가진다(각 정보의 가치는 단지 구체적이고 잠정적인 수용자의 관점에서 정해진다는 것은 잘 알려져 있다. 수신자 없이는 어떠한 정보도 정보가 될 수 없다). 세 번째 분절은 보충정보를 가진다.

г) 핵심정보 및 다른 유형의 정보들을 포함하는 분절의 양을 살펴보자. 분석되는 텍스트에서 핵심정보를 가지는 18개의 분절이 있고, 다른 유형의 정보를 갖는 12개의 분절이 있다.

д) 텍스트의 정보성 비율을 나누어 보자. 이러한 목적에서 볼 때 핵심정보를 지닌 분절의 양은 발화 분절들의 공통 양으로 나뉜다(18 : 30

= 0.6).

핵심정보를 지닌 파롤 분절과 그 밖의 정보를 지닌 파롤 분절의 이후 비교는 분석되는 텍스트에서 정보의 분할을 그래픽으로 구상할 수 있게 해 준다.

그래픽은 그 외의 정보 단위를 지닌 핵심정보의 단위들을 교체할 것을 지시한다. 게다가 각각의 정보 단위는 발화 분절에 상응한다. 핵심정보의 단위들은 그래픽의 윗부분에 놓이고, 그 밖의 정보들의 단위들은 아래 부분에 놓인다. 단편 위에 있는 숫자들은 동일 유형 정보의 단위들의 양에 상응한다. 숫사 없는 단편은 하나의 발화 분절을 나타낸다.

기술된 방법에 따라 텍스트 분석의 삼새적 가능성은 어떠한가?

첫째, 임의의 임무를 지닌 텍스트의 정보성을 비율로 나누는 것은 그 정보적 가치를 미리 결정하게 해 준다. 텍스트 정보성의 비율 크기는 그 어려움의 단계에, 특히 통역의 몇 가지 유형에 영향을 준다.

둘째, 일반정보를 지니는 발화 분절을 연구하는 것은 가장 큰 정보적 발화 단위의 범주를 결정하게 해 준다.

셋째, 텍스트에서 정보 분할을 그래픽으로 분석하는 것은 통역에서 중요한 관심사인 여러 유형의 텍스트를 유형적으로 도식화하게 해 준다. 텍스트 생성의 몇 가지 중요성을 나누는 것도 가능하다.

넷째, 여러 언어에서 동일 유형의 텍스트들을 비교·연구하는 것은 그러한 텍스트들을 발화 분절로 나눈다는 관점에서뿐만 아니라 정보성의 시각에서 적어도 번역 이론에 있어 또한 전망적이다.

위에 기술된 방법론은 러시아어와 프랑스어로 씌어진 출판물들의 징보적 메시지를 분석하기 위해 사용된다. 이를 위해 120개의 러시아어 텍스트, 80개의 프랑스어 텍스트가 분석되었다. 이 분석의 결과는 〈표 2〉와 같다.

〈표 2〉는 정보 메시지를 포함하는 러시아어 텍스트들이 중간치(0.46)에서 유사한 프랑스어 텍스트(0.52)보다 적은 정보성의 비율을 지닌다는 것을 보여 준다. 대체로 정보성의 비율 0. 4~0. 6은 출판물의 정보 메시지에 대한 텍스트의 정보성 비율처럼 텍스트들이 가장 적절하게 정보 내용에 충실하다는 것을 증명한다. 정보성이 적은 텍스트들은 그다지 관심을 끌지 못하며, 정보성이 큰 것들은 인지하기에 너무 복잡하다.

표 2.

매개변인	지표					
	러시아어 텍스트			프랑스어 텍스트		
	최대치	최소치	중간치	최대치	최소치	중간치
문장의 양	16	7	11.3	12	9	11
분절의 양	64	28	45.9	56	40	50
일반정보를 지닌 것	30	12	20.8	32	19	25
그 밖의 정보를 지닌 것	51	15	25.1	34	17	25
문장으로 분절된 것의 중간 양	5.5	2.7	4.11	5,3	3.6	4.56
정보성의 비율	0.6	0.2	0.46	0.6	0.4	0.52

〈표 2〉로부터 중간치에서 고찰되는 텍스트들은 프랑스어 이형태에서보다(4.56) 러시아어 이형태에서(4.11) 문장으로의 분절이 적은 것을 또한 알 수 있다.

러시아어와 프랑스어의 정보적 텍스트에서 정보성의 분할 그래프 연구는 다음의 결과를 제시한다.

1. 연구된 모든 텍스트들은 일반적 정보나 그 밖의 정보를 함유한다.
2. 일반적 정보의 분절은 그 밖의 정보 분절로 교체된다. 연구된 하나의 텍스트에서 일반적 정보 분절들의 큰 의미소 сема들이 연이어 포함되지 않는다.
3. 많은 수의 텍스트에서 일반정보는 첫 번째의 2-3 문장에 집중된다. 일반정보를 함유하지 않는 문장은 보통 텍스트의 중간 또는 끝에서 접하게 된다. 중간치의 경우, 첫 번째 10개의 분절에서 일반정보와 그 밖의 정보 간의 관계는 6.3 : 3.7이고, 마지막 10개의 분절에서는 4.3 : 5.7이다.

얻어진 결과들은 실제적 의미를 갖는다. 왜냐하면 그것들은 번역에서 원 텍스트의 전형적인 유형들 중 하나, 즉 신문 정보 자료라고 할 수 있는 파롤 도식상의 기초적인 출발 자료를 가지고 있기 때문이다.

전체적으로 고찰된 텍스트 정보성의 문제들과 그 분절화는 번역가 활동의 가장 중요한—비록 감추어져 있지만—단계, 즉 분절들의 정보와 그 평가를 지배하는 주관적인 표기의 분류 단계를 구성한다.

결론

이 장에서 텍스트는 단일한 임무로 제한된 그래프, 그리고 음성적인 언어적 기호의 연속체로서 고찰되었다. 모든 체계처럼, 텍스트는 문장, 분절, 어휘적 단위 등과 같은 여러 층위의 단위들을 포함한다. 정보 단위의 가치와는 상관없이, 텍스트는 여러 정보성을 가질 수 있다. 텍스트의 정보성은 정보성의 비율로 변하는데, 그 비율은 텍스트의 임무에 따르거나 메시지 전달의 법칙에 따라 1보다 작은 수를 형성한다. 어휘 단위와 텍스트를 구성하는 발화 분절의 정보성은 이러한 단위들의 의사소통 가치에 따라 핵심정보, 보충정보, 정확하게 하는 정보, 반복되는 정보, 제로정보로 구별된다. 가설적으로 각 텍스트는 하나의 보충정보(주제)를 포함하고, 텍스트의 모든 다른 단위들은(문장, 의의 분절, 어휘 단위) 또한 자신의 층위에서 하나의 지배 정보를 가진다. 그 가치성은 이 단위들의 체계 안에서만, 즉 전체로서의 텍스트 안에서, 그리고 전체로서의 텍스트가 지닌 지배 정보의 관심 속에서만 결정된다. 텍스트에서 정보를 분할하는 것은 몇 가지 법칙에 따른다. 그중에서 텍스트의 시작에서 핵심정보가 집중되어 있는 것과 그 밖의 정보를 함유하는 분절들을 지닌 일반정보의 분절 교체를 알아내는 것이 중요하다. 텍스트 정보성의 결정은 구체적인, 또는 잠재적인 수용자의 시각에서만 가능하다.

제7장
번역 단위

원본 텍스트를 한꺼번에 모두 번역하는 것은 불가능하다. 번역가는 원 텍스트를 나누어야 하고, 그렇게 나누어진 각각의 발화 단편들을 번역해야 한다. 번역의 이론과 실제는 이러한 작용과 긴밀히 관련되어 있다. 이러한 작용은 또한 번역 단위와 같은 개념이 번역 문학에 출현하는 기반을 제공해 주었다.

번역을 위해 텍스트 단위들을 분할하는 문제는 문체론의 문제와 공통점이 있다. 모든 경우에 번역 단위의 한 정의에 대해 우리는 스쩨빠노프 Ю. Степанов의 문체론에 관한 책에서 그 해답을 찾을 수 있다. 그의 견해에 따르면, 번역 단위란 동시 번역이 이루어질 때 번역될 수 있는 발화 사슬의 가장 작은 단편이다.

번역 단위를 연구하는 것은 자동 번역을 위해서도 필요하다. 자동 번역에서는 번역 단위를 정의하기 위해서 언어-매개물을 사용한다. "언어-매개물에서 일련의 기본적 의미들에 상응하는 ИЯ(исходный язык : 출발어) 텍스트의 가장 작은 단편을 번역 단위라고 한다. 출발어 텍스트는 이번에는 ПЯ(переводящий язык : 번역어) 텍스트의 몇몇 단편들에 대응된다".

바르후다로프는 일치 원칙에 기초하여 번역 단위를 정의하고 있다. "[…] 번역 단위는 출발어의 최소 단위이다. 출발어는 번역어에 일치한다. 번역 단위는 […] 그 자체로 복잡한 구조를 얻을 수 있다. 그러나 번역 단위의 부분들은 개별적으로 가져온 것들이며, '번역되지 않은' 것들이다. 즉, 번역 텍스트에서 번역 단위의 부분들을 가지고 어떠한 상관관계도 설정해서는 안 된다". 바르후다로프는 번역 단위들을 음소, 형태소, 단어, 단어결합, 문장, 텍스트의 층위에서 나눈다.

코미사로프의 정의는 좀더 뒤늦게 나온 것으로, 그는 번역의 단위를 "[…] 발화의 최소 단위(즉, 텍스트의 최소 단편)"로 고찰할 것을 제안했다. 이때 발화의 최소 단위가 "원 텍스트에 존재한다는 것은 번역 텍스트에서 특정 발화 단편이 출현하는 원인이 된다".

첫 번째 두 정의들은 "의미적" 정의로 조건적으로 연관시킬 수 있다. 왜냐하면 그 제안자들은 발화 단편들이 순서대로 번역되는데, 그 발화 단편의 의미는 번역가에 의해 설정된다고 여겼기 때문이다.

번역 단위들에 대한 "의미적" 접근은 번역 단위 분류 시 원 텍스트에 의해 제한되게 만든다. 그러나 이때 번역 단위를 분류하는 것은, 텍스트의 각 다른 분절처럼, 1) 선적으로 진행되고, 2) 몇 가지 주관적인 특징을 지닌다.

나머지 정의는 기능적 접근으로 특징지어진다. 그 제안자들은 어떠한 기능을 수행하는 원 텍스트의 각 최소 단편은 번역 텍스트에서 일치되는 단편을 가져야만 한다는 입장을 근간으로 한다. 그들은 그러한 최소 단편을 원 텍스트와 번역 텍스트를 비교한 후에 결정한다.

기능적 접근은 원 텍스트와 번역 텍스트 사이에 불일치가 있는 경우에 기본적으로 번역 단위에 관해 말할 수 있게 한다. 음소의 층위에서 번역의 단위들은 고유명사를 잘못 변형할 때 나타나고, 형태소 층위에서는 보통 단어의 문법적 의미 하나를 잘못 전달할 때 나타난다. 원 텍스트의 번역 단위들과 등가적인 번역 텍스트의 번역 단위들은 혼합될 수 있다. 기능적 접근은 번역 단위보다 불일치 단위들을 나누는 것이 더 낫다.

《번역과 언어학》의 저자인 쉬베이쩨르 A. Д. Швейцер는 대체로 번역 단위의 존재를 부정하였다. 왜냐하면 그러한 단위들에 의해 나누어진 발화 단편들은 양적으로 다양하고 그 특성 또한 여러 가지로 나타나기 때문이다. 이러한 관점이 번역 단위에 대한 근간을 잃는 것은 아니다. 여러 벽돌로 쌓여진 건축처럼, 원 텍스트를 고찰하는 것은 파롤의 이해와 인지의 법칙에 대비된다. "언어는 요소들로 구성되는 것이 아니라 요소들로 나누어진다. 지식에 있어 기본적인 사실들은 가장 단순한 것이 아니라 가장 복잡한 것이며, 소리가 아니라 구이다". 뻬쉬꼬프스끼 A. M. Пешковский 의 이러한 언급은 확실한 것으로 보인다.

번역가는 동시 번역을 제외하고 낱장 번역의 몇몇 단계에서 어떠한 의미적 전체를 인지하고 다음에 이 전체를, 번역가가 과제를 수행하기 위해 의지할 필요가 있는 그러한 행동들에 따라 부분으로 나눈다. 번역가는 전체로서 발화 산물을 얻게 되고, 그 다음 복잡한 행위를 시작한다. 텍스트의 가장 작은 단위들을 분할하는 것에 대해, 만약 전체로서의 발화 산물로 번역을 신속히 해결하지 못한다면, 번역가는 이러한 조건에서는 텍스트의 가장 작은 단위들을 분할할 필요가 없다. 실제적으로 번역에서의 해결책인 상위 조건의 텍스트 단위들은 문장이다. 발화 단위들은 단어결합이나 단어와 마찬가지로 하나의 번역 행동에서는 너무 부피가 큰 것으로 여겨진다. 그래서 번역가는 원 텍스트에서 단어결합이나 단어를 나누어야 한다.

단어는 정의하기가 특히 어려운, 파롤의 단위들에 연관된다(비록 그것이 동시에 언어의 단위일 수 있다고 할지라도). 단어의 그러한 특징들을 자주 독립성이나 개별성으로 얘기한다. 단어에 대한 정의를 하나 살펴보자. "[…] 단어는 언어에서 선적으로 나타나는 최소 단위이다. 이것은 파롤의 변별적 소리들의 작은 계열로(실제적으로 무한수의 소리 이음들로) 구성되고, 언어에서 다른 단위들과는 다르게 언어의 각 수행자에게 잘 알려진 지시적 기능이 포함되어 발음된다". 번역에서 두 개의 언어가 연관될 때, 지시된 특징들은 두 불변체에서 항상 존재하는 것은 아니다. 번역을 위해 중요한 것은 다른 것들이다. 즉, 단어는 언어의 최소 단위이다. 이 최소 단위를 의사소통자들은 의사소통 기능으로 나누면서 파롤 단위로 바꿀 수 있다. 단어는 파롤 단위로 바뀔 수 있다. 왜냐하면 단어는 의미의 파생적 조합이기 때문이다. 단어는 파롤의 단위가 될 수 있다. 왜냐하면 통사적 독립성이 단어를 특징짓기 때문이다. 단어의 파생성(스미르니쯔끼에 따르면 파롤 단위의 가장 중요한 특징이다)은 단어의 구성 성분이 매번 언어 요소들로부터 구체적인 의사소통 기능을 지닌 문장성분(또는 문장)으로 변형되는 것이다.

단어는 언어의 다른 단위들과 두 가지 중요한 특징에 의해 구별된다. 우선 단어는 요소적 기호(형태소)들의 종합체이다. 즉, 단어는 가변적인 의미 양으로서 나온다(в городе [도시에서]– города [도시의]– над городом [도시 위에]). 덧붙이면 요소적 기호로부터 언어 기호는 요소적 기호들의 가변적 양으로 구분된다.

이러한 입장에 대한 증거는 하나의 형태소를 지닌 단어들이다. 예를 들면, "지하철 метро", "여기 здесь", "아니요 нет", "만약 бы" 등이다. 그러나 첫째, 단어 "метрополитен(지하철)"에서 형태소 "метро"는 각 문장에서 그것을 독립적으로 사용할 때 단어로 바뀐다. 왜냐하면 이 형태소는

성, 수, 격을 얻으면서 보충적 의미를 지니게 되기 때문이다. 둘째, "здесь", "нет" 같은 형태소는 의미 양의 대리자(субститут)인 단어를 부를 수 있다. 예를 들어 보자. "Его здесь(즉, в доме[집에]) не должно быть(그는 여기에 있어서는 안 된다)"; "Были вы вчера в саду (당신은 어제 정원에 있었어요)?" "Нет(아니요)"(이 말은 바꾸면 "Я не был в саду[나는 정원에 없었어요]"이다). 대명사가 바로 그러한 대리자이다. 셋째, "бы" 유형의 형태소는 그 개별성에도 불구하고 형태소로 남는다. 개별성이라는 특징의 약점은 여러 언어에서 파롤의 등가적 단위들을 비교할 때 잘 나타난다. "в городе (도시에)" - dans la ville (프랑스어).

또한 단어는 의사소통 기능을 수행할 수 있는, 통사적으로 독립된 단위이다. 즉, 단어는 문장성분이면서 문장이 된다.

번역을 위해서는 이 외에도 단어가 명명 기능을 수행할 수 있는 파롤의 가장 작은 단위라는 점이 매우 중요하다. 정말로 번역에서의 많은 작업들은 가장 적절하게 명명하는 방법들을 해석하거나 탐색하는 것이다. 물론 명명은 자주 몇몇 단어들(예를 들면, "외무부 장관", "사회주의 혁명")의 도움으로 실현된다. 그래서 이것을 발리가 지적하였다. "[…] 만약 단어라는 용어를 말 문맥 또는 글 문맥에서 분할되지 않은 사고의 단위로 이해한다면, 단어는 반드시 어휘적 단위가 아니다".

그래서 만약 번역 단위에 대한 가설을 받아들인다면, 그러한 단위는 번역에 대해 개별적 해결을 요구하는 파롤의 각 단위들이다. 번역에 대한 개별적 해결을 요구하는 파롤의 단위들이 항상 일치하지는 않는다는 것은 분명하다. 그것들을 나누는 것은 첫째, 번역가의 전문성, 외국어 및 텍스트에 기술된 문제의 본질을 아는 것, 그것들을 기억하는 것, 직업 경험, 반응의 빠름과 같은 것에 달려 있다.

파롤의 단위들을 나누는 것은 또한 작업 여건에 의해 결정된다. 번역하는 것은 글이나 말로 가능하고, 시각적 인지나 청각적 인지로도 가능하며, 빠르거나 늦게도 가능하고, 텍스트의 많은 부분이나 적은 부분도 가능하다. 또 번역하는 것은 창작회관에서도 은밀한 곳에서도 가능하고, 동시통역가의 방에서도 높은 수준의 환영회에서도 가능하며, 이상적인 고요함 속에서도 포격의 굉음 속에서도 가능하다. 동시 번역에서 번역의 단위가 글 번역에서의 단위들과 구분된다는 것은 분명하다. 그러나 번역 유형과는 별개로, 그리고 번역가의 능력과는 별개로 해결을 요구하는 텍스트의 단위들이 있다. 번역가가 준비를 덜한 경우는 번역에 대한 해답을 못 찾을 수 있다. 그러나 그때 번역가는 한 언어에서 다른 언어로 번역하는 방법을 시험함으로써 텍스트의 특정 단위에 따라 그 해결을 모색할 것이다. 유사한 단위들은 특별한 것으로 남아 있어야 한다.

전형화된 문구 대화체에서, 그리고 비평이나 기타 자료들에서 자주 반복되는 전형적인 문구를 접하게 된다. и дешево, и сердито(쉽게 구할 수 있으면서도 쓸모 있다) ; поднять вопрос на должную высоту(당연히 해야 할 것의 문제를 제기하다) ; с позиции силы(세력의 입장에서) ; вахта труда(작업 교대). 발화에서 자주 반복되는, 준비된 형식적 문구들을 상투 어구клише라고 한다.

발화 활동에서 상투 어구를 폭넓게 사용하는 것은 완전히 적절한 현상으로 보아야 한다. 그러한 어구들은 텍스트를 준비하고 수용하는 데에 많은 시간이 할당되지 않을 때마다 정보와 서로 편리하고 운용이 쉽게 얽혀 있도록 해 준다. 바로 이 때문에 구어에서, 그리고 간행물의 정보적 선전 자료에서 무엇보다 많은 상투 어구들을 접할 수 있게 된다. 발리는 이러한 결론에 따라 다음과 같이 기술했다. "신문의 언어는 전형화된 문구들штампы로 가득 채워진다는 것은 그럴 수도 있고 아닐 수도 있다. 진부한 표현에 의지하지 않고 빠르고 적절하게 쓰는 것은 어렵다".

반복성은 상투 어구의 특징들 중 하나이다. 그러나 반복성은 다양할 수 있다. 과도한 반복은 부정적인 측면을 갖는다. 꼬스또마로프 В. Г. Костомаров는 이와 관련해서 다음과 같이 썼다. "[…] 동일한 단어나 표현을 과도하게 반복하는 것은 그것을 단순한 소리로 바꾸면서 그 의미가 없어지게 한다". 너무 자주 반복되는 표현은 정보성을 잃게 되고, 따라서 그러한 표현들은 기능장애로 인지된다. 매일 반복되는, 발화의 형식적 문구들은 더 나은 경우에 긍정적이거나 부정적인 뉘앙스를 가질 수 있다. 예를 들어, 긍정적인 뉘앙스를 가지는 표현으로는 다음과 같은 것들이 있다. вахта труда(작업 교대) ; творческое содружество(작품 친목 단체) ; поднять вопрос на должную высоту(당연히 해야 할 것의 문제를 제기하다) ; путевка в жизнь(생활의 시심서). 그리고 부정적인 뉘앙스를 지니는 표현으로는 тщетные потуги(헛수고), пустить на самотек(흐르게 방치하다), пропагандисткие выверты(선전적인 행동), с позиции силы(세력의 입장에서) 같은 것들이 있다.

부분적으로 또는 완전하게 정보성을 잃은 상투 어구는, 의미적 연관(즉, 지시체와의 연관)을 갖지 않으며 의사소통자에게 3단계 정보보유의 층위에서 연상을 불러일으킬 수 없다는, 언어 수단으로서의 새로운 성질을 획득한다.

1·2단계 정보보유를 연상시키는 어휘 단위들이 번역 과정을 방해하고 통역사들에게 성가신 보충 작업을 요구한다는 것은 잘 알려져 있다. 바로 이 때문에 번역 과정에서는, 정보를 함유한 상투 어구와 정보성을 잃은 상투 어구를 구별하는 것이 중요하다. 기능장애적인 상투 어구는 발화 수단의 개별 그룹을 구성할 수 있다. 이것이 드리제 Т. М. Дридзе가

정보 적재를 소지한 상투 어구와 구별하여 그러한 기능장애적인 상투 어구들을 전형화된 문구라고 부른 이유이다. 따라서

1) 전형화된 문구는 말 텍스트 또는 글 텍스트에서 자주 반복되는 준비된 발화 형식이다.
2) 전형화된 문구는 발화에 들어가는 준비된 발화 형식이다. 전형화된 문구는 보통 결론적 발화를 구성하지 않는다.
3) 전형화된 문구는 의미 연관에서 긍정적 또는 부정적인 감정으로 특징지어지는 상대적 기능장애를 지닌 준비된 파롤 형식이다.
4) 전형화된 문구는 표현된 의미 연관을 가지지 않으면서 의사소통자에게서 1·2단계 정보보유를 연상시키는 준비된 파롤 형식이다.

전형화된 문구는 각각의 상투 어구, 즉 각각 자주 반복되는 파롤 형식일 수 있다. 이는 상투 어구가 항상 하나의 의미를 가지고 동일한 정보를 소지하기 때문에 발생한다. 문맥에 의해서 그 자신의 내용을 바꾸지 않으며 또 그 내용을 깊게 생각할 필요도 없는 발화 단위를 자주 사용할 경우 그 속에 포함된 정보가 소멸된다. 그래서 상투 어구는 전형화된 문구의 계열, 즉 기호와 지시체의 연관(의미 연관)이 나타나지 않거나 사라지는 발화 단위의 계열로 바뀌게 된다.

표현된 의미 연관이 없다는 것은 번역가의 반응이 텍스트에서 전형화된 문구로 나타난다는 뜻이다. 그것은 일반 상태에서 기표를 동일시하지 않고 번역 작업을 형식-기호 수준에서 하게 한다. 즉, 발화의 내용 측면의 의의가 변화되지 않고 제1언어기호의 형태적 표현(원 텍스트의 전형화된 문구)으로부터 직접적으로 제2언어기호의 형태적 표현으로 바뀐다. 번역가는 외국어의 불변체로 예상되는 전형화된 문구의 변화를 해결한다. 번역가의 장기 기억 속에 원 언어의 어휘 단위에 해당하

는 외국어의 불변체가 많이 기억되어 있는 것은 아니다. 그러한 불변체들은 보통 특정한 주제 내에서 구성되며, 전환 기술 기능의 기본이 된다. 번역가의 기억 속에 상응하는 불변체가 없는 경우 그는 사전에서 그것을 찾으려고 하거나 준비된 파롤 형식의 의미를 인지하여 그 지시체를 결정하려고 한다. 만약 그에게 그 참된 의미가 인지된다면 최초의 파롤 형식은 전형화된 문구가 되지 않고, 텍스트의 다른 단위로 바뀐다. 만약 그것이 전형화된 문구로 남는다면, 그 번역을 위해 불변체를 아는 것이 필요하다.

전형화된 문구의 번역에 대한 도식적인 해결 방법은 다음과 같다.

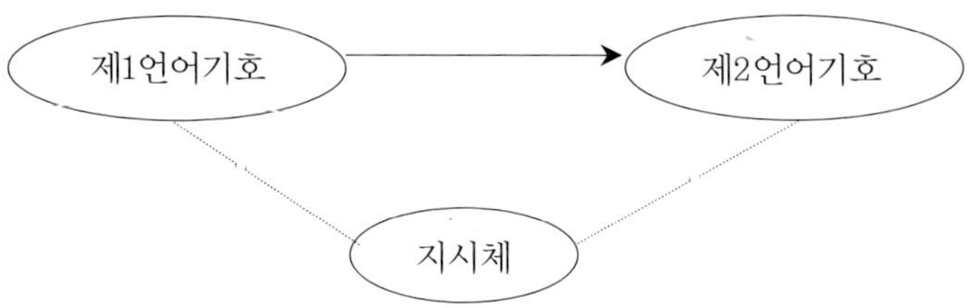

전형화된 문구들을 번역할 때 한 언어에서 다른 언어로 옮기는 것은 아주 간단하게 이루어지며, 통역의 몇 가지 형태를 가능한 한 빨리 실현하는 가장 작은 작업만을 필요로 한다.

상황적 상투 어구 상황적 상투 어구는 기술적으로 해당 발화 상황에서 인지되고 필연적으로 정형화된 표현이다. 모스크바 라디오에서 방송이 시작되면, 러시아 아나운서는 반드시 "Говорит Москва(모스크바에서 말씀드립니다)"라고 말한다. 그는 이 발화 상황에서 (프랑스 아나운서처럼) "Здесь Москва(여기는 모스크바입니다)"라고 말하거나 "Ведет передачу Москва(모스크바에서 방송을 전해드립니다)"라고 말할 수 없다. 특정한 발화 상황에서 임의의 공식 인사에 주의를 기울이면서, 우리는 반드시 "Товарищ генерал-полковник(대장)", "Товарищ лейтенант(중위)", "Ваше пре-восходительство(각하)" 등으로 말한다. 결재할 때 처음에는 "принять за основу(시안을 결재하다)", 그 다음에는 "принять в целом(본안을 결재하다)"라고 예상한다. 이 모든 표현은 임의의 상황에서 필연적이다.

그래서 상황적 상투 어구의 첫 번째 특징은 그러한 어구들이 특정 상황과 맺는 고정된 연관 관계이다. 상황적 상투 어구의 두 번째 특징은 그것들이 항상 완성된 발화라는 것이다. 그것들은 다른 단어와 표현으로 희석될 수도 있으나, 이 다른 단어들과 표현들은 고정된 것이고, 그것들에 의해 해당 발화 상황의 직접적 주문은 사라진다. 예를 들면, "Как поживаете(어떻게 지내요)?", "К торжественному маршу(엄숙한 행진)!", "Горько!"[4], "Благодаря за внимание(친절에 감사합니다)", "Счёт три-пять в первой партии(일 분대는 3-5대형으로)"가 있다.

따라서 다른 상투 어구들("выступать в поддержку[지지하다]", "принимать во внимание[주의하다]", "выполнять обязательство[의무를 행하다]")과는 달리, 상황적 상투 어구는 발화에 삽입되는 것이 아니라 자체적으로 완성된 발화를 구성한다.

완성된 발화로서 상황적 상투 어구를 고찰하면서 그것들이 기능상 의미가 상황에 의해 부여되고 결정되는 주제적 발화에 가깝다고 결론내리는 것은 그리 어렵지 않다. 상황적 상투 어구의 의미정보는 상황을 암시하고, 상황은 발화의 의미정보 선택을 미리 결정한다. "На первый, второй-рассчитайсь(1분대-2분대로 정렬)!"과 같은 구령은 군대 조직과

4) "горько"는 결혼식에서 하객들이 신랑신부의 키스를 재촉하며 부르는 소리이다.

관련된 구체적인 상황을 증명한다. 그것은 다음 구령의 출현을 미리 결정한다. 구체적인 발화 상황(예를 들면, 군대조직 + 2열 횡대로 병사들을 재편성할 필요성)은 하나(드물게는 두 개)의 상황적 상투 어구와 고정된 연관 관계를 갖는다. 그래서 상황적 문구는 세 번째 특징인 언어수단의 고정성과 구분된다.

세 번째 특징은 의미적 상투 어구의 의미 연관이 고정적인 것일 뿐만 아니라 종종 일시적이라는 것을 증명한다. 의미정보와 최초의 상황적 상투 어구의 구조에 관한 정보는 그것과 관련된 상황을 동일시하기 위해서만 번역에서 이용될 수 있다. 번역의 효과는 다른 언어에서 해당 상황을 표현하기 위한 고정된 상투 어구들이 번역가에게 잘 알려져 있다는 점으로 결정될 것이다. 두 언어에서 동일한 상황적 상투 어구의 의미정보는 보통 일치하지 않는다. 러시아어의 상황적 상투 어구를 프랑스어의 상황적 상투 어구와 비교해 보사.

"Говорит Москва!" — "Ici Moscou!"
(모스크바에서 말씀드립니다! — 여기는 모스크바입니다!)

"Первое апреля-никому не верь!" — "Poisson d'Avril!"
(오늘은 만우절이다. 아무도 믿지 마라! — 만우절에 속는 바보!)

"Есть!" — "A vos ordres!"
(알았습니다! — 네, 명령만 하십시오!)

상황적 상투 어구에서 언어 수단의 법칙과 고정성은 매번 번역에 대한 개별적 해결을 요구하는 단위이기 때문에 텍스트로부터 그것들을 분리한다. 그러한 해결은 상투 어구가 고정된 연관 관계를 갖는 상황을 결정하는 것이다. 이러한 행동은, 보통의 단어결합에 관해서가 아니라 실제로 상황적 문구에 관해 말하여지는가를 결정하는 것을 목적으로 한다. 둘째로 이 해결은 그러한 상황과, 또는 제2언어의 상황적 상투 어구와 관련된, 상응하는 외국어 불변체를 찾는 것이다. 상황적 상투 어구를 번역에서 보는 도식적 해결은 다음과 같이 제시할 수 있다.

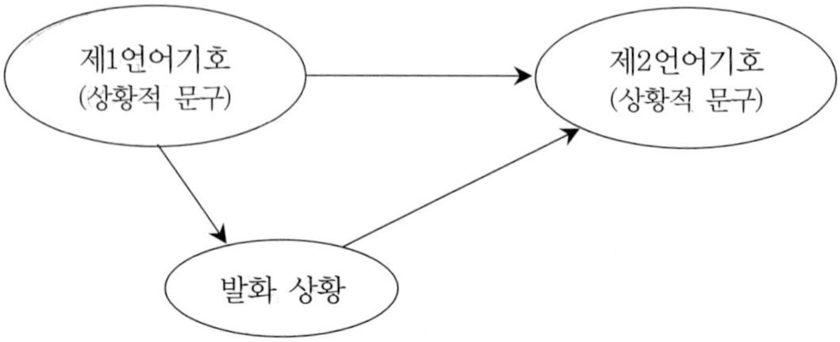

상황적 상투 어구를 번역할 때 그 복잡성은 그러한 어구와 실제 현실 간의 상호 관계가 그 외국어 불변체의 지식처럼 필요하다는 것을 알아야 한다.

상황적 상투 어구와 유사하게 번역에 대한 해결은 완성된 발화이면서 이미 교훈적인 의미를 포함하는 표현으로서의 격언을 요구한다.

"Что с возу упало, то пропало." (엎지른 물은 다시 담을 수 없다)
"Тише едешь-дальше будешь." (급하면 돌아서 가라)
"Что посеешь, то пожнешь." (뿌린 대로 거둔다)

용어 용어는 보통 표현력이 없는 동일한 의미의 단어들로 정의된다. 그러나 그러한 정의는 자주 비판의 대상이 된다. 해당 정의에서 가장 큰 약점은 용어들을 단어로 명명한다는 것이다. 그래서 용어를 단어가 아니라, 파롤에서 습득되거나 상실되는 특별한 것으로서 고찰하는 것이 가장 옳다. 용어는 임의의 인간 현실 영역과 연관되고 전문적인 영역에서 사용된다. 학문이나 기술 영역에서 하나의 의미 체계를 구성하는 대상, 현상, 특징에 관한 학문적 개념을 다른 개념으로 표시하고자 할 때, 단어는 항상 용어가 된다. 용어가 되면, 단어는 지시체와 고정되어 연관되면서 동일한 의미에 의해 분배된다. 동일한 단어는 용어에 의해 동일한 의미로 표현될 수 있고, 일반 단어에 의해 다(多) 의미로 표현될 수 있다.

용어는 충분히 말하지 못하는 현실 현상, 암시, 다양한 이해로부터 인간의 파롤을 자유롭게 하기 위해 만들어진다. 전문적인 소통은 명료성, 구체성, 단순성을 필요로 한다. 이러한 것에서부터 사용상의 정확함을 기하기 위해 동일한 의미를 지닌 명칭을 찾으려는 시도가 생겼으며, 기호와 지시체 간에 구체적이고 지속적인 관계(즉, 고정된 의미적 관계)가 발생한다. 그리고 파롤의 흐름에서 기호의 필수적인 개별화와 그 의미적 중요성이 발생한다. 만약 임의의 단어가 다른 단위들 속에 섞여 있다면, 자주 부차적인 정보를 가지기 때문에, 용어는 핵심정보를 함유한다. 그래서 항상 번역할 때 텍스트의 단위처럼 나누어진다. 즉, 용어는 핵심정보를 소지하기 때문에 신호로 이해될 뿐만 아니라 동일시된다. 즉, 지시체와의 연관 관계를 수립한다.

다른 한편으로, 번역에서 많은 의미가 직접적 관계를 갖게 된다. 즉, 용어는 그 외국어의 불변체이다. 지시체를 동일시하는 것이 번역어에서 그것을 적절하게 표기하는 것은 아니다. 이것을 위해 해당 외국어의 용어에서 올바른 언어 기호를 알아야 한다. 그러한 기호는 보통 모국어의 용어와 관련해서는 번역가에 의해 자유롭게 사용된다. 이는 또한 직접적 기호적 연관 관계(예를 들면, майор [소령] - le commandant [지휘관])를 수립하게 한다. 가끔씩 상황들은 번역가로 하여금 단지 기호의 형태 층위에서 작업하게 한다. 그러나 이때 의미적으로 또는 문체적으로 실어이 많게 된다. 단단히 고정된 기호 연관이 없다는 것은 지시체의 동일시를 거부하는 것과 마찬가지로 번역가의 작업을 어렵게 한다.

따라서 두 가지 요인들이 해결을 요구하는 단위로서의 텍스트로부터 용어를 분리한다. 첫째, 지시체를 정의하는 방법으로 일반 단어가 아니라 반드시 용어에 대한 것을 확인해야 하는 필연성이 있다. 이 작업의 성공은 해당 지식 영역에서의 번역가의 능력에 달려 있다. 동일한 단어는 용어이거나(вести огонь на подавление [사격개시]) 용어가 아닐 수 있기 때문에(огонь костра [장작불]), 그러한 동일함은 번역가의 행위를 미리 결정한다. 둘째, 사전에서 혹은 오랜 기간의 기억(통역)에서 외국어의 불변체를 찾아야 하는 필연성이 있다.

번역에 대한 문제 해결은 다음의 도식으로 살펴볼 수 있다.

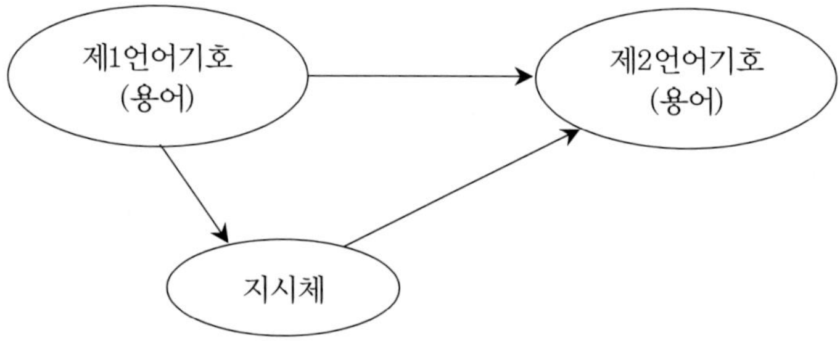

용어 번역에 대한 적절한 해결은 두 언어의 불변체에 대한 지식이 있을 때 가능하며, 주위 현실에서 그 용어들에 의해 표기된 지시체를 나눌 수 있는 능력이 있을 때만(3단계 정보보유) 가능하다.

비유적 표현 단어가 전이적 의미로 사용되는, 표현된 의미 연관을 갖는 숙어들은 비유적 표현이라고 불릴 수 있다. 단어와 단어결합은 전이적 의미로 인간 행위의 모든 범위에서 사용된다. пожирать километры(게걸스럽게 먹다), прокол в работе(업무상 태만), хлопанье пламени

(불길소리), вечные странники(순례), звонкий парень(소리가 높은 젊은이), леса обнажились(숲이 벌거숭이가 되었다). 이러한 표현들 중 몇 개는 대규모 정보 수단으로 이용되고, 상투 어구들로 계속 변하면서 파롤에서 반복된다. 그래서 "дружественная атмосфера(우호)", "голубые экспрессы(급행열차)", "делиться опытом(경험을 나누다)", "матч, урожайный на голы(골이 풍성한 경기)"들이 상투 어구의 계열로 옮겨갔다. 파롤의 다른 단위들은 지시체와 연관되어 표현되고, 수용자의 감정에 작용하면서 상상력을 불러일으킨다. 이 외에도 새로운 은유, 비교, 에티켓 등이 나타나는데, 그 속에서 단어는 전이적 의미로 사용된다. 번역에서 지시체와 시제 관계(상황의 양상)를 갖는 텍스트 단위들이 은유적 표현에 관련된다. 그래서 "проколом(구멍)"은 공, 타이어의 기낭, 아이들 공에 생긴 구멍 등을 말한다. 작업에서의 태만을 прокол이라고 하는 것은 기호와 새로운 지시체 간의 시제 관계를 형성한 뒤 이 단어의 기본적 의미와 아주 근사한 유사체(행위 결과)에 의해서만 가능하다. 이때 보통 대비되는 범주들의 특징들이 충돌하게 된다. 이러한 경우에 추상적인 것(작업에서의 구멍) - 구체적인 것(타이어에 난 구멍)의 대비 현상이 발생한다. 뿌쉬낀 А. С. Пушкин의 비유적 표현에서 "голос лиры вдохновенной(감격스러운 리라의 소리)"("голос поэта[시인의 목소리]") 비유는 활성체 - 비활성체의 특징들이 충돌하는 것이다.

비유적 표현에는 전이적 의미를 지닌 단어들만이 있는 것은 아니다. "з еркала весенней влаги(봄 습기의 표면)"라는 표현에서 단어 "весенний(봄의)"는 직접적인 의미를 갖는다. 그러나 이 단어의 모든 표현이 자신의 비유성을 잃게 되는 것은 아니다. 보통 비유적 표현에서의 단어는 전이적 표현을 얻기 때문에 특별한 문맥이나 특별한 상황이 구성되는 것을 방해한다. "рябой от солнца лес(태양빛으로 얼룩진 숲)"라는 표현은 비유적인 것이 된다. 왜냐하면 단어 "рябой(태양빛)"는 단어 "лес(숲)"와 결합되기 때문이다(단어 "рябой"에서 활성성의 특징이 비활성 명사 "лес"와 충돌한다). "Широкая столбовая дорога(이정표 있는 대로)"는 단지 "В науке нет широкой столбовой дороги(학문에는 왕도가 없다)"라는 구에서만 비유적 표현이 된다.

비유적 표현의 전이적 의미는 번역에서 또 다른 어려움을 제기한다. 첫째, 비유적 표현은 번역을 위해 부분으로 나뉜다. "рябой от солнца лес"는, 요소에 따라 표현의 번역이 왜곡될 수 있기 때문에 전체적으로만 번역된다. 어떤 부류의 단어는 직접적으로 사용되고, 다른 것들은 전이적 의미로 사용된다.

둘째, 표현의 시제 의미 관계들은 그 표현이 표기하는 객체의 해명과 동일시하기 위해 좀더 강한 것을 요구한다. "куст ледяных ослепительных роз(얼음같이 빛나는 장미의 줄기)"는 아흐마또바 А. Ахматова에게 백장미의 줄기가 아니라 обледеневший куст(얼음 줄기)이다. 만약 "узы Гименея(Гименмя의 족쇄)"라는 표현을 처음 들었다면, 이를 적절하게 이해하기 위해서는 Гименея가 도대체 누구인지 알 필요가 있다.

셋째, 비유적 표현은 형태-기호 층위에서는 번역되지 않는다. 번역가는 어떠한 지시체가 그것에 의해 인지되는 표현을 표기하는가를 분명히 알아야 한다. 그런 다음 번역어에서 상응하는 표기를 예상하는 것이 필요하다. 바로 이러한 이유로 비유적 표현은 번역에 대한 독자적인 해결을 요구한다. 번역가의 행위는 다음의 도식으로 제시된다.

비유적 표현을 번역할 때 발생하는 어려움들은 텍스트에서 비유적 표현들을 독립적 단위로 나누어야 해결될 수 있다. 찾아진 표상의 표기를 위해 번역어에서 완전한 가치의 비유적 표현은 예술번역을 하기 위해서 획득해야만 하는 기교이다.

그래서 전형화된 문구, 상황적 상투 어구, 격언, 용어, 비유적 표현 등은 텍스트의 단위들이고, 그러한 단위들은 어떤 전체로서의 발화 산물로부터 분리될 수 있다. 전형화된 문구, 상황적 상투 어구, 격언, 용어, 비유적 표현은 번역의 단위가 되는데, 이는 그러한 단위들이 텍스트의 동일한 단편이기 때문이 아니라(양에 따라 그것들은 항상 서로서로 분리될 수 있다) 번역가의 활동에서 계속적으로 최초의 것이자 번역에 대한 개별적 해결을 요구하는 것이기 때문이다. 텍스트의 다른 단위(단어들 및 자유로운 단어결합들)와는 다르게, 이 단위들은 자의적인 것이 아니며, 번역가의 전문적 자질이나 그 작업 여건에 좌우되는 것도 아니다. 그것들은 항상 각 번역가에게는 그 활동의 각 조건에서 번역에 대한 개별적인 해결을 지속적으로 요구하는 번역의 준비된 단위이다.

열거된 텍스트 단위들의 특성은 무엇인지, 그리고 번역가가 자신의 과제를 수행하기 위해서 해야만 하는 해결에 있어서 그러한 단위들이 왜 서로 구별되는지 하는 것을 해명해야 한다.

텍스트에서 전형화된 문구를 나열할 때 번역가의 행동은 표현된 의미 관계들의 발화 단위들과는 관계없이 결정되고, 상황적 상투 어구 또는 용어를 접할 때에는 상황 또는 지시체와의 고정된 관계에 의해 결정되며, 비유적 표현을 번역할 때에는 그 의미적 연관의 시제 특성에 의해 결정된다는 것을 기억하자.

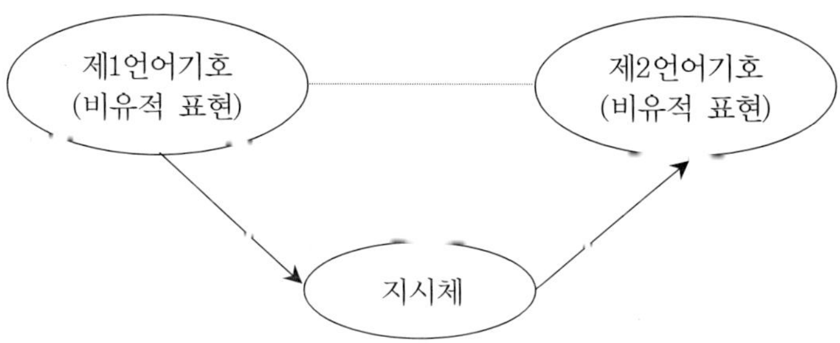

따라서 번역 단위들을 나누는 근거는 텍스트 단위들이 지시체, 상황, 연관 등과 특별하게 관련되어 있다는 것이다. 이것들은 명명적 연관 — 지시체, 상황에서 기호로 향하는 연관 — 과는 다른, 의미적 연관이라고 불릴 수 있다.

의미 연관은 그 고유한 특성을 갖는다. 즉, 의미 연관은 상시적(계속적) 이거나 일시적일 수 있고, 표현되거나 표현되지 않을 수 있으며, 고정되거나 고정되지 않을 수 있다. 의미 연관에 따른 언어적 수단의 특성은 단어들의 직접 의미와 전이적 의미 간에, 단일 의미 어휘적 단위와 다의미 어휘적 단위 간에, 기능적 파롤 단위와 기능장애적 파롤 단위 간에 구분되는 선을 긋는다. 언어 수단의 분류에 대한 그런 특별한 방법은 단어의 문법적 특성에 의해서가 아니라 파롤 단위의 의사소통 기능에 대한 번역 과정의 의존성에 의해 제한된다.

의미 연관은 상시적이거나 일시적일 수 있다. 상시적인 것은 비전이적, 직접적 의미로 사용되는 어휘 단위들의 의미 연관을 말한다. 그래서 "стол(책상)"이란 단어의 경우 "его стул у стола(책상 옆의 그의 의자)"와 "хозяйка приготовила изысканный стол(주인은 세련된 책상을 준비했다)" 같은 표현에서 상시적 연관들이 나타난다. 동시에 "этот парень - молоток(이 젊은이는 강하다)"라는 표현에서 텍스트 단위 "молоток(망치)"의 의미 연관은 일시적이다. 왜냐하면 여기서 언어 기호 "молоток"은 전이적 의미로 사용되기 때문이다.

기호에서 의미 연관은 표현되거나 표현되지 않을 수도 있다. 또한 사라져 버릴 수도 있다. 표현된 의미적 연관에서 의사소통자는 지시체, 개념 내용 또는 상황을 분명하게 나눌 수 있다. 즉, 그러한 것들은 텍스트의 해당 단위와 함께 정보보유 3단계를 연상하게 한다. 표현되지 않은 사라진 의미 연관에서 언어 기호의 표현은 불안정하게 제시된다. 그래서 "так сказать(그렇게 말하면서)", "поднять вопрос на должную высоту(당연히 해야 할 문제를 제기하다)", "вахта труда(당직)"과 같은 텍스트 단위들의 지시체, 개념 내용 또는 상황을 가정하는 것은 쉬운 일이 아니다.

기호에서 의미 연관들은 고정되거나 고정되지 않을 수 있다. 고정된 의미 연관에서 지시체 또는 상황은 언어에서 다른 일반적 표기를 갖지 않는다. 고정된 의미 연관을 지닌 언어 기호에는, 예를 들면, 용어나 정확한 단어들(고유명사, 수사, 요일과 달의 명칭)이 관련된다.

연구 내용이 제시한 것처럼, 번역 작업은 언어 기호의 의미적 연관을 미리 정한다. 가장 널리 사용되는 의미 연관은 상시적이고 표현되며 고정되지 않은, 기호와 지시체 간의 연관이다. 이것은 보통 많은 단어들의 기본적인 첫 번째 의미 연관이라는 것이 분명하다. 그러한 의미 연관은 단어의 직접 의미에 관해, 그 다의성에 관해, 우리 주변 현실의 대상, 현상, 개념을 나눌 수 있는 단어의 자질에 관해 증명해 준다. 이러한 의미 연관 특성들을 거부하는 것은 특별한 번역 작업을 요구한다. 그래서 일시적인 의미 연관(전이적 의미)은 지시체와 동일시되어야 하는 필연성을 제한한다. 사라진 의미 연관은 형태-기호 층위에서의 번역 작업을 예상한다. 고정된 의미 연관은 지시체와 동일한 것으로 작업과 더불어 기호 작업의 대역화(дублирование : 다른 나라 말로 작업하는 것)가 필요하다는 것에 대해 언급한다. 고유한 의미 연관에 있어 일치하는 텍스트 단위들은 번역에 있어서 동질의(동종의) 그룹이며, 한 언어에서 다른 언어로 옮길 때 동일한 작업을 필요로 한다.

따라서 고정되고, 사라진, 혹은 일시적인 의미 연관을 갖는 파롤의 단위들은 번역의 준비된 단위로서 고찰할 수 있다. 준비된 번역 단위들의 의미 연관은 〈표 3〉에서 제시된다.

표 3.

번역 단위들	의미 연관					
	상시적	일시적	고정된	고정되지 않은	표현된	표현되지 않은
전형화된 문구	−	−	−	−	−	+
상황적 상투 어구(속담 포함)	−	−	+	−	−	−
용어	+	−	+	−	+	−
비유적 수단	−	+	−	+	+	−

결론

보통 번역 과정에서 최초의 텍스트는 단편들로 나뉜다. 번역에서 나누어지지 않은, 상대적인 독립성으로 구분되는 발화 사슬의 단편들은 번역할 때 개별적 해결을 요구한다. 번역의 단위들은 발화 사슬에서 단편으로 균등하게 나누어지지 않는다. 그 양은 번역가의 전문적 자질과 작업 여건에 따라 좌우된다. 그러나 몇몇 텍스트의 단위들은 각 조건에서 번역 단위의 질적인 면을 보유한다. 그러한 단위들은 전형화된 문구, 상황적 상투 어구, 용어, 비유적 표현들이다. 이 모든 것들은 특별한 의미 연관에 의해 파롤의 다른 단위들과 구분되기 때문에, 번역에 대한 개별적 해결을 요구한다. 번역 단위를 위해 특별한 것은 고정된, 사라진, 일시적인 의미 연관들이다.

제 8 장
번역의 수단과 기법

각 학문에는 그 이론에 상응하는 개념들이 있다. 기본적으로 고려되는 개념들은 범주라고 부를 수 있다. 언어학은 개념적, 의미적, 그리고 어휘-문법적 범주에 기초하여 고유의 이론을 형성한다. 개념과는 달리, 범주는 일반화할 뿐만 아니라 분류하기도 한다. 이것은 범주로서 분리되는 동일한 현상이 여러 형태로 나타날 수 있다는 것을 의미한다.

번역학은 여러 형태의 표현 범주를 갖는다. 그 범주들 중 하나가 행동자와 주체의 범주이다. 행동자의 범주는 번역학에서 기계번역 대 인간에 의해 실현되는 번역의 대립 형태로 제시된다.

번역 이론의 다른 중요한 범주는 번역의 수단이다. 번역의 수단을 번역의 기법 또는 방법과 구분하는 것이 중요하다. 기법은 보통 부분적인 과제를 해결하고, 또 번역가의 목표지향적인 활동에서 발생하는 어려움을 극복하게 해 준다. 수단은 설정된 목표를 달성하기 위한 기본적인 규칙이며, 현실에 존재하는 법칙들을 객관적으로 표현한다. 수단을 어떠한 행동이 새롭게 결합된 것으로 생각할 수는 없다. 번역의 방법을 생각할 수 있고, 수단을 실현 법칙으로서 드러낼 수 있다. 게다가 방법과는 달리 수단은 활동성이 아니고, 행동의 체계가 아니며, 행동을 결정하는 심리적 작업이다. 이미 형성된 사고를 표현하기 위해, 그리고 대상의 반복적 표기를 위해 한 언어에서 다른 언어로 바꾸는 것은 존재하는 번역 수단의 한 가지일 수 있다. 각 번역 활동의 기저에 동일한 번역 수단이 있게 되는데, 매번 작업 조건을 고려하여 그것을 찾고 연구하며 이용해야 한다.

번역의 실제 수단들을 명명하기 위해서 번역의 준비된 단위들을 접하게 될 때 앞 장에서 이미 고찰된 번역가의 결정을 기억해야 한다. 보통 번역가의 행동 양태는 번역 단위의 의미 연관 특성에 의해 결정되고, 실제로 한 언어에서 다른 언어로 옮기는 두 가지 가능한 방법에 의해 모든 것이 진행된다. 첫 번째 방법은 한 언어의 기호에서 다른 언어의 기호로(예를 들면, 전형화된 문구) 옮기는 방법, 즉, 형태-기호 층위에서의 번역 작용을 행하는 방법이고, 두 번째 방법은 제1언어기호에서 지시체 또는 상황으로 옮기거나 제1언어기호에서 제2언어기호(예를 들면, 비유적 표현 또는 상황적 상투 어구)로 옮기는 방법, 즉 기호의 내용 측면으로 향하는 방법이다.

번역의 이러한 두 가지 수단에 대해 이미 1962년에 레브진 И. И. Ревзин과 로젠츠베이크 В. Ю. Розенцвейг가 언급한 바 있다. 당시 그들은 현실에 대한 지시가 있는 번역과 지시가 없는 번역을 구분할 것을 제안했다. 그러나 그들의 형식은 많은 이들로부터 비난을 받았는데, 왜냐하면 번역가의 작업을 번역가의 주변 현실로부터 분리시켜 생각하는 것은 어렵기 때문이다. 이후의 제안자들은 구별되는 두 가지 수단을 각각 번역과 해석으로 명명하고 나서 자신들의 개념을 정리하였다.

번역 단위와 관련된 우리의 연구는 단지 두 가지 번역 수단들을 증명하는 것이다. 번역가들의 모든 분석 행동들은 제시된 기호에 대한 (기호의 본질에 대한 의식적인 의미부여가 없는) 직접적인 동사적 반향이나, 외국어 기표의 연속적 탐구와 함께 기호에 의해 표기되는 대상 및 현상을 선결적으로 해명하는 것이라고 할 수 있다.

제시된 기호에 대한 직접적인 동사적 반향인 번역의 첫 번째 수단은 최초 텍스트에서 표현되지 않은, 또는 고정된 의미 연관을 지닌 번역 단위들이 나타날 때, 그리고 엄격한 시간적 제약이 있을 때(예를 들면, 동시 번역에서) 찾을 수 있다. 이러한 경우에 빠르게 동사적 반향을 불러일으키는 단어 및 단어결합이 실제적으로 문맥에 의존하지 않는다는 것을 알아내기는 어렵지 않다. 표현되지 않은, 또는 고정된 의미 연관을 지닌 텍스트 단위들을 번역할 때 문맥은 필요하지 않은 것으로 밝혀진다. 왜냐하면 지시체는 인식하기가 불가능하거나 혹은 문맥에 의해 변하지 않기 때문이다. 동시 번역에서는 때때로 문맥을 완전히 진달받거나 인지할 시간이 없는 상황에서 번역을 해야 한다. 물론 이것이 이러한 경우 기호는 그 내용을 상실한 음성적 또는 도식적 복합체로 변하게 된다는 것을 의미하지는 않는다. 어떠한 표상을 불러오지 못하는 기호는 더 이상 기호가 아니다. 그러나 만약 그러한 기호가 정보보유 1·2 단계에서 표상을 불러일으킨다면, 즉 그러한 기호가 지시체와 관련되는 것이 아니라 인지의 전체 영역과 관련된다면, 그것은 종종 기호로 이용될 수 있다. 이때, 체르노프의 견해에 의하면, 동시 번역을 실현할 때 중요한 역할을 하는 확률적 예측의 메커니즘 기능이 포함된다. 확률적 예측은 파롤을 인지하는 영역에 의해 제한된다. 그것은 동시 번역 작업 중 하나를 편하게 하지만, 한 언어에서 다른 언어로 전환하는 운영 그 자체는 아니다. 더욱이 확률적 예측은 다층위적, 계층적으로 제한된 메커니즘이다. 예측은 결코 모든 층위에서, 모든 의미 연관을 인지하기 위해서 순간적으로 충분하게 실현되지는 않는다. 동시 번역가들이 그들에 의해 번역된 파롤의 내용을 알지 못한다는 사실은 충분히 인정되는 부분이다. 그러나 심층구조의 층위에서 확률적 예측이 번역가의 다음 작업 단계 — 동시 번역의 실험적인 조건에서, 번역가의 기억 속에 순간적으로(개념적 연상보다 빨리) 상응하는(또는 상응하지 않는) 외국어의 등가물이 발생할 때, 기호에서 기호로 일어날 수 있는, 한 언어에서 다른 언어로의 전이 — 를 밝히지는 않는다. 동시 번역에서 확률적 예측의 의미-의의 층위의 모델을 제안한 체르노프는 유사한 가능성을 부인하지 않는다. 그는 자신의 모델이 "[…] 개별 문장의 범위에서 심층 층위로 번역하지 않고 동시 번역에서 직접적인 어휘, 그리고 통사적 일치를 설정할 수 있는 가능한 전략을 부정하지 않을 뿐만 아니라, 반대로 원 텍스트와 번역 텍스트에서 구의 의미-의의 구조의 도식을 비교함으로써 그것이 적용되는 경우를 나타내고 번역가에 의한 전략을 선택하는 교수법 원칙을 증명한다". 동시 번역에서는 정해진 시간이 번역가의 그러한 정신적 메커니즘의 작업을 제한한다.

동시 번역에서 기호 수단을 연구하는 것은 경험이 풍부한 번역가들에게 있어 개별 제1언어기호들의 어휘 개념들이 그에 상응하는 제2언어기호들의 어휘 개념들과 일치하거나, 단일한 의미적 소체계를 총체적으로 구성하면서, 긴밀하게 연관될 수 있도록 한다. 두 언어에서 공통되는 어휘 개념들이 점진적으로 형성되는 것은 한 언어에서 다른 언어로 전환하는 기술을 형성하는 기초가 된다. 한 언어에서 다른 언어로 전환할 때 번역가의 행동은 자동화되며, 또 반사이론의 가장 단순한 공식의 형태 — (동사적) 자극-(동사적) 반응 — 로 나타남으로써 두 언어 기호의 형식적인 표현 층위에서 발생하는 듯하다. 이러한 사실은 지시체에 대한 전이가 없는, 두 언어 기호 간 "직접적인" 기호 연관에 관해 말할 수 있게 한다. 또한 번역에서 이러한 수단을 "번역의 기호적 수단"이라고 말할 수 있게 한다. 번역에서 이러한 수단의 긍정적이고 부정적인 특성들은 그것과 관련된 전환 기술을 형성할 수 있는 특성과 마찬가지로 9장에서 고찰될 것이다.

"의미적 수난"이라고 부르게 될 번역의 두 번째 수단은 지시체의 동일시를 예상한다. 즉, 그것은 제1언어기호의 의미 연관들을 인지하는 것이다. 기의 또는 발화 상황(상황적 상투 어구)을 분명히 해야 할 필요성은 이러한 수단에 있어 문맥 밖에서 기호를 가지고 행하는 번역 작업을 불가능한 것으로 만든다.

지시체 또는 발화 상황을 결정하는 것은 이른바 "기나긴 여정을 거쳐"(제1언어기호-지시체-제2언어기호) 제1언어기호에서 제2언어기호로 옮겨가는 첫 번째 국면을 이룬다. 만약 번역가가 현실 측면과 원 텍스트에서 제시된 언어를 잘 알고 있다면, 번역가로서는 이러한 작업을 실현하는 데 있어 많은 노력을 기울이지 않아도 된다. 그러나 만약 번역가가 텍스트의 어휘와 실제(예를 들면, 회계 업무에서의 "авуары [자산]", 심리학이나 방법론에서의 "интерфереция [간섭]", 물리학에서의 "синхрофазотрон")를 잘 알지 못한다면 어려워질 것이다. 만약 원 언어가 번역가에게 외국어라면, 제1언어기호에서 제2언어기호로 번역할 때 첫 번째 단계의 어려움은 배가될 것이다. 그리고 번역 작업을 하는 데 드는 시간도 더욱 늘어날 것이다.

제1언어기호에서 제2언어기호로 번역할 때 두 번째 단계는 나타난 시시체, 싱황, 그리고 상응하는 주어진 발화 상황을 표기할 수 있는 외국어의 어휘 단위 또는 발화 형식을 찾는 것이다. 번역가에게 있어 두 번째 단계의 주된 어려움은 지시체와 상황을 표기하는 이형태들에서 적절한 발화 단위를 선택하는 것이다(상황적 상투 어구와 용어에는 선택의 문제가 없다. 그러한 어구나 용어들의 외국어 등가물들이 번역가에게 잘 알려져 있을 수도 있고, 번역가가 그러한 것들을 잘 몰라서 참고서적을 찾아보는 것이 필요할 수도 있다). 이러한 선택이 복잡해지는 것은 번역가가 원 텍스트에서 이용된 표기 수단에 집착하기 때문이다. 이미 발견된 지시체 및 발화 상황과는 별개로 제1언어의 기호는 직역될 수 있는 외국어의 등가물을 탐색할 수 있도록 형태-기호 층위에서의 번역 작업을 촉진한다. 이 경우 번역의 기호적 수단을 의미적 수단으로 부가하는 독특한 현상이 발생한다. 그리고 번역가의 작업은 그에게 들어오는 정보를 "탈구현화 дематериализовать"할 수 있을 때, 즉 최초의 부호로부터 지시체와 상황에 관한 표상을 자유롭게 할 수 있을 때 성공하게 된다. 그렇지 않으면 그는 번역 언어를 위해 최초 표기에서 특징적이지 않은 것들이 밝혀지는 제2언어기호에서 표기를 선택한다.

번역가에게 있어 두 번째 단계에서의 또 다른 어려움은, 외국어에서 그가 찾는 지시체 또는 상황에 대한 동의적인 표현(유기체)이 없는 경우에, 그리고 번역가가 단순히 그것을 알지 못하는 경우에 발생한다. 만약 번역의 기술들을 구성하는 보충적인 여러 작업들을 따르지 못한다면, 그때 발생하는 어려움은 필연적 행위들의 습관적 사슬을 나눌 수 있다.

한 언어에서 다른 언어로 번역하기 위해 행해지는 실제 행위로서의 심리적 작업인 번역의 수단과는 달리, 기법은 보충적인 행동이거나, 또는 번역에서 발생하는 어려움들에 의해 야기된 구체적인 작업이다.

번역에서의 많은 기법들이 알려져 있고 기술되어 있다. 그 가운데 번역에서 언어의 복합체와는 별개로 이용되는 것들을 살펴보자.

기술 번역 이것은 번역이 매우 복잡한 경우에 번역가를 도울 수 있는 가장 일반적인 기법이다. 만약 번역 언어에서 사회, 지리, 민족에 대한 내용이 있을 때 어떤 원인에 의해 상응하는 적절한 개념이 존재하지 않는다면, 그때 이러한 기법이 특별히 필요하다. 그래서 모든 언어에 러시아어에 상응하는 개념들이 있다고 생각하면 안 된다. 예를 들어, 러시아어에는 путёвка [무임승차증], тумак [주먹으로 때리는 것], тулуп [가죽옷], зимник [썰매길], табор [진영], столбовая дорога [이정표가 있는 큰길] 같은 단어들이 있는데, 이러한 단어들을 번역할 때 상응하는 단어들이 없으므로, 그것들에 의해 표기되는 개념들을 기술해야 한다. "썰매길"이란 단어에 대한 유사체가 없지만, 그것에 상응하는 "눈 위에 난 도로" 또는 "얼음 위의 도로"라는 구를 찾는다. "요양소로 가는 무임승차권"은 "요양소의 장소"는 "통행자의 무임승차권"은 "가치 있는 종이"로 번역된다. "진영"은 "집시 정박"이 되고, "이정표가 있는 큰길"은 "대로"가 된다. 이러한 기법은 불충분하기는 하지만, 그것들 중에 중요한 점은 기술된 몇 가지는 매우 부피가 크기 때문에 번역 텍스트에서 별개의 것으로 보인다는 사실이다.

개념의 구체화 이 기법과 그 다음에 이어지는 기법은 레쯔께르가 처음으로 기술했다. 개념의 구체화라는 것은 번역을 할 때 유개념에서 종개념으로 한다는 것이다. 종개념을 표기하는 단어는, 예를 들면, 과일, 채소, 전쟁행위, 운동선수, 가구, 생산물, 작품 등이다. 종개념은 사과 또는 배, 토마토 또는 양배추, 공격 또는 백병전, 축구선수 또는 달리기 선수, 찬장 또는 안락의자 등의 단어들로 표기된다. 번역어에 유개념이 존재하지 않을 수도 있기 때문에 그러한 경우 개념의 구체화는 매우 필수적인 것으로 밝혀진다. 그래서 프랑스어에서는 러시아어의 "учащийся (학생)", "коллектив (동료직원)", "зелень (녹색)" 등과 같은, 유개념을 나타내는 단어들이 없다. 그리고 러시아어에는 프랑스어의 écrits(어떤 묘사), monture(안장 아래의 어떤 동물), projectile(발사체)과 같은 의미를 갖는 단어들이 없다. 번역에서 이러한 개념들은 축소되고 구체화된다. "учащийся"란 문맥에 따라 대학생, 학생, 청강생 등이 된다. écrits는 "편지", "대화", "소식", "논문", "이야기" 등으로 번역된다. "зелень"은 "파슬리(петрушка)", "회향풀(укроп)", "셀러리 화단 반디(сельдерей)", "아스파라거스(спаржа)"등으로 옮겨지고, projectile은 "снаряд(총알)", "бомба(폭탄)", "ракета(로켓)", "мина(지뢰)", "пуля(탄환)" 등으로 옮겨진다. 만약 어떠한 종개념에 대해 말하는지가 분명하지 않다면, 번역의 기법으로서의 개념의 구체화는 어려움을 겪게 될 것이다. 만약 유개념이 2-3개의 종개념을 포함한다면, 쉽게 결론을 찾을 수 있다. 그래서 번역가는 "회사 동료(коллетив завода)"를 "회사의 사무원과 종업원(рабочие и служащие завода)"으로 구체화하는 데 어려움이 없다. 이 개념은 여러 직업에 따라(선반공[токарь], 철공[слесарь], 조절공[наладчик] 등등) 유개념이 된다. 그러나 문맥 외적인 개념인 "과일 фрукты"을 구체화하는 데 있어서는 잘못된 경우도 많이 나타나게 된다. 유개념을 구체화하려는 잘못된 시도는 문학 번역에서 자주 인증된다.

개념의 일반화 이것은 개념들을 구체화하는 은유적 태도이다. 즉, 종개념에서 유개념으로 번역하는 것을 말한다. 만약 번역어에서 원 언어 개념에 유사한 구체적인 개념이 없다면, 개념의 일반화 기법이 이용되어야만 한다. 그래서 러시아어의 "рукой(손)"은 프랑스어에서는 main(손)과 bras(팔)로, 독일어에서는 hand와 arm으로 구분된다고 말할 수 있다. 러시아어에는 바다로 들어가는 강과 다른 강의 지류가 되는 강 사이의 구분이 없다. 프랑스어는 바다에 들어가는 강 fleuves과 다른 강의 지류가 되는 강 rivières을 엄격하게 구분한다. 다른 측면에서 프랑스어 동사 aller(가다)는 러시아어의 종개념인 "걸어서 가다 идти", "타고 가다 ехать", "비행기를 타고 가다 лететь"를 표기할 수 있다. 번역가가 번역어에서 종개념의 표기를 모를 때, 기법으로서 개념을 일반화하는 것은 번역가를 어려운 입장에서 벗어나게 해 준다. 그래서 예를 들면(이것은 보통 통역에서 발생한다) "꾀꼬리(иволга)"는 "새(птица)"로, "프레이즈공(фрезеровщик)"은 "일꾼(рабочий)"으로, "시클라멘(цикламен)"은 "꽃(цветок)"으로 번역된다.

반의적 번역 이 기법은 매우 이율배반적이다. 그러나 이 기법의 효과는 작지 않다. 반의적 번역은 번역할 때 원본에 표현된 개념들을 대비적 개념으로 바꾸는 것이다. 그래서 프랑스어에서는 "위험의 표현(en raison de l'insécurité)"이 러시아어에서는 "안전함의 표현"과 상응한다. 러시아어에서 "полумрак(어스름)"은 프랑스어의 "미광"과 일치한다(dans le demi-jour de la loge — "в полумраке ложи"). 러시아어의 "всегда(항상)"는 프랑스어에서 많은 경우에 "이따금(иногда)"으로 번역된다. 예를 들면, "запрет на вечные времена(항구적으로 금지)" — l'interdiction à tout jamais가 있다. 만약 경험이 풍부한 번역가가 임의의 동사에 해당하는 외국어 등가물을 찾을 수 없다면, 이 경우 그는 반의적 번역에 의지할 것이다. 최초 개념에 대한 부정 의미의 반의어는 명제로부터의 충분히 단순한 산물로 밝혀진다. 예를 들어 보자.

Я все помню. — Я ничего не забыл.
(나는 모든 것을 기억한다. — 나는 어느 것도 잊지 않았다.)
Вы должны молчать. — Вы не должны говорить.

(당신은 침묵해야 한다. — 당신은 말해서는 안 된다.)

В Москве он развлекался. — В Москве он не скучал.

(모스크바에서 그는 즐거웠다. —모스크바에서 그는 지루하지 않았다.)

물론 부정 의미의 모든 반의어가 번역에서 일치하지는 않는다는 데 주의해야 한다. 가령 다음과 같이 문장을 바꾸어서는 안 된다. Я открыл дверь (나는 문을 열었다) → Я не закрыл дверь (나는 문을 닫지 않았다) ; он рассмеялся (그는 웃었다) → он не заплакал (그는 울지 않았다). 반의어들을 서로서로 바꿀 수 있는 경우는 더욱 광범위한 발화 단위에 포함되어 있을 때에만 가능하다는 점을 기억해야 한다. 즉, 번역에서 개별 단어인 "위험(опасность)"을 "안전(безопасность)"으로, "암흑(мрак)"을 "빛(свет)"으로 바꾸어서는 안 된다.

개념의 논리적 발전 이것은 번역가로부터 특별한 전문성을 요구하는 가장 복잡한 기법이다. 만약 이 개념들이 원인과 결과, 부분과 전체, 도구와 행위자처럼 서로 관련되어 있다면, 이 기법의 본질은 번역할 때 하나의 개념이 다른 것으로 바뀐다는 데에 있다. 예를 들면, 러시아어 "Новая пластинка кого-либо (누군가의 새 음반)"은 프랑스어 "un dernier succès de quelqu'un (누군가의 마지막 성공 [последний успех кого-либо])"으로, 프랑스어 "l'exresponsable (전 책임자 [бывший ответстве-нный])"은 러시아어의 "бывший руководитель (전 지도자)"로, 러시아어 "домашнее воспитание (가정교육)"은 프랑스어의 "une éducation de famille (가정교육 [семейное воспитание]"로, 프랑스어 "mouvement revendi-catif (권리를 요구하는 움직임[движение за требование])"은 러시아어 "забастовочное движение (파업)"로 번역된다.

예에서 경험이 풍부한 번역가들에게 잘 알려져 있는 특별한 사전에서 확실한 일치를 살펴볼 수 있다. 그러한 상호 관련된 개념들 간의 변환은 번역가가 새롭게 찾아야 하는 것이다.

예들의 분석은 기술 번역에서 단어결합으로 변환된 최초 단어(табор-стоянка цыгап)의 의미 구조를 밝힘으로써 관찰된다. 개념을 구체화할 때, 중요한 의미 구조에 보충적인 변별적 의미소가 들어간다. 학생(учащийся) - 대학생(студент), 학생(учащийся) -청강생(курсант), 학생(учащийся) - 청중(слушатель). 개념의 일반화에서 의미 구조는 변별적 의미소가 상실되어 변한다. 책상(стол) -가구(мебель), 의자(стул) -가구(мебель), 소파(диван) - 가구(мебель). 반의적 번역에서 의미 구조의 외적인 변화는 하나의 의미 요소에서 대비적인 다른 것으로의 의미에 따른 변화에 의해 발생한다. 안전을 위해(для безопасность) - 위험으로부터 (из-за опасности), 기억하나(помнить) - 잊지 않다(нс забыть). 개념을 논리적으로 전개할 때 의미 구조는 가장 크게 변화되며, 거의 모든 새로운 요소들을 얻을 수 있다. новая пластинка-последный успех (이것은 모든 기본적인 요소들의 변화이다), ответственный-руководитель (이것은 많은 요소들의 변화이다).

따라서 번역가의 보충적인 행동(번역의 기법)에 기초하여 내용 측면이 변화될 때 의미 구조가 포함되는 어휘-의미적 변형이 발생한다. 각 В. Г. Гак은 논리에 의해 기본적으로 분류된, 개념들 간의 다섯 가지 관계에 기초하여 의미적 변형의 다섯 가지 기본 유형을 나누고자 했다. 그 각각을 살펴보면 다음과 같다.

1) 모는 의미 요소들을 보유한 동의어
2) 혼합, 즉 하나의 의미 범주의 경계에서 의미 요소들의 변화로써 하나의 유개념의 경계에서 인접한 개념의 명명을 사용

3) 하나의 의미 요소를 의미적으로 대비되는 다른 것으로 변화시키는 반의어
4) 변별적 도식이 상실 또는 획득되는 확장 또는 축소
5) 동일함(은유) 또는 복잡함(환유)에 따른 전이

화용론적 관점에서 번역에서의 모든 변형들은 구분되는 세 층위에서 발생하는 변형으로 보는 것이 좋다.

1. **어휘적 층위** 이것은 동의적 변화에 대해서 말하는 것이다. 언어간의 동의어 사용과 더불어 번역의 많은 이형태들이 그것들과 관련된다. 이때 텍스트의 최초 단위들의 중요한 의미 요소들이 포함되어 있음이 관찰된다. 동의적 변화는 기술 번역과 반의적 번역에서 관찰된다. 반의적 번역에서 요소들의 하나가 의미에 따라 대비되는 다른 것으로 변화된다는 것은 옳다. 그러나 동일한 것은 보충적 요소들이 도입됨으로써 의미에 따라 대비되는 요소들이 중화된다. 그래서 번역의 이형태 "помнить-не забыть(기억하다-잊지 않다)"에서 의미에 따라 대비되는 요소는 단어 "забыть(잊다)"에서 보충적 요소, 부정 "не(아니다)"에 의해서 중화된다. 결과적으로 "помнить"라는 최초 텍스트 단위의 가장 중요한 의미 요소들은 "не забыть"로 번역된 텍스트 단위의 가장 중요한 의미 요소들의 양과 동일해진다. 그러한 방법으로 의미적 변형은 의미 구조의 뒤섞임과는 별개로 가장 중요한 의미 요소들의 최초 양을 포함한다.

2. **어휘-의미소적 층위** 최초 텍스트 단위의 의미 구조를 구성하는 다른 가장 중요한 의미소를 함유한 것들을 번역할 때 변별적 의미소의 손실과 획득을 고려해야 한다. 어휘-의미소 층위에서 번역의 태도는 개념의 구체화 및 일반화에서 관찰된다. 개념의 구체화에서 변별적 의미소가 최초의 의미 구조에 보충된다. "녹색 (зелень)-파슬리(петрушка)"

(녹색에 파슬리의 의미적 특성이 더해진다). 개념의 일반화에서 변별적 의미소는 상실된다.

어휘-의미소 층위에서 변형하는 번역 기법은 최초 텍스트 단위의 가장 중요한 의미 요소들의 양을 변화시킨다. 그래서 이러한 기법이 텍스트의 모든 단위들에서 가능한 것은 결코 아니고, 단지 문맥의 적절한 인지에서만 가능하다.

3. **어휘-의미적 층위** 최초 단위의 부분 또는 모든 의미 요소들의 변화가 고정되는 이 층위에서 개념의 논리적 발전이라고 불리는 번역 기법이 실현된다. 또한 예술 작품 번역의 실제에서 널리 이용되는 대상작용의 기법이 실현된다.

의미 구조의 뒤섞임은 일반적으로 이해되는 일치에서 나타난다. **кисельные берега, молочные реки**(도원경) — les montagnes en caramel et les rivières en limonade(캐러멜 산과 레모네이드 강 [леденцовые горы и лимонадные реки]); **держать под спудом**(숨겨두다) — faire dormir dans des cartons(판지로 만든 상자에서 재우다 [заставлять "спать" в папках]); **минмстерская чехарда**(각료의 빈번한 경질) — la valse des ministres(장관의 왈츠 [вальс министров]). 물론 일반에 통용되는 일치는 준비된 형태로 번역가들에 의해 이용된다. 그래서 그 속에서 의미적 변형은 번역가와 과거의 사전편찬자들의 활동 결과로서 고정될 수 있다. 따라서 이율배반적으로 들릴지도 모르지만, 예술 작품과 관련되지 않은 많은 번역 작업이 형태-기호적 층위에서 실현된다. 번역가는 지시체를 결정하고(또는 지시체에 관해 통찰하고) 상응하는 사전에서 번역할 때 나타나는 단위들에 대한 등가물을 구한다. 번역의 이러한 사전적 방법은 주로 초보 번역가에게 특징적으로 나타나며, 그것은 초보 번역가를 위해 충분히 고려되어야 한다.

번역 기법을 기술하기 위해 번역가가 하는 각각의 보충적인 행위는 모든 동일한 번역의 두 가지 수단의 범위 내에서 이루어져야 한다. 실제 번역에서 무엇보다 자주 번역의 여러 수단들과 기법들이 결합된다. 만약 그러한 결합이 번역의 모습과 적절하게 존재하는 번역 수단들을 고려하는 기법들의 목표지향적인, 그리고 예정된 체계라면, 이미 번역의 방법에 관해 말하는 것이 가능해진다. 그래서 글 번역에서는 텍스트의 분절화 방법이 널리 이용된다. 연속적인 번역에서는 기술체계를 이용하는 방법이 있고, 동시 번역에서는 형태-기호적 연관을 설정하는 방법이 이용된다.

방법과 기법은 번역학에서 인간 활동의 결과로 얻어진 번역 수단으로부터 파생된 것으로서만 고찰된다. 그래서 서로 긴밀하게 관련된 세 가지 번역 개념들(수단, 기법, 방법) 중 하나인 번역 수단만이 번역 이론의 기본적인 범주 중 하나이다.

결론

그 본래 의미에서 볼 때의 번역, 즉 원 텍스트에서 번역 텍스트로의 번역은 다양하게 실현될 수 있다. 그러한 번역의 기저에는 번역가의 자격과 번역의 형태와 단위에 따라 번역가에 의해 다양하게 실현되는 수단, 기법, 방법들이 있게 된다. 이 세 가지 개념(수단, 기법, 방법) 중 단지 수단만이 번역의 기본적인, 자격 있는 범주 중 하나로서 고찰된다. 왜냐하면 단지 번역 수단만이 객관적 법칙으로서 존재하기 때문이다. 그리고 번역의 기법과 방법은 번역의 수단에서 나온 것이며, 인간 활동의 결과로 얻어진다.

현재 단지 두 가지의 번역 수단만이 한 언어에서 다른 언어로 번역할 때 객관적으로 존재하는 법칙으로 알려져 있다. 이것은 번역 작업이 형태-기호적 층위에서 실현되는 번역의 기호적 수단이며, 또한 외국어 등가물을 연속적으로 탐구할 때 지시체의 예언적인 동일시를 예상하는 번역의 의미적 수단이다.

번역의 기법은 보충석 행동, 또는 번역에서 발생한 어려움을 극복하려는 구체적인 작업이다. 많은 번역 기법들이 잘 알려져 있지만, 그것들 모두는 기본적으로 어휘-의미적 변형을 갖는다.

실제 번역에서는 번역의 여러 수단과 기법들이 이용된다. 적절하게 존재하는 번역 수단들을 고려하는 기법들이 목표로 하고, 예정된 체계를 번역 방법이라고 한다. 방법은 번역의 유형에 의거하고 또 그러한 유형과 상호 관련된다. 그에 대한 고찰은 번역의 유형과 분리되어서는 불가능하다.

제 9 장
전환 기술

번역의 기호적 수단의 범위에서 형태-기호적 층위에서 이루어지는 번역 작업은 전환 기술의 기능에 기초한다. 두 언어를 자유롭게 사용하는 것이 전환이라는 번역기술기능을 보장하는 것은 아니라고 많은 관찰들이 제시한다. 두 언어를 자유롭게 사용하는 것은 단지 전제이고, 이 전환 기술을 설정하기 위한 필요조건이다. 그러한 기술을 자유롭게 사용하는 것은 번역가를 일반적인 초보자와 구분하게 한다. 그러나 아직도 한 언어에서 다른 언어로 전환하는 메커니즘은 그다지 연구되지 않고 있다.

이러한 문제에 따른 몇몇 객관적인 자료들은 심리적·물리적 고찰을 제시하는데, 그 속에서 어휘적 동기에 대한 여러 조건적 반향(혈관 등이 많은, 피부 갈리바니 전기의, 사진물리학적) 이 연구되었다. 이러한 연구는 단어나 어휘적 동기 같은 의미 연관들이 지배적인 연관의 특정 체계에 복잡한 반향을 불러일으킨다는 것을 지시했다. 루리아 А. Р. Лурия와 비노그라도바 О. С. Виноградова는 경험 속에서 의미적 복합체의 핵과 주변부, 그리고 중화적 단어를 포함하는, 인간에 의해 인지되지 않은 복잡한 의미적 체계를 설정했다. “음악”이라는 의미적 그룹으로 실시한 기술적 실험에서 바이올린, 바이올린 연주가, 바이올린의 활, 현, 만돌린, 콘트라베이스 등의 단어들은 특별한 반향을 불러일으킨다. 다른 악기들의 이름들(클라리넷, 아코디언)과 음악과 관련된 다른 단어들(소타나, 콘체르트)도 반향을 불러일으키기는 하지만, 그것들은 특별한 것이 아니라 기본적인 것들이다. 이에 반해 중화적 단어들은 어떠한 반향도 불러일으키지 않는다. 소리에서는 유사하지만 의미상으로는 관계가 없는 단어(예를 들면, кошка-окошко)들은 지적으로 열등한, 또는 매우 지친 수험자에게 반향을 불러일으킨다.

게다가 몇몇 제안자들은 각 개인의 주관적 경험을 표현하는 것으로 그것들을 고찰하면서 기록된 반향의 의미적 기원에 의심을 갖는다. 어쨌든 의미 요소에 의해 제한된 개별 단어들 간의 크거나(핵) 적은(주변) 단순한 연관 또는 연상은 의심을 불러일으키지 않는, 확실한 것이다.

인지되지 않은 의미적 관계가 있음을 증명하는 객관적인 자료들은 새롭게 번역에서 전환 기술로 불릴 수 있다는 것을 보여 준다. 두 번째 언어에서 일치하는 것을 자동적으로 찾을 수 있는 능력을 전환 기술로 고려한다.

위에서 기술된 심리적·물리적 실험은 전문적으로 발전된 번역의 지식이나 기술 없이 두 언어를 자유롭게 사용하는 것이 어느 정도 고립적인 의미 체계와 한 언어의 기호에 의해 제한되는 소체계의 존재를 예상한다는 것을 알 수 있게 해 준다. 물론, 예를 들면, 러시아어에서 각 개별 외래어가 의미적 소체계로 우인론적인 것으로 도입된 것이 예외적인 것은 아니다. 그러나 그것들은 질적으로 다른 의미적 체계를 제시하는 것이 아니라, 해당 소체계의 고정된 요소들로서 나온다. 다른 말로 하면, 번역에 대한 지식과 기술이 없을 때, 한 의미장의 경계에서 두 언어 체계는 한 언어의 범위에서 여러 의미 장의 의미 체계가 제한되는 것과 마찬가지로 제한된다.

전문 번역가의 발화 메커니즘의 기능에서 다른 그림이 관찰된다. 비록 하나의 주제적·문체적 소체계의 경계에 있지만, 한 언어에서 단어는 압도적으로 우세한 것이 아니며, 그 반대로 다른 언어체계에서 의미 연관들을 동기화한다. 통역사나 동시 번역가의 작업을 관찰하면서 이를 확인하는 것은 그다지 어렵지 않다. 그들이 번역하는 데 있어 하나의 주제에서 다른 주제로, 하나의 문체에서 다른 문체로(예를 들면, 대화체의 친밀한 문체 또는 농업 용어와 그 표현 단어들을 정치적 어휘에 삽입할 때) 번역하는 것이 가장 어렵다는 것은 잘 알려져 있다.

동시 번역 과제에서 번역학부의 학생-참여자들을 대상으로 한 실험에서 이러한 연관에서의 흥미로운 자료들을 얻을 수 있다. "이전의 동시적 실험"에서는 22명의 학생들에게 헤드폰을 통해 번역의 대상이 되는 단어 그룹들 — 수사, 연설자의 전형화된 문구("이 상위의 다변가로부터", "지지를 표현하는 것" 등의 유형), 사회·정치적 주제들을 표현하는 어휘 — 이 연속적인 속도로(100-110 분절/분) 미리 제시되었다. 5-6회 정도 20분 정도씩의 연습을 통해, 그 시간 속에서 각 단어 그룹은 나누어져 완성된다(즉, 처음에 러시아어나 프랑스어의 어수선하게 읽혀지는 수사들, 그 다음에 연설적 전형화된 문구, 마지막으로 주제적 어휘). 특별한 어려움 없이 학생들은 연습문제를 푼다. 이때 예상되는 단어들이 90-100%까지 모든 학생들에 의해 번역되었다. 개별적인 결함(번역되지 않은 단어들)은 최소한의 반응을 보인 학생들에게서, 보통은 마지막 연습문제에서 관찰되었다. 7번째 과제에서 사회·정치적인 어휘들을 번역하는 과정에서 학생들에 의해 프랑스어 수사가 미리 나타났다. 다른 의미적 체계에서 기대하지 않은 단어의 예상은 연설식의 전형화된 문구를 번역하는 과정에서 반복되었다. 매번 프랑스어에서 수사의 삽입은 부적절한 번역 및 생략과 대비된다. 게다가 "낯선" 단어 또는 그러한 단어에 뒤따르는 단어들은 생략되었다. 러시아어에서 수사를 삽입하는 것은 매우 보기 드문 실수이다. 비록 연습 과정에서 몇 가지 어려움(실수, 생략, 템포의 느림) 들이 오랜 기간 관찰되었지만, 다른 의미적 체계로부터 기대되지 않는 단어를 예상하는 연습은 계속적으로 번역에서의 실수를 줄어들게 한다.

실험 결과는 〈표 4〉에 제시되었다. 실험에 22명이 참여하였고, 하나의 과제에 각 학생들에게 프랑스어의 수사 70개, 러시아어의 수사 30개, 프랑스어의 연설자의 전형화된 문구 70개, 러시아어의 연설자의 전형화된 문구 30개, 프랑스어에서 사회·정치적 주제에 따른 70개 정도의 단어와 표현, 러시아어에서 30개 정도의 단어와 표현들이 예정되었다. 하나의 과정에서 모든 학생들은 300개의 어휘 단위들을 번역하였다. 한 실험자에게 허용된 적절하지 않은 번역과 생략은 예상되는 모든 어휘 단위에 대한 퍼센트로서 고려되고 정해진다.

표 4.

과제	단어 그룹					
	수사		연설자의 전형화된 문구		"평화를 위한 전쟁"이란 주제에 따른 어휘	
	프랑스어	러시아어	프랑스어	러시아어	프랑스어	러시아어
1과제	62	89	72	68	66	70
3과제	80	94	86	85	88	93
6과제	91	98	94	96	98	99
7과제 첫 번째 예상	10	42	43	66	74	78
마지막 예상	63	94	92	95	91	96

〈표 4〉에서는 어떤 참여자의 중간 정도의 적절한 대답들이 제시되었다.

첫 번째 예상에서 다른 의미 체계로부터 단어들의 전환 기술 효과가 감소하는 것은 특별하게 제시되었다(7번째 과제, 첫 번째 예상).

어떤 의미 체계들을 상호 삭제하는 것에 관해 릴리야와 비노그라도바는 자신들의 실험에서 지적했다. 그들은 다른 의미적 "하부체계"의 단어를 보충함으로써 더욱 넓은 의미 체계의 "예술적 조직"이 구성된다는 것을 관찰했다. 번역가가 모국어에서 그것에 상응하는 의미 체계에 대한 등가물을 인지하기 위해 연습 과정에서 다른 언어의 의미적 하부체계로 삽입할 때, 번역가에게는 더욱 넓은 의미 체계의 예술적 조직이 구성된다. 두 언어에서 상응하는 하부체계를 포함하는 새로운 의미 체계를 형성하는 것은 통역 작업에서 중요한 역할을 하는 전환이라는 번역 기술을 설정하는 것이다.

의미 체계의 역학 관해 언급된 것들은 교육과 연습 과정에서 일반적인 전환 기술이 아니라, 그 기능이 특정한 의미적 장 또는 더 나은 경우에 공통의 주제, 한 인간 인지의 영역에서 인접되어 있는 몇몇 의미적 그룹에 의해 제한되는 전환 기술이 발생한다고 결론 내린다. 릴리야와 비노그라도바의 실험에서 어떻게 하위 삽입의 방법으로 두 의미적 그룹들이(예를 들면, 채소와 과일) 하나의 공통된 의미 체계로 결합되는지가 제시되었다. 그 단어들은 동일한 단계에서 상응하는 문맥적 반향을 불러일으켰다. 연습문제를 푸는 과정에서 학습적 연관은 번역가에게 새로운, 인접되어 있는 의미 그룹들을 연결하면서, 고유한 전환 기술의 행위 장을 확장하게 해 준다. борьба за мир(평화를 위한 싸움) + национально освободительное движение(민족 해방 운동) + партийное строительство(당 구성) + профсоюзы(노동조합) 능능.

그러나 만약 그것들을 위해 임의의 반복적인 행위로 주기적인 연결이 지속되지 않는다면, 예전의 의미 연관은 새로운 의미적 그룹이 연결될 때 쉽게 붕괴된다.

따라서 한 언어에서 다른 언어로 전환하는 기술을 형성하는 것은 1) 두 언어의 유사한 의미적 하부체계와 2) 인접한 두 언어의 의미적 체계들을 계속해서 결합하면서, 학습적 체계에 의해 연결된다. 만약 각 언어의 하부체계를 라틴문자 R(러시아어)과 F(프랑스어)로 표기한다면, 전환 기술의 설정은 다음의 방법으로 표현할 수 있다. $(R \times F = RF) + (R_1 \times F_1 = R_1F_1) + (R_2 \times F_2 = R_2F_2)$ 또는 $RF + R_1F_1 + R_2F_2$. 여기서 RF는 단일한 고립적 체계를 구성하는데, 거기서 새로운 각 고립 체계를 연결하는 것은 그것을 체계적으로 연결하는 경우에만 선행하는 것을 파괴하지 않는다.

전환 기술의 기능은 고유한 법칙을 갖는다. 그것들 중 하나에 대해 이미 이야기했다. 전환 기술의 기능은 연구된 의미 체계(주제적 원칙)의 경계 밖에서는 중지된다. 그리고 이것은 일반적인 전환 기술의 형성이 아니라, 주어진 주제의 의미 체계에서 전환 기술이 형성된다는 것을 의미한다. 번역가에게는 모든 삶에서의 적합한 전환 기술이 가능한 것이 아니라, 그에게는 단지 경제적, 정치적, 전쟁 또는 어떠한 영역에서의 작업을 위해 전환 기술이 형성될 수 있다.

그래서 단지 주제적 원칙에 따라서만 전환 기술을 구성할 수 있다.

전환 기술의 기능에서 두 번째 법칙은 다음의 방법으로 형성될 수 있다. 전환 기술의 기능에서 지향되는 지배적 연관은 모국어에서 외국어로의 연관이다(주요 언어의 원칙). 이러한 입장은 동시 번역가들의 번역 작업에 대해 다양하게 관찰한다고만 해서 이루어지는 것은 아니다. 그 효과는 우선적으로 전환 기술의 기능에 의거한다. 이러한 입장은 1959

년에 이미 기술된 실험에 의해 증명된다. 동시 번역에서 제시된 민족 간 어휘(주로 "번역가의 거짓 친구들")는 러시아어에서 프랑스어로 번역할 때 75% 정도가 올바르게 재현되었으며, 프랑스어에서 러시아어로의 번역에서는 45% 정도만 올바르게 재현되었다. 이러한 입장은 결국 꼬바치 Д. Ковач의 실험과 일치되었다. 실험 결과 그는 다음과 같이 기술하였다. "주요 언어의 동기에 의한 각 반향은 주요하지 않은 언어의 동기에 의한 반향보다 더 큰 전환 준비성을 갖는다".

전환 기술 기능의 세 번째 법칙은 전환 기술이 형태-기호적 연관을 특히 선호한다는 것이다(기호적 원칙). 지시체(상황)가 동일하지 않은 경우 번역에서 두 언어 등가물 간의 직접적 연관을 고려하여야 한다. 그러한 연관은 진형화된 문구들을 번역할 때 설정된다. 용이의 상황적 상투 어구를 번역할 때 그것들을 설정하는 것은 가능하다. 기호적 연관은 한 언어에서 다른 언어로 번역할 때 번역이 자동적으로 실현되도록 하고 기술을 설정하기 위한 전제가 된다. 이미 언급한 것처럼, 번역에서 지시체 연관을 탐구하는 것은 제2언어의 기호에 대한 방법을 최소한 두 번 연장시킨다.

실제적으로 번역에서 지시체의 연관을 탐구하는 것은 보충적이고, 가끔씩 복합적인 또는 부차적인 지식에 결합되는 보완적 운영이다. 거기서 부분적으로 행위의 자동성이 사라진다. 이 모든 것은 자연스럽게 전환 기술의 기능을 복잡하게 하고, 한 언어에서 다른 언어로 번역하는 데 드는 시간을 길어지게 한다. 그러므로 다음과 같은 결론을 내릴 수 있다. 바로 기호적 연관은 전환 기술의 기능을 효과적으로 하기 위한 필수적인 조건이라는 것이다.

연속 번역에서 이러한 입장은 순수하게 구두적 연관의 범위를 벗어나 글 기호(표기)로 확장된다. 연구에서 제시된 것처럼, 연속 번역에서 전환 기술은 도식적 기호에서 운동적(발동기적) 반향을 예상한다. 제1 언어의 기호는 표기 또는 생략된 문자 기술이다. 게다가 연속 번역에서 기호적 연관들과 전환 기술은 부차적인 역할을 한다. 왜냐하면 연속 번역에서 기술은 우선적으로 복잡한 지시체 연관 — 제1언어의 기호-지시체-지시체의 특징들 중 하나-분류된 특징들의 도식적 기호 — 에 기초한 의미적 글로 나타난다.

그래서 전환 기술의 가장 중요한 법칙들은 주제적 제한, 주요 언어의 원칙, 기호적 연관의 효과에 의거해 나타난다. 세 번째 법칙은 전환 기술의 기능을 방해하는 요소이지만 동시에 의미 분석을 고찰하게 해 준다는 이율배반적인 측면이 있다. 통역가 활동의 기본적인 모순 중 하나가 이것이다. 전체적으로 지시체 연관을 거부하는 것(의미 분석)은 전환 기술의 기능의 효과를 높게 해 준다. 그러나 지시체를 무시하는 것은 직역 또는 "번역의 거짓 친구들" 같은 그러한 현상의 원인이 된다.

우선 "번역의 거짓 친구들"("faux-amis")이란 용어는 1928년 카셀롬 Касслером과 데로키니 Дерокиньи에 의해 제기되었다. 그러나 그들은 번역을 단지 두 언어 간에 단어의 기호적 유사함에 따라 하는 것이라고 하였다. 현재 "직역"이란 용어는 폭넓게 사용된다. 만약 1949년 레쯔께르 Я. И. Рец-кер가 외형적인 유사함에 따라(도식적으로 또는 음성적으로) 직역을 번역으로 고찰하였다면, 1970년 각 В. Г. Гак은 이미 원문 형태의 문자를 그대로 재현한 것들을 번역에서의 실수로 여기면서 그러한 것들을 어휘적, 구문적, 문법적, 문체적 직역으로 나누었다.

"직역"의 개념을 원본 형태의 결과가 좋지 않은 재현이라고만 생각해서는 안 된다고 여겨진다. 만약 이 현상의 기초적인 특징으로부터 시작한다면 다음과 같이 구분하여야 한다.

1) 첫째, 요소적 직역이 있다. 이때 모국어 또는 최초 언어의 의미 연관의 지배 결과 두 언어의 유사한 기호적 또는 도식적 기호 간의 부정확한 관계가 설정된다(예를 들면 journal [신문] : газета[신문] 대신에 журнал [잡지], блиндаж [엄폐부] : abri à l'épreuve [고난을 견딜 피난처] 대신에 blindage [방탄], liste [목록] : список [목록] 대신에 лист [종이]).

2) 둘째, 의미적 직역이 있다. 이때 단어 및 단어결합의 의미 요소에 따라(가령 подполковник [육군 중령] : lieutenant-colonel [육군 중령] 대신에 prendre position sous-colonel [대령 아래 위치하다]) 번역하거나, 또는 발화 상황을 고려하지 않고 단어의 기본적 의미에 따라 (예를 들면 entendu : договорились [약속되었다] 대신에 들린다 [услышано], "Говорит Москва" : "Ici Moscou [여기는 모스크바입니다]" 대신에 "Moscou parle [모스크바에서 말씀드립니다]") 번역한 결과 두 언어의 부정확한 기호 연관들이 설정된다.

3) 셋째, 문법적 직역이 있다. 이때 두 언어에는 최초 언어의 확실한 연관에 기초한 발화에서 기호를 형성하는 수단 사이의 부정확한 직접적 연관들이 설정된다 (예를 들면, "Duval, ministre des affaires étrangères [뒤발, 외무 장관]" : "Министр иностранных дел Дюваль [외무 장관 뒤발]" 대신에 "Дюваль, министр иностранных дел [뒤발, 외무 장관]", "На Кубе [쿠바에서]" : "A Cuba[쿠바에서]" 대신에 "Sur Cuba [쿠바에 관하여]").

발화에서 기호를 형성하는 수단들 간의 직접적인 연관은 또한 기호적 연관으로 고찰될 수 있다. 왜냐하면 형성 수단(문법적 규칙)은 우리 인지에서 대상 및 현상과 마찬가지로 구체적인 문장에서 자료화되는 몇몇 추상적인 기호로 제기되기 때문이다.

그래서 문법적 직역은 실제 외국어 습득에서 잘 알려진 간섭 현상이다.

그래서 번역에서 직역은, 만약 의미적 직역을 고려한다면, 항상 원

문을 잘못 재현한 것이 아니고, 다른 안정된 연관에 기초하여 언어 간의 부정확한 기호 연관을 구성하는 것이다.

물론 의미 분석, 자동적인 행위를 거부하는 것은 부정확한 기호 연관을 구성하는 것을 방해한다.

물리적 실험에서 지적한 것처럼, 의미나 소리에 따라 거리가 멀거나 가까운 단어들은(요소적 직역) 정신적으로 나머지дебиль, 또는 지친, 그리고 쇠약해진 사람들에 의해 의미 체계에 포함되었다. 이러한 상황은 연구자로 하여금 다음과 같은 결론을 내리게 해 준다. 뇌수의 피질이 중지된 상태일 때 "음성적 유사함에 근거한 비교적 더욱 단순한 연관들이 지배적인 것이 될 수 있고, 더욱 복잡한 의미 연관들은 진행이 둔화된다".

여러 유형에 대한 직역 연구는 더욱 복잡한 연관에서 단순한 것으로 전환하는 것이 아니라, 이미 단순하거나 또는 복잡한 연관을 사용함으로써 향후 탐구를 거부한다는 것에 관해 말한다는 것을 보여 준다. 그래서 요소적 직역의 경우 전환에 대한 해결은 지시체 연관의 발신자источник에 의해 제기된 사용으로 제한된다. 의미적 직역의 경우에 첫 번째 측면에 지배적인 내포적 연관들이 참여한다. 만약 문법적 의미의 관계를 내포적 연관으로 명명한다면, 이것은 문법적 직역에서 관찰된다.

결론

1. 번역 과정에서 한 언어에서 다른 언어로 전환하는 기술은 탐구에 따른 자동화된 작업에서, 그리고 상황 표기 또는 상황 요소의 전달을 위해 예정된 기호들을 전환하는 것에서 고유한 표현을 찾는다. 전환 기술이 효과적으로 기능해야 한다는 필요성은 번역 과정에서 시간이 제한될수록 증가한다. 시간 제한은 여러 통역에서 임의의 각 단계마다 관

찰된다. 즉, 그래서 전환 기술의 기능은 통역가가 가장 중요하게 준비해야 할 과제 중의 하나이다.

2. 전환 기술의 기능은 주제적 원칙에 따라 두 언어의 유사한 의미적 하부체계를 공통적인 하나의 연결 체계로 결합함으로써 이루어진다. 새로이 연결 체계를 구성하는 것은 선행하는 것을 파괴한다. 그렇게 파괴된 것을 복구하기 위해서는 반복적인 하위 결합이 필요하다. 이는 통역가의 작업에서 주제가 변환되려면 상응하는 어휘적 연습으로의 하위 결합이 선행되어야 한다는 것을 의미한다.

3. 구성된 전환 기술에서 모국어에서 외국어로 향해진 연관들은 통역가의 준비 과정에서 고려할 필요가 있는 은유적 연관보다 더 단순하다. 외국어에서 모국어로 행해진 하위결합의 양은 우세해야 한다.

4. 전환 기술의 효과는 두 언어 간에 잘 숙련된 기호들이 연관된 결과이다. 확실한 기호 연관들을 설정할 수 있는 것은 언어적 수단의 특성에 따른다. 기호 연관들을 설정하는 것은 우선적으로 부분성(사용에서), 단일 의미성, 상대적인 기능장애성(기본적 의미의 상실)의 수단에 의해 분배된 언어 기호 수단에서 나타난다. 이러한 이유에서 기호적 연관들은 주제적 발화(최소 단계에서-정보적 발화)의 요소에서 특징적이다. 기호적 연관들은 전체적인 발화에서는 설정되지 않는다. 부분성, 단일 의미성, 그리고 상대적인 기능장애성의 수단으로는 무엇보다도 사회 선전 자료에서 접하게 되는, 주로 전형화된 문구와 상투 어구가 나누어진다. 즉, 사회 선전 자료들은 우선 전체적으로는 통역의, 부분적으로는 가장 엄격하게 시간적으로 제한하는 동시 번역의 객체가 된다. 동시 번역의 객체로 드물게 학술·기술적 자료들이 설정된다. 왜냐하면 그 속에서 우세한 언어적 수단(용어)들은 기능장애적인 것이 아니

고 항상 충분한 부분성을 얻는 것도 아니기 때문이다. 그러한 언어적 수단은 은유적 표현처럼 기호적 연관들의 설정을 촉진하지는 않는다. 그러한 점이 문학·예술적 자료들을 동시 번역 또는 통역하는 것을 불합리하게 한다.

5. 직접적인 기호 연관을 설정하는 것은 전환 기술의 효과를 상승시킨다. 그러나 그것은 가끔씩 직역으로 귀결된다. 많은 경우에 직역은 예견할 수 있다. 왜냐하면 다음과 같은 경우에 문자 번역에 대한 경향이 나타나기 때문이다.

- 두 언어에서 음성적 또는 문법적인 형성에 따라 유사하지만 비등가적인 단어들이 있을 때(la liste [목록] : список, не лист [종이가 아닌 목록], президиум [간부회의 간부] : le présidium (러시아간부회의) 이 아니라, le bureau [사무실]).

- 두 언어에서 그 기본적인 의미에 따라 유사하지만 해당 문맥 또는 해당 상황에서 비등가적인 어휘적 단위들이 있을 때(постоянный представитель[종신대표] : le représentant permanent[종신대표]이 아니라 le délégué[문패에 있는 대표자], poussez[밀어라] : толкайте[밀어내라]가 아니라 от себя[자신으로부터]).

- 두 언어에서 유사한 발화의 제한 수단에서 확장이 있을 때.

제10장
불일치 이론

만약 번역 과정이 번역 이론에서 번역 수단과 같은 범주를 분리하게 해주는 번역가의 임의의 행위에 기초한다면, 결과로서의 번역은 단지 다른 범주(일치의 범주)의 시각에서만 고찰될 수 있다.

번역에서 일치 범주는 다양하게 이해된다. 무엇보다도 레쯔께르 Я. И. Рецкер의 법칙적 일치 이론이 잘 알려져 있는데 그것으로부터 시작하여 어휘적 단위 간의 의미적 일치에 대해 말한다. 이때 여러 언어에서 어휘적 단위들이 의미적으로 완전하게 부합(일치) 되는 경우들은 매우 희박하며, 문장의 모든 의미 요소들이 일치하는 경우는 더더욱 희박하다.

만약 기술된 동일한 상황들이 그것들을 표기하기 위해 어떠한 의미 요소들이 사용되었는가 하는 것과는 관계가 없다면 번역 텍스트의 원 텍스트에 대한 일치에 대해 말할 수 있다. 기술되는 상황의 동일성에 따른 번역 이론을 케트포르트 Дж. К. Кетфорд가 지속적으로 연구하였으며, 러시아에서는 각 В. Г. Гак이 연구하였다. 이 이론 자체는 정보적 발화에 관해 말하고 있는 만큼은 옳다고 인정할 수 있지만, 전체 발화의 일치를 결정하지는 못한다. 그 속에서 의미 요소들과 상황, 지시체는 발화 목적과의 관계에 따라 종속적 역할을 한다. 번역 과정의 실제적 실현은 가끔씩 임의의 원칙을 거부할 수 있게 하는 기대되지 않은 형태들을 채택한다. 우리는 이러한 사고를 소볼레프 Л. Н. Соволев에게서 찾을 수 있다. 그는 1950년에 다음과 같이 기술하였다. "정확성의 정도는 번역의 목적, 번역되는 텍스트의 성격, 번역물을 읽는 독자에 의해 변한다".

만약 그것을 발화 산물을 구성하는 여러 요소들에 부합된 시각에서 (의미정보의 시각에서, 즉 상황적인 것과 상호 관련된 의미정보의 시각에서) 고찰한다면, 일치의 범주는 고유한 일반적 특성을 얻는다.

그래서 일치의 범주를 정의하기 위해 기본적으로 고려하는 것은 각 발화 산물이 내포하고 있는 것에 대한 관점을 살펴보는 것이다.

a) 단어의 문법적 또는 음성적 요소들을 포함하는 형태적인 요소들의 양, 또한 발화 산물(그 구조)의 요소들 간의 연관들
б) 발화 산물에 포함된 어휘적 그리고 문법적 의미들로부터 구성되는 의미 요소들의 양
в) 여러 가치의 의미정보의 양

번역을 할 때 전달되는 정보를 고려하지 않고 모든 발화 산물 또는 그 부분적인 형태 또는 의미 요소들을 재현하려는 의도는 번역 텍스트가 원 텍스트로 달성되는 상대적인 일치에도 불구하고 완전히 제대로 된 번역을 보장하지 못한다.

번역에서의 절대적인 일치는 원 텍스트와 번역 텍스트에서 발화 산물(그 속에는 정보의 몫도 포함)의 모든 요소들이 일치될 때 나타난다. 그러나 그러한 일치는 실제적으로는 불가능하며 이론적으로만 가정할 수 있다.

실제적으로 일치의 범주는 번역에서 문자 번역 대 자유 번역의 대비 형태로 나타난다.

문자 번역에는 그 구조를 포함하고 있는 원 텍스트의 형태 또는 의미 요소들을 번역 텍스트에서 재현하고자 하는 시도가 있어야 한다.

원본의 형태, 그리고 의미 요소들과는 별개로 주요정보의 몫이라는 관점에서 번역하는 텍스트 간의(원 텍스트와 번역 텍스트) 일치 설정을 자유 번역이라고 할 수 있다.

실제 번역에서 문자 번역과 자유 번역은 번역어의 규칙에 답하는 이 형태를 탐구한 결과로, 하나의 텍스트와 문장에서 교체된다. 문자 번역과 자유 번역은 반드시 나쁜 번역만은 아니다. спутник라는 단어를 spotnik로, artillerie를 артиллерия로 번역하는 것은 문자 번역이지만, 동시에 완전히 정확한 번역이다. 이때 두 등가물 간에는 문자 일치가 관찰된다. 전쟁 용어인 disponibilité(예비군)를 "нахождение в распоряжении министра(군의 지시 체계)"로 번역하는 것은 자유 번역이지만, 이 또한 올바른 번역이다.

문자 번역은 잘못된 번역일 수도 있다. 인간의 인성 설정과 관련된 상황에서 "J'ai des papiers[나는 증명서를 가지고 있습니다]"라는 구의 번역 결과들을 보자.

잘못된 문자 번역은 다음과 같이 나타난다.

"Я имею бумаги". (나는 종이를 가지고 있다.)

위 문장에는 원본의 구조가 포함되어 있는데, 단어 papiers는 그 기본적인 의미 요소에 따라 번역된다.

"Я имею документы". (나는 서류를 가지고 있다.)

이 이형태에서 구조의 함유는 단어 papiers의 자유 번역에 이웃한다.

"У меня есть документы". (나에게는 서류가 있다.)

이번에는 문자 번역의 잔재가 사라진다. 발화는 자유 번역 형태에서 일치되고 올바르게 번역되었다.

또 다른 문장의 번역을 살펴보자. 정부에 의한, 예상되는 프랑스 경제학의 끊임없는 수용 계획에 관해 말하고 있는 Юманите라는 신문의 논설에서 다음과 같은 구절이 있다. "Plan, replan, retaplan! (계획, 다시, 또다시)". 이 구절의 문자적 번역은 "План, ещё раз план, барабанный бой! (계획, 다시, 계속해서)"로 표현할 수 있다.

까다로운 수용자를 만족시킬 수 있는 이 구절을 번역한 이형태 중의 하나는 다음과 같다.

> "Один план, другой план, и каждый раз барабанный бой пропаганды!" (계획, 다시, 매번 계속해서!)

비록 이 속에 직역의 요소들이 있지만(plan-план), 이것은 이미 자유 번역이다. 이와 같은 자유 번역 형태의 일치에는 다음의 예가 있다. 여기서는 형태적 요소들이나 의미 요소들이 완전하게 포함되어 있지 않다.

> "Voilà des années que inlassablement le pouvoir prodigue les promesses".
> (몇 해 동안 권력은 줄기차게 약속만 남발하고 있다".)
> "Вот уже несколько лет правительство щедро раздает обещания."
> (이미 몇 년간 정부는 많은 약속을 했다".)

프랑스어 단어 inlassablement(줄기차게)과 pouvoir(권력)는 각각 매우 강하고 지속적인 위력을 의미한다는 것을 기억하자.

그래서 마침내 요구되는 모든 형태적 의미 요소들이 없다는 것과 대상적 상황(상황 지시체)의 변화를 테니스 코트에서 관중들의 소리를 번역한 것에서 찾을 수 있다.

"Votre service, monsieur!" (당신 차례입니다.)
"Я готов!" (내 차례입니다.)

여기서 프랑스어 "Ваша подача, месье!" 대신에 번역가는 러시아의 테니스 선수들을 위해 더욱 특징적인 소리를 선택했다. 왜냐하면 임의의 것이 전달되기 위해서 예정된 정보를 발화 상황과 함께 포함하고 있기 때문이다. 즉, "Ну, подавайте!" 에서 일치는 자유 번역의 형태에서 표현되고, 의미정보 층위에서 설정된다.

자유 번역은 유일하게 몇몇 속담을 번역할 때 적절한 것으로 나타난다.

"Les fruits tiennent les promesses des fleurs".
(꽃은 열매를 약속한다.)
"Что посеешь, то пожнешь".
(뿌린 씨는 거두어들여야 한다.)
"Назвался груздем, полезай в кузов".
(내친걸음, 벌린 춤)
"Noblesse oblige".
(귀족은 귀족답게)

최초 발화 산물이나 그 부분의 형태적 의미 요소들이 메시지의 전달에 들어가는, 즉 전달되어야만 할 때, 자유 번역은 최소한 모든 경우에 잘못된 번역이라고 할 수 있다. 메시지를 구성하는 의미정보의 분류는 실제로 직관적으로 발생하지만, 불일치의 이론 입장에 기초해서 이 작입을 할 수 있다.

불일치 이론은 원 텍스트와 번역 텍스트가, 그 속에 포함되는 정보의 양과 질을 비교하여 일치하지 않는다는 것에서부터 시작한다. 그것들은 형태적인 층위에서는 일치하지 않는다. 왜냐하면 여러 언어에서 같은 내용을 표현하는 형태적인 수단들은 일치하지 않기 때문이다. 그것들은 의미적 층위에서도 일치하지 않는다. 왜냐하면 여러 언어에서 동일한 현상, 상황은 다양하게 기술되기 때문이다. 그것들은 의미정보, 그리고 상황정보로부터 구성되는 의미정보 층위에서도 일치하지 않는다. 왜냐하면 두 텍스트의 불일치하는 의미 요소들은 반드시 그 속에 있는 공통된 정보의 양을 변화시키기 때문이다. 게다가 이 변화는 번역을 위해서 당연할 수도 있고 유용할 수도 있다. 그것은 번역가의 작업 결과를 손상시키는 오류일 수도 있다.

정보를 "잃거나 얻는" 것은 번역에서만 가능한 것은 아니다. 그러한 "상실"과 "획득"은 각 메시지를 전달하는 데에서도 불가피하게 나타난다. 이에 관해 밀러 Дж. А. Миллер가 다음과 같이 상세히 기술하였다. "출력되는 정보의 모든 양을 원의 모양으로 기술하고, 동일한 정보를 결합시킬 수 있도록, 그것을 최초의 모든 정보를 제시하는 원 위에 얹는다면, 이 원들은 일치하지 않게 된다. 두 언어 간의 번역에서 원 텍스트와 번역 텍스트의 정보를 제시하는 원들은 일치하지 않는다. 밀러 는 하나의 텍스트를 고려하였고, 그 원 텍스트와 번역 텍스트에서 정보 불일치는 여러 의사소통자들에 의해 코드화된 메시지를 인식하는 법칙에 의해 설명된다. 번역에서 두 텍스트가 존재할 때, 원 텍스트와 번역 텍스트의 정보 불일치는 더욱 당연한 것으로 제시된다. 다음의 도식에서 원 텍스트와 번역 텍스트의 정보를 포함하는 원들이 겹치는 것을 알 수 있다.

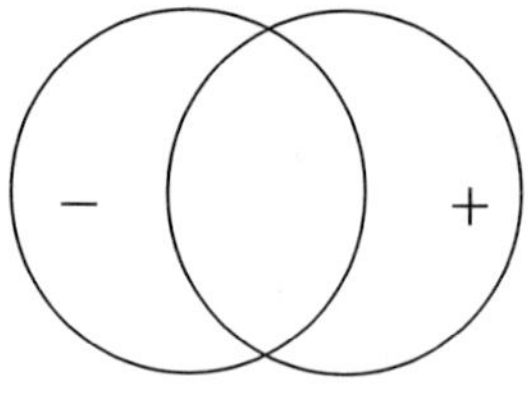

두 원들을 겹친 부분에서 불일치하는 것은 +(보충정보) 기호와 -(전달되지 않은 정보) 기호로 표기된다. 수신자가 채택하지 않은(-기호), 그리고 수신자가 덧붙인(+기호) 정보를 지시하면서, 원에서의 이 부분들은 서로 "일치하지 않는다". 보통의 발화 행위에서 수신자가 채택하지 않거나 덧붙이는 모든 것은 알려지지 않고, 대조 질문을 통해서나 수용자의 다음 행위를 통해서 나타나게 된다. 번역에서 번역가가 채택하지 않거나 덧붙이는 모든 것은 원 텍스트와 번역 텍스트를 비교함으로써 나타낼 수 있다.

따라서 텍스트에서의 불일치는 번역 과정의 거울처럼 설정되지만, 이것을 외형적으로 완전하게 일치한다고 말해서는 안 된다. 이것에 관해 스뜨레꼬프스끼 Г. М. Стрековский는 다음과 같이 말한다. "[…] 원본과 번역본(그는 우리의 예처럼 번역 텍스트라고 불렀다)을 대비·분석하는 범위에서 어떠한 번역 이론에 대해서도 말하면 안 된다. 왜냐하면 그러한 분석은 순수하게 어휘적, 문법적, 문체적 문제의 굴레를 벗어날 수 없고 상응하는 학문에 의해 연구되어야 하기 때문이다. 이때 번역 과정 자체는 완전히 비공개적인 것이 된다. 왜냐하면 어떠한 방법으로 임의의 적절한 일치를 얻을 수 있는지 누구도 모르기 때문이다".

스뜨레꼬프스끼의 말을 정확하게 정리하면, 번역에서 텍스트들이 대비 분석의 범위에 남아 있을 수 있고 남아 있을 필요가 있다는 것이다. 그러나 번역 과정을 연구하기 위해서는 일치가 아니라 불일치에 주의를 기울이는 것이 중요하다. 불일치는 그러한 분석 과정에서 형태적으로 전달되지 않거나 또는 보충된(추가된) 정보를 포함하는 원 텍스트 또는 번역 텍스트의 단편으로 나누어진다. 이 경우에 원 텍스트는 도입부에서 자료 수집으로 고찰할 수 있고 번역 텍스트는 출력부에서 자료 수집으로 고찰할 수 있다. 이와 같은 불일치는 번역 과정의 특성에 관해서(만약 이 불일치가 반복된다면), 번역가의 개별적인 특성에 관해서 말한다. 그러한 연구 방법은 "검은 상자" 방법처럼 학문에서 잘 알려져 있다.

"도입부에서의 자료들"은 원 텍스트의 형태적인 요소들이며 "출력부에서의 자료들"이란 번역 텍스트의 형태적 자료들이다. 이러한 자료들은 만약 텍스트에 없는 정보들이 포함된다면, 이 경우에만 해당된다. 이때 "텍스트의 어떠한 의미 요소들이 이것을 위해 이용되는가" 하는 것과는 별개로 모든 의미정보가 고찰된다. 이것을 러시아어를 가지고 설명해 보자. 첫 번째 발화 산물은 원 텍스트로 고찰된다. 그리고 두 번째 발화 산물은 번역 텍스트로 고찰된다. 일치하지 않는 정보를 지닌 파롤의 단편은 굵은 강조체로 표시한다.

ИТ "25 января **рабочие и служащие** крупнейших автомобильных заводов франции объявили забастовку".
(**원 텍스트** 2월 25일 프랑스의 초대형 자동차 공장의 노동자들과 사무원들은 동맹 파업을 선포하였다.)

ПТ "25 января на крупнейших автомобильных заводах франции началась забастовка".
(**번역 텍스트** 2월 25일 프랑스의 초대형 자동차 공장에서 동맹 파업이 시작되었다.)

번역 텍스트에서는 동맹파업을 하는 사람들의 사회적 입장을 밝히는 정확한 정보가 없다. 원 텍스트의 반복되는 단어 "노동자와 사무원"은 필연적인 것이 아니다. 따라서 의미정보는 어느 정도 상실되어야만 한다.

ИТ "Он произнес последние слова фразы с пафосом и вышел".
(**원 텍스트** 그는 마지막 단어들을 감격적인 구로 말하고는 나갔다.)

ПТ "Он оставил наш дом после того, как кончил говорить".
(**번역 텍스트** 그는 말하기를 마치고 우리 집을 나섰다.)

여기서 두 개의 작은 발화 단편 — 전달되지 않은 정보를 담고 있는 어떤 것과 보충적인 정보를 담고 있는 다른 것(우리 집) — 이 나누어진다. 불일치되는 의미 요소들에 관해서(마지막 단어들을 말했다-말하기를 마치고, 나갔다-나섰다), 그것들은 해당 문맥에서 동일한 의미정보를 수행한다. 각 발화 단편의 정보는 전체적인 것에서부터 문장의 의미정보로까지 이 텍스트 내의 전달을 위해 예정된 정보로 평가된다.

이러한 예들은 불일치 이론의 몇 가지 입장을 설정하게 해 준다. 그러한 입장들을 보자.

첫 번째 입장 원 텍스트와 번역 텍스트를 비교 분석할 때, 불일치되는 것들을 나누려는 목적으로 단지 불일치되는 의미정보만을 고려한다.

두 번째 입장 텍스트들을 비교 분석한 결과 나누어지는 모든 불일치 정보는 전달되지 않은 정보와 추가(보충) 정보로 나누어진다.

위에 든 예에서 전달되지 않은 정보는 원 텍스트의 파롤 단편 — "노동자와 사무원", "감격적인" — 에 포함되어 있고, 추가적인 정보는 번역 텍스트의 파롤 단편 "우리 집"에서 정해진다.

세 번째 입장 불일치 정보는 그것을 포함하는 원 텍스트 또는 번역 텍스트의 파롤 단편들로 나누어진다. 이 입장은 정해지는 정보를 계산하여 구성하는 방법들을 찾을 수 있게 해 준다. 왜냐하면 파롤 단편은 이미 산정되는 단위이기 때문이다.

불일치를 정하는 것은 번역 텍스트에서 불일치 정보의 탐구로만 제한되는 것은 아니다. 불일치 정보는 메시지의 측면에서 보면 다양한 가치를 지닌 것일 수 있으므로 모든 불일치 정보는 의사소통 가치를 정의하는 측면에서 평가하는 것이 필요하다. 이것은 실제적으로 실현되는 것처럼 예를 들어 살펴보는 것이 좋다.

> **ИТ** "По **последним** данным центрального института статистики, только за первые 10 месяцев года занятость на крупных предприятиях уменьшилась на 1, 2 процента".
> (원 텍스트 최근 통계학 중앙 연구소의 자료에 따르면 단 1년의 10개월 동안 대기업의 고용성은 1-2% 정도 감소했다.)
>
> **ПТ** "Центральный институт статистики сообщает, что в течение первых 10 месяцев **текущего** года 1, 2% **рабочих** оказались за воротами крупных предприятий".
> (번역 텍스트 통계학 중앙 연구소에서 올해 첫 10개월 동안 노동자들은 대기업에 취직하지 못했다는 것을 보도하였다.)

이 예에서 세 가지의 불일치(그것들이 나누어졌다)를 찾아볼 수 있다. 첫 번째 불일치는 전달되지 않은 정보인 "최근"이다. 만약 그 의사소통적 가치를 (전달되는 텍스트의 모든 정보 관점에서) 평가한다면, 이 정보는 보충정보에 관련된다는 결론을 내리는 것은 어렵지 않을 것이다. 왜냐하면 비록 텍스트의 다른 단위들에서 그것이 명시적으로 제시되어 있지 않더라도 기술되는 상황으로부터 출발하여 그것에 관해서 추측하는 것이 가능하기 때문이다. 그래서 첫 번째 불일치, 즉 원 텍스트의 단어 "최근"에 포함된 정보를 전달되지 않은 보충정보로 특징지을 수 있다.

두 번째 불일치는 추가적 정보인 "현재"이다. 이 정보는 텍스트에 추가된 것이 아니라 이미 있는 정보를 정확하게 하는 것이다. 왜냐하면 올해의 첫 번째 10개월에 대해 말하고 있기 때문이다. 그래서 두 번째 불일치는 보충적으로 정확하게 하는 정보처럼 번역 텍스트의 단어 "현재의"에 포함된 정보를 특징지을 수 있다.

세 번째 불일치는 "노동자"의 추가적 정보이다. 원 텍스트에서는 노동자와 사무원들을 포함하면서 전체적으로 고용의 감소에 관하여 말하고 있다. 번역 텍스트에는 새로운 정보가 제시되는데, 그것은 전달을 위해 예정된 것은 아니다. 결과적으로 번역 텍스트의 수용자들은 오해에 빠질 수도 있다. 한마디로 하면, 세 번째 불일치, 즉 원 텍스트의 단위인 "노동자"에 포함된 정보를 추가적인 핵심정보로 특징지을 수 있다.

네 번째 입장 일치되지 않은 정보는 전달되지 않은 추가적 정보로 분류될 뿐만 아니라 그 의사소통 가치에 의해, 핵심정보, 일반정보, 보충정보, 정확하게 하는 정보, 반복적 정보, 그리고 제로정보로 분류된다.

불일치 이론의 다음 입장은 처음에는 형성하고 그 다음에 설명하는 것이다.

다섯 번째 입장 불일치로 분류된 원 텍스트(전달되지 않은 정보)와 번역 텍스트(추가적 정보)의 발화 단편들은 임의의 의사소통 가치가 있는 단 하나의 정보를 표현한다. 다른 예를 보자.

> **ИТ** "Население Камеруна широко отметило 1 января, годовщину провозглашения независимости Республики".
> (**원 텍스트** 카메룬의 주민들은 1월 1일 공화국 독립 기념일을 널리 알렸다.)
>
> **ПТ** "Население Камеруна отпраздновало годовщину провозглашения независимости и суверенитета своей Республики".
> (**번역 텍스트** 카메룬의 주민들은 그들 공화국의 자주독립 기념일을 축하하였다.)

두 텍스트를 비교·분석함으로써 전달되지 않은 정보 "1월 1일", 그리고 추가적 정보 "자주권"과 "그들의"를 지닌 발화 단편들로 나누게 된다.

발화 단편 “1월 1일”에서는 두 단어에, 다른 단편에서는 하나의 단어에 따른 것임에도 불구하고, 이 발화 단편들에는 각각 단 하나의 정보만이 포함되어 있다. 이것은 단어들 “1월 1일”이 인접하여(단어 “자주”, “그들”은 또한 인접하여 있다) 있다는 것 때문이 아니라, 발화 단편 “1월 1일”은 의의적 관계에 따라 단일한 전체이기 때문이다. 단어 “자주”와 “그들”은 의의적 전체를 구성하지 않고, 문법적으로 서로 의존하지 않으며, 각 개별정보를 소지하고 있다. 단어 “자주권”에서는 반복적 정보가 나누어지고, 단어 “그들은”에서는 정확하게 하는 정보가 나누어진다.

불일치는 일정량으로 즉, 연구가의 관점에서 하나의 의의 전체를 제시하는 상호 관련된 정보의 형식으로 정보를 함유한다고 말할 수 있다. 다른 말로 하면, 불일치로 나누어진 원 텍스트와 번역 텍스트의 각 발화 단편은 단지 정보의 한 일정량만을 함유한다. 어떤 텍스트에서 단편이 나누어지는가라는 것에 따라, 각 불일치는 전달되지 않은 또는 추가적 정보로 나타난다. 물론, 전달되지 않은 정보 또는 추가적 정보의 일정량은 텍스트에서 나누어지는 정보가 동일하지 않은 것과 마찬가지로, 동일한 가치를 지니고 있지 않다. 전체적으로 다음과 같은 일정량의 다양성을 분류할 수 있다. 전달되지 않은 중요한 정보, 보충정보, 정확한 정보, 반복적 정보, 제로정보의 일정량, 추가적 중요한 정보, 보충정보, 정확한 정보, 반복적 정보, 제로정보의 일정량.

일정량의 다양성을 정의하는 방법은 다음의 텍스트에서 설명할 수 있다.

ИТ “За последние пять лет в городах н селах республики возникло восемь с половиноЙ тысяч новых коллективов художественной самодеятельности. Всего их насчитывается сейчас в стране более 27 тысяч”.

(원 텍스트 최근 5년간 공화국의 도시와 마을에서 8천5백 개의 예

술 아마추어 활동을 하는 새로운 단체들이 생겨났다. 그들의 수는 현재 나라에서 2만 7천 개 이상으로 추정된다.)

ПТ "Восемь с половиной тысяч кружков художественнои само-деятельности вновь создано в республике за последнее время. Общее число клубов в стране превысило в настоящее время цифру 27 тысяч".
(**번역 텍스트** 8천5백 개의 예술 아마추어 활동을 하는 그룹이 최근 새롭게 공화국에 구성되었다. 그룹의 수는 나라에서 현재 2만 7천 개를 초과하였다.)

두 텍스트의 대비 분석은 일치하지 않는 정보를 수행하는 네 개의 발화 단편을 나누게 한다. "최근 5년간", "도시와 마을에서"(이것은 두 개의 개별적인 발화 단편이다. 왜냐하면 그것들은 문장에서 서로에게 종속되지 않고, 의의 관계에서 독립적이기 때문이다), "그늘", "그룹".

첫 번째 불일치는 "최근 5년간"이다. 정보 "최근 5년"은 유개념 "최근에"로 전환되었다. 이것은 수용자가 어느 정도 "최근"으로 표현되는지 알 수 없다는 것을 의미한다. 문맥도 상황에 의해서도 암시되지 않은 정보는 중요한 정보이다. 따라서 첫 번째 불일치는 전달되지 않은 중요한 정보의 일정량이다.

두 번째 불일치는 "도시와 마을에서"이다. 번역 텍스트에서는 이 구가 단순하게 '공화국에서'로 표현되었다(물론 "도시와 마을"을 암시한다). 그래서 이러한 경우에 전달되지 않은 정보를 정확한 정보로 분류할 수 있고 모든 불일치를 전달되지 않은 정확한 정보의 일정량으로 분류할 수 있다.

세 번째 불일치는 "그들"이다. 대명사 "그들"은 "예술 아마추어 활동을 하는 단체"라는 정보를 가진다. 번역 텍스트에서 그것들에 관해 두 번째 문장에서 언급되지 않는다. 그래서 세 번째 불일치는 전달되지 않은 중요한 정보의 일정량이다.

네 번째 불일치는 "그룹"이다. 이 정보는 "예술 아마추어 활동을 하는 단체" 대신에 나타났다. "그룹"의 정보는 질적으로 새로운 것이다. 왜냐하면 2만 7천 명의 연극 애호가 서클 또는 그룹을 갖기 때문이다. 이것은 동일한 것은 아니다. 그래서 네 번째 불일치는 추가적 중요한 정보의 일정량이다.

우리는 불일치의 분류와 그 평가가 정보의 의사소통 가치라는 시각에서 발생한다는 것을 제시했다. 그러나 불일치 이론의 입장은 이것으로 해결되지는 않는다. 왜냐하면 번역 과정의 법칙에 관한 결론은 더욱 정확한 연구 방법에 기초하기 때문이다. 정보 일정량을 관여시키기 위해서는 음절량과 같은 개념을 도입해야 한다.

그래서 불일치 이론의 여섯 번째 입장. 번역과정의 법칙을 정의하는 것은 음절량의 도움으로 실현된다.

발화 단편과 마찬가지로 텍스트는 음성의 시간과 그 공간의 확장에 따라 변할 수 있다. 텍스트의 공간적인 변화, 이것은 그 속에 포함된 인쇄기호, 단어, 문장들의 양을 고려하는 것이다. 그러나 단어와 문장들의 양은 지속적인 것은 아니고, 인쇄 기호는 항상 음성에 일치하는 것이 아니다. 그래서 그것에 기초한 계산은 무엇보다 자주 음성 텍스트를 위해 올바르지 않다. 그것을 우리는 통역으로 고려한다. 그래서 라디오와 텔레비전에서 얘기하는 아나운서의 이야기 속도나 전문 연설자의 이야기 속도는 분당 음절의 양에 의해 변화할 수 있다. 외견상으로 음절들은 텍스트의 변화와 길이를 측정하는 가장 편리한 단위이다. 음절은 조음 분절의 가장 연속적인 단위라고 하는 것이 더욱 올바르다. 그것을 분할하는 것은 구어나 문어에서 어떠한 어려움도 없다. 발음 단위로서 음절을 분할하는 것과 동일시하는 것은 확실히 가장 논의가 되는 문제이다. 음절에 관해서나 문장에 관해서 말해서는 안 된다. 여기에 언어학자들과, 심리학자, 물리학자들이 음절에 관해 논의하여 쓴 것이 있다.

"화자에게 파롤은 직접적으로 또는 자연스럽게 음절로 나누어진다. 외형적으로, 음절은 화자의 측면에서 파롤의 가장 작은 단위로 여겨질 수 있다."

"조음 분절의 기본 단위는 어휘 또는 문법 의미의 임의 성분을 소지한 파롤의 최소한의 형태적 단위인 음절이다."

"발음되는 텍스트(단어, 구 등등)의 프로그램에서 CГ 유형의 음절에 일치하는 일련의 단일 의미 구조들이 이용된다는 것을 예상할 수 있다. 여기서 첫 번째 자리에 각 자음이 위치하고, 두 번째 자리에 모음이 위치한다."

텍스트변화 단위로서 음절을 사용하는 것은 매우 정확한 단어, 문장, 텍스트의 길이를 계산할 수 있게 해 준다. 왜냐하면, 소리 또는 문자, 단어 또는 문장과는 다르게 음절은 지속적인 양을 가지고 쉽게 동일시된다.

단어, 문장, 텍스트에서 음절의 양은 단어, 문장, 텍스트의 음절 크기를 구성한다. 따라서 음절 크기를 그 크기뿐만 아니라, 소리의 대략적인 길이를 알게 해 주는 텍스트의 매개변인 중 하나로서 고찰할 수 있다. 마지막 것은 통역을 위해 특히 가치가 있다. 거기서 연구가는 음성 텍스트를 구성한다.

글 번역에서 음절크기에 기초하여 시행된 연구는 흥미로운 결과를 많이 제시한다. 원 텍스트와 번역 텍스트의 음절 크기를 대비하는 것은 사회·정치적 자료와 예술작품에서 행하여진 프랑스어·러시아어 그리고 러시아어·프랑스어 조합에서, 러시아어 텍스트는 항상 그것에 수

반하는 원 프랑스어 텍스트 또는 번역 프랑스어 텍스트보다 많은 음절량을 가진다. 이외에도 음절량에 기초한 글 번역의 연구는 원 텍스트의 음절량을 상승시키는 경향이 있다.

음절 크기가 불일치의 양적 변화를 위해 편리하게 사용된다고 설명해서는 안 된다. 불일치는 파롤 사슬의 단편으로 고정되고 단어나 음절로 구성된다. 음절크기의 사용은 그 양을 계산할 수 있게 하고 불일치 특성을 정의하기 위해 정보의 일정량과 함께 번역 과정의 법칙을 나타낼 뿐만 아니라, 전달된 정보의 양을 변화시키고 번역의 질을 평가하며 유형적인 실수를 분류하도록 해 준다.

번역의 몇 가지 법칙에 관해 우리는 그 기본적인 모습과의 관계를 통해 말할 수 있게 된다. 여기서 전달된 정보의 양이 변하는 것처럼 번역의 각 과정에 관련될 수 있는 것에 대해 설명하는 것이 적절하다.

수학에서 채택된 정보의 양을 정확하게 계산하는 방법은 파롤 단위의 수준에서 텍스트에 있는 정보량을 변화시키는 것은 아니다. 수학적 방법은 요소적 정보의 변화를 위해 예정되었다(예를 들면, 텍스트에서 임의 그래프 요소와 음소의 출현 확률). 불일치 이론은 결코 수학적 정확성을 인정하지 않으면서 음절량의 사용과 텍스트에서 불일치의 분류에 기초한 번역에서 전달된 정보의 양을 올바르게 평가할 수 있는 고유한 방법을 제안한다. 이 방법의 본질을 제시하기 위해서 내용에 따라 유사한 러시아어 텍스트를 사용한다. 조건상 그것들 중의 하나를 원 텍스트로, 다른 것을 번역 텍스트로 사용한다.

ИТ "Два дня в старинном городе руайомоне проходила российско-французская встреча. Во встречи приняли участие видные политические деятели, парламентарии, ученые и писатели, представители профсоюзов России и Франции. Многие участво-

вавшие в прениях французские деятели, хотя и представляли различные политические течения, были едины в том, что борьба за прекращение гонки вооружений стала первоочередной задачей человечества. Было поддержано мнение председателя Национального собрания Франции, который заявил, что Франция должна принять участие в проходящих сейчас и намечающихся на будущее международных конференциях, цель которых выработать меры по прекращению гонки вооружений.
Большое место в дискуссии заняли проблемы двухсторонних отношений между францией и Россией и их влияния на развитие в положительную сторону обстановки на европейском континенте.
Подводя итоги встречи, президент общества "франция-Россия" подчеркнул, что дискуссия, развернувшаяся в Руайомоие, была плодотворной. Она еще раз подтвердила волю французов и россиян следовать курсу согласия и сотрудничества, сделать все для утверждения в международных отношениях разрядки."

(**원 텍스트** 고도시인 Руайомоне에서 이틀간의 러시아·프랑스간의 회담이 진행되었다. 회담에서 주요 정치가들, 국회의원, 학자, 작가, 러시아와 프랑스의 노동조합의 조합장들이 참석하였다. 토론에 참석한 많은 프랑스 활동가들은 비록 다양한 정치적 견해를 제기하였지만, 군비경쟁을 중지시키는 것이 인류의 첫 번째 과제라는 것에는 일치된 의견을 보였다. 프랑스의 민족회의 지도부의 견해는 프랑스가 지금 생기고 미래에 인정되는 범민족 연합에 참여해야 한다고 밝혔다. 그 목적은 군비경쟁 금지에 따른 방안을 선택하는 것이다. 토론에서 많은 부분은 차지하는 것이 프랑스와 러시아 간의 두 상호 측면의 관계 그리고 유럽 대륙에서 상황의 긍정적인 측면의 발전에 대한 영향 문제이다.
만남의 결과를 고려하면서 "프랑스·러시아" 사회의 내동령은 토론은 Руайомоне에서 전개되면서 유용한 것이었다고 강조하였다. 그것은 한 번 더 프랑스인과 러시아인들의 일치와 협력의 과정을 따르고, 범민족 간의 관계에서 확신을 위해 모든 것들을 할 것이라는 의지를 강하게 나타내었다.)

ПТ "В Руайомоне, старинном городе фраиции, состоялась российско-французская встреча. В этой встрече участвовали видные деятели обеих стран, в том числе парламентарии, писатели, ученые, представители профсоюзов. Большинство французских участников встречи независимо от их партийной принадлежности подчеркивали необходимость борьбы за прекращение гонки вооружений, считая ее первоочередной задачей. Слова председателя Национального собрания Франции о том, что необходимо принимать участие в созываемых международных конференциях, на которых намечаются меры по прекращению гонки вооружений, были широко поддержаны. Много говорилось о двусторонних отношениях России и Франции, о том, как они влияют на разрядку международных отношенний на европейском континенте. Итоги встречи подвел в своей речи президент общества "франция-Россия", который отметил плодотворность имевшей место дискуссии. Эта дискуссия показала, что и французы и россияне в полноМ смысле этого слова стремятся к согласию, к тому, чтобы утверждать в международных отношениях разрядку."

(**번역 텍스트** 프랑스의 고도시인 Руайомоне에서 러시아와 프랑스의 회담이 열렸다. 이 회담에서 두 나라의 주요 정치가들, 그 속에는 국회의원, 작가들, 학자들, 노동조합의 조합장들이 참석하였다. 회담에 많은 프랑스 참여자들은 그 당 소속과는 별개로 군비경쟁을 중지시키는 것에 대해 그것을 가장 중요한 과제라고 생각하면서 싸워야 할 필요성을 강조하였다. 프랑스의 민족회의 위원장의 말은 연합된 범민족 회의에 참여할 필요성에 관한 것이었으며, 군비경쟁을 금지시키는 방법은 널리 인정되었다. 러시아와 프랑스의 두 측면적 관계에 대해 말했고, 그들이 유럽대륙에서 범민족적 관계의

종류에 어떻게 영향을 주는가 하는 것이었다. 회담 "프랑스·러시아" 사회의 대통령은 그 자신의 말에서 토론의 유용성을 인지했다고 했다. 이 토론은 프랑스인과 러시아인들이 이 단어의 완전한 의의와 범민족적 관계에서 이행을 증명하기 위한 것에 일치하고자 한다는 것을 제기했다.)

조건적 번역을 한 결과 정보의 상실을 나타내기 위해서 원 텍스트와 번역 텍스트의 어휘적 양을 변화시키는 것이 필요하고, 불일치를 분류하며, 정보의 어떠한 일정량에서 각 불일치가 출현하는지를 결정하고, 불일치하는 어휘들의 양을 산정하는 것이 필요하다. 열거된 작업의 결과들은 〈표 5〉에 나타나 있다. 불일치는 텍스트에서 강조되어 있다. 원 텍스트에서 "이틀"과 "프랑스"의 두 불일치에 주의를 기울이길 원했다. 임의의 불일치들은 전달되지 않은 주요정보의 일정량들이다. 즉, 그 정보는 수신자를 위해 일반적인 것이고, 그는 생각할 수도, 다른 텍스트 단위로부터 추출할 수도 없다.

표 5.

텍스트 매개변인	원 텍스트	번역 텍스트
텍스트의 음절량	426	375
불일치의 공통 양	8	5
그 일정량으로부터	2	-
주요정보	3	-
보충정보	2	4
반복정보	1	-
제로정보	-	1
불일치의 음절량	37	28

만약 모든 텍스트의 음절에 100%의 정보가 함유되어 있다면, 텍스트 음절의 1/100에서는 텍스트의 모든 정보의 1%가 함유된다는 것을

조건적으로 알 수 있다. 전달되지 않은 정보의 일정량을 함유하는 모든 단편들의 음절들을 알게 되면, 전달되지 않은 정보의 퍼센트를 고려하는 것은 어려운 일이 아니다. 단순한 수학적 계산은 전달되지 않은 정보의 일정량을 함유하는 37개의 음절들이 원 텍스트의 음절량(426)의 8.6%를 구성한다는 것을 지시한다.

동일한 탐구에서 시작하여, 번역 텍스트의 모든 정보량으로부터 몇 퍼센트의 정보가 보충되는가를 산정할 수 있다. 번역 텍스트에서 불일치를 함유하는 발화 단편의 음절량은 28개의 음절을 구성하거나 또는 텍스트의 음절량(375) 중 7.4%를 구성한다. 따라서 원 텍스트의 9% 가량의 정보들이 전달되지 않은 것으로 그리고 번역 텍스트의 7% 이상의 정보들이 추가된 것으로 산정된다.

7%의 추가된 정보와 마찬가지로, 9%의 전달되지 않은 정보들은 번역을 위해 반드시 잉여적인 것이라고만 생각해서는 안 된다. 번역에서 몇몇 상실과 추가는 필수적인 것이다. 상실과 추가는 변별하기 위해서 중요하다. 공통적인 37개의 음절 발화 단편을 구성하는 전달되지 않은 정보의 일정량은 여러 의사소통 가치를 지닌다. 주요정보를 제외한 각 정보는 추정될 수 있거나 또는 미리 예측될 수 있다. 그것은 메시지의 주제에 대한 이형태나 보조물처럼 주요정보의 반복 또는 해석처럼 나오기도 한다. 이것은 정보의 실제 손실로 단지 중요 정보에서의 손실만을 여긴다는 것을 의미한다. 분석되는 두 예에서 이것은 전달되지 않은 주요정보의 두 일정량, 또는 원 텍스트의 음절량 1.1%를 구성하는 5개 음절이다. 전체로서의 텍스트와 마찬가지로 텍스트의 각 발화 단편은 여러 정보 가치를 지닌 음절에서 구성되고 전체적으로 텍스트의 구조를 반복하기 때문에 주어진 예에서 음절량에 표현된 주요정보의 상실을 정보의 실제 손실과 비교할 수 있는 근거가 된다(자격 있는 번역가는

허용할 만한 권리를 가지지 않는다).

그 외의 나머지 상실은 특히 통역에서 자연스러운 것처럼 여겨져야 한다. 보통 반복, 파롤의 구성을 위해 필요한 정확한 정보 또는 제로정보의 일정량들이 생략된다. 습관적인 일정한 어 결합들을 사용함으로써 텍스트에서 나타나는 여러 수반되는 정보를 전달하는 것은 불가능하고 불필요하다.

추가적 정보에 관해 얘기하는 것은 가능하다. 번역 텍스트에서 추가적 정보는 적절하고 필연적인 현상이다. 그러나 추가적 정보는 단지 그것이 정보의 부차적인 모습으로 제시되는 경우에만 허용된다. 번역가는 번역을 할 때 개략적인 실수인 추가적 주요정보를 삽입할 수 없으며 삽입해서도 안 된다.

여러 번역에서 불일치를 연구하는 것은 번역과정의 몇 가지 법칙을 파헤칠 수 있게 해 준다. 그래서 전달되지 않은 주요정보의 일정량처럼 연속되는 번역에서 규칙적으로 나누어지는 단어들의 특성을 연구하는 것은 정확하게 명명된 단어의 그룹을 나누게 해 준다. 기억에 필요한 연상을 불러일으키지 못하는 단어처럼 정확한 단어는 통역에서 청각상의 많은 실수를 하지 않도록 하는 텍스트의 성분으로 밝혀졌다.

주어진 파롤의 발화 도식의 시각에서 불일치의 파롤 단편을 분석하는 것은 정말로 향후 전망적인 것으로 제시된다. 그래서 번역에서 연설자 말의 불일치를 연구하는 것은 그 포화성을 고립적인 것으로 제시했다. 그것은 보통 전달되지 않은 또는 추가적인, 정확하게 하는 심지어 보충정보의 일정량으로 나타난다. 연설자 말의 반복들은 다른 불일치 반복적 정보의 일정량의 원인으로 밝혀졌다.

인이 저절한 불일치의 정의는 임의 번역에서 번역가의 지적 메커니즘의 기능 특성에 관해, 계속해서 임의 번역 과정의 법칙에 관해 말한다. 번역가의 지적 메커니즘의 기능 특성이 드러나는 것은 번역가들이 준비하는 학습과정의 구성과 학술적 방법을 인식하는 데 있어 상시적인 조건이다. 임의 적절한 불일치의 정의는 임의 파롤 행위의 기저에 있는 파롤과 원본의 생성과 정상의 특성을 밝히게 해 준다.

불일치 이론은 번역에서 의의적인 실수를 객관적으로 평가하게 해준다. 번역에서 의의적 실수가 생기는 것은 원 텍스트와 번역 텍스트의 내용이 확산되기 때문이다. 이러한 확산은 일반적으로 왜곡(특정한 파롤 단위의 의의의 잘못된 해석), 부정확함(개별 파롤 단위 내용의 완전한 전달이 불충분한 경우) 그리고 생략 등으로 나타난다. 그러한 분류가 주관적인 근거에 기초하고, 변별적인 방법으로 왜곡과 구분되지 않고, 번역가 작업에 대해 질적으로 객관적인 평가를 못한다는 것은 분명하다. 번역에서 의의적 실수가 나타나는 훨씬 더 정확한 원칙으로 여러 일정량에 도입된 불특정 그리고 추가적 정보의 개념을 포함한 불일치의 원칙을 들 수 있다. 이러한 목적을 지닌 불일치를 사용하는 것은 번역에서 모든 의의적 실수들을 정보의 상실과 획득으로 고찰할 수 있게 된다. 이러한 입장은 무엇보다 예로써 살펴보는 것이 좋다.

ИТ "Следующее заседание состоится 15 декабря в 10 часов утра".
(원 텍스트　다음 회의는 12월 15일 오전 10시에 있다.)
ПТ "Следующее заседание состоится 15 декабря в 11 часов утра".
(번역 텍스트　다음 회의는 12월 15일 오전 11시에 있다.)

ИТ "Вчера Национальное собрание закончило рассмотрение финансового бюджета на 1977 год в первом чтении".
(원 텍스트　어제 민족회의는 1977년 첫 번째 독회에서 자본 예산 심의를 마쳤다.)

ПТ "Вчера Национальное собрание закончило рассмотрение фи-

нансового бюджета на 1977 год".
(번역 텍스트　어제 민족회의는 1977년에 자본 예산 심의를 마쳤다.)

ИТ "В Лиме премьер-министру была устроена торжественная встреча".
(원 텍스트　리마에서 수상에게는 중요한 회견이 있었다.)
ПТ "В Лиме, столице Перу, премьер-миниистру была устроена торжественная встреча".
(번역 텍스트　페루의 수도 리마에서 수상에게는 중요한 회견이 있었다.)

첫 번째 예에서는 12월 15일에 예정된 첫 번째 회견의 시간에 관한 거짓된 정보가 눈에 띈다. 그러한 실수를 왜곡이라 한다. 불일치 이론의 관점에서 이 예에는 전달되지 않은 정보와 추가적 정보가 고정된다. 더 정확하게 전달되지 않은 주요정보(10시간)와 추가적인 주요정보(11시간)의 일정량이 고정된다.

두 번째 예에서 번역 텍스트에서 우리는 "첫 번째 독회에서"라는 파롤 단편을 찾지 못한다. 그것은 불일치 이론이 전달되지 않은 주요정보의 일정량으로서 분류한다.

세 번째 예에서 추가적 정보 "페루의 수도에서"는 불일치 이론에 의해 추가적인 보충정보로서 평가된다.

유사한 방법으로 번역에서의 각 실수를 변별할 수 있다. 그것은 그러한 방법으로 여러 중요한 전달되지 않은 정보나, 여러 중요한 추가적 정보, 임의 정보에 동시에 귀착된다.

예들로부터, 번역에서의 실수를 변별할 때 불일치 이론의 방법으로 전달되지 않은 그리고 추가적 정보의 개념만으로 제한해서는 안 된다. 주요정보에서부터 제로정보까지 일정량의 모든 모집을 이용하는 것이 더욱 효과적인 것으로 밝혀졌다. 즉 이러한 경우에 실수의 변별은 충분히 상위 층위까지 달성할 수 있을 것이다. 실제적으로 번역에서 실수들을 나열하는 것은 불일치 이론에 기초하여 다음과 같이 나타난다. 다음의 예를 보자.

> **ИТ** "Правительство не раз предлагало при условии вывода иност ранных войск из южной части страны заключить мирное соглаш ение между Югом и Севером о ненападении и сократить числен ность обеих армий ДО 100 тысяч человек".
> (**원 텍스트** 정부는 여러 번 국가의 남쪽 부분에서 외국 군대의 축출할 것을 조건으로 하는 불가침에 관한 유고와 북쪽 Север간의 평화조약을 체결할 것을 제안했다. 그리고 10만 명까지 두 군대의 병사를 제한할 것을 제안했다.)
>
> **ПТ** "Правительство все делало для того, чтобы заключить согла шение с Югом о ненападении и сократить численность обеих ар мий при условии вывода в установленные сроки иностранных во йск из южной части страны".
> (**번역 텍스트** "정부는 유고와 불가침에 관한 협정을 체결하고 국가의 남쪽 부분으로부터 외국 군대의 설정된 기간 내에 축출할 것을 조건으로 두 군대의 병사수를 줄이기 위해 모든 것을 다했다.)

텍스트의 예들을 살펴보면 불일치하는 발화 단편들이 나누어짐을 알 수 있다. 전달되지 않은 정보는 발화 단편 "평화적", "북쪽" 그리고 "10만 명까지", 그리고 발화 단편에서 추가적 정보는 "모든 것을 다했다"와 "기간의 설정"이다. 이러한 불일치는 다음과 같다.

- "평화적" 전달되지 않은 정확한 정보의 일정량
- "북쪽 север" 전달되지 않은 정확한 정보의 일정량
- "10만 명까지" 전달되지 않은 주요정보의 일정량

- "모든 걸 다했다" 추가적 보충정보의 일정량
- "기간의 설정에서" 추가적 보충정보의 일정량

그래서 5개의 불일치 또는 5개의 정보 일정량을 나누는 데 성공했으며, 그것은 외형적으로 의의적 실수에 관련된다. 어떻게 그것들을 평가하고, 불일치 이론의 입장에 기초하여 의의적 실수가 어떠한 난계로 설정되는가 라는 문제가 발생한다.

본 바와 같이, 주요정보의 일정량과 번역과정에서 그것을 전달하는 것은 텍스트에서의 기본적인 의의적 적재를 가지게 된다. 따라서 번역에서의 가장 심각한 실수는, 보통, 주요정보의 일정량과 관련된다. 그러한 일정량은 두 가지로 나누어진다. 전달되지 않은 정보와 추가적 정보. 더욱 개략적인 실수(전달되지 않은 또는 추가적인 주요정보)로 여겨야 하는 예를 살펴보자. 실수의 개략성은 보통 그것이 불러일으킬 수 있는 연속성으로 평가된다. 다음 텍스트에서 전달되지 않은 또는 추가적 주요정보의 일정량의 출현 가능한 연속성을 분석해 보자.

ИТ "Во Флоренции закончился международный противораковый конгресс. В его работе приняли участие более 5000 ученых из разных стран мира".
(**원 텍스트** 플로렌스에서 국제 암 치료 회의가 끝났다. 그 연구에 세계 여러 나라의 5천 명 이상의 학자들이 참여하였다.)

텍스트에서 다음의 단어들이 주요정보를 소지한다. "플로렌스", "끝났다", "국제 암 치료 회의", "5천" 나머지 모든 어휘적 단위들은 정보를 함유하는데 그것은 예상할 수 있거나, 분명한 것이다. 그래서 예를 들면, 단어 "국제적"의 정보는 단어 "국제회의"에 의해 표기되는 개념으로부터 나온다.

이 텍스트를 번역할 때 주요정보의 상실은 수신자에게 있어 다음과 같은 질문 유형으로 나올 수 있다. 어디서 국제회의가 열렸나? 플로렌스에서 어떠한 회의가 열렸나? 몇 명의 학자들이 거기에 참여했는가? 이미 회의는 끝났는가?

번역가는 모든 주요정보를 전달하지 않을 뿐만 아니라, 자신의 주요정보를 보충할 것이라는 것을 예측할 수 있다. 결과적으로 번역 텍스트는 다음 방법으로 일목요연하게 될 것이다.

> "Во Флоренции закончился международный противораковый конгресс. В его работе приняли участие более 500 ученых из многих стран мира".
> (플로렌스에서 국제 암치료 학회가 끝났다. 그 연구에 세계의 많은 나라에서 5백 명 이상의 학자들이 참여하였다.)

텍스트 번역에서 빠진 것들

1) 주요정보의 일정량 "5천"
2) 반복정보의 일정량 "여러"

텍스트 번역에서 보충되어 삽입된 것들

3) 주요정보의 일정량 "5백"
4) 반복정보의 일정량 "많은"

무엇보다도 주요정보가 상실된 경우에 주의를 기울여 보자(일정량 1). 상실된 정보가 없이 수용되는 메시지는(예를 들면, "그 연구에 여러 나라의 학자들이 참여했다.") 원 텍스트에 이미 있는 정보(몇 명의 학자들이 회의에 참여했다)에 대해 수신자가 탐구하는데 시간적인 낭비라는 결과를 낳는다. 이것은 적절하지 못하지만 교정될 수 있다. 보충적 주요정보와 관련된 상황은 더욱 좋지 않다(일정량 3). 번역 텍스트에서 그 출현은 시간의 상실이 아니라, 거짓정보로 혼란한 상태로 된다. 결과적으로 수신자는 회의의 중요성에 관한 왜곡된 표상을 갖게 될 것이다. 추가적 주요정보의 일정량의 출현 결과로써 거짓정보로 혼란한 상태는 가장 기대하지 않은 결과에 의해 가득 찬 것이다(만약 번역가가 회의를 원 텍스트에 있는 10시 대신에 아침 11시에 시작된다고 말했다면, 회의는 적시에 시작되지 않을 것이다).

그래서 번역에서의 가장 중요한 실수는 번역 텍스트에서 추가된 주요정보들이 출현하는 것이라고 할 수 있다. 전달되지 않은 주요정보들은 그 결과에 따라 덜 중요한 실수라고 말할 수 있다.

보충적이고 정확한 정보에 관해서는(전달되지 않은 또는 추가된 정보에 관해 말하는 것과는 다르게), 그 출현에 더욱 변별적으로 접근하는 것이 필요하다.

첫 번째, 그것들은 직접적 기능을 수행할 수 있다. 즉, 수신자의 정보보유를 고려할 수 있다. 번역가는 몇 가지 개념들을 충분한 지식을 갖지 않은 청중들을 위해 풀어쓰는 것이 필요하다(예를 들면, 원 텍스트 "리마에서 수상에게는 정중한 회견이 있었다." 충분한 지식이 없는 청중들을 위해 번역 텍스트는 "페루의 수도 리마에서 수상에게는 정중한 회견이 있었다."로 풀어써 주는 것이 필요하다).

두 번째, 그 출현은 번역가의 작업 여건에 의해 제한된다. 예를 들면, 동시 번역에서 연설자의 말이 빠를 때 텍스트를 보완할 필요성이나 또는 작업과제를 해결하는데 있어 수신자에게 주요정보를 빠르게 전달해야 하는 요구가 있을 때 또는 보충적 또는 정확한 정보의 노출으로 연속 번역에서 자신의 기술을 풀어쓰기 위해 시간을 벌고자 하는 것들이 그러한 작업 여건이다.

모든 경우에서 실수처럼 반복정보가 출현하는 것을 고찰하는 더욱 적은 근거가 있다. 무엇보다 자주 그것들은 문체적인 기능을 수행한다.

마지막으로, 개별적인 경우에 제로정보들을 불일치의 실수로 여겨야 한다. 단어 기식자, 주석 또는 오기 등의 전달되지 않은 제로정보들이 불일치하는 것은 번역가의 좋은 자질에 관해서 증명한다. 추가적 제로정보들은 번역가가 여러 통역에서 시간을 벌기 위해 필요하다.

그래서 번역에서의 모든 실수는 전달되지 않은 또는 추가적인 정보들에서 나타나는 그리고 번역가의 활동성의 산물로서 나타나는 불일치와 관련된다.

모든 실수들을 임의 정보의 가치에 의해 나누어야 한다.

모든 불일치를 실수로 고찰하여야 하는 것은 아니다. 그것들 중의 몇몇은 번역가의 의도된 행위의 결과일 수 있다. 여러 중요함의 불일치가 나타나는 규칙은 각 번역을 위해 개별적으로 설정된다.

번역에서 실수의 공통적인 점진적 단계(번역의 각 모습의 특성 고려 없이)는 다음 방법으로 보일 수 있다.

- 1단계 실수 : 추가적 주요정보의 일정량들의 출현과 관련된 가장 개략적인 실수.
- 2단계 실수 : 주요정보의 상실과 관련 된다.
- 3단계 실수 : 보충적 또는 정확한 정보의 상실 또는 출현과 관련된다.
- 전달되지 않은 또는 추가적인, 반복적 또는 제로정보로 불일치가 나타난 결과 보여지는 실수들은 문체적인 실수에 관련시켜야 하고, 그것들을 번역과 번역의 등가물처럼 메시지의 정보 구조에 따라서 평가해야 한다(번역을 위한 구조에 관한 정보는 예정되어 있다).

결론

번역의 수단과 함께 일치는 기본적으로 고려되는 번역 범주 중의 하나이다. 번역에서의 일치는 발화 산물을 구성하는 여러 요소들의 관점(즉, 형태적 요소, 의미요소, 여러 가치의 정보들)에서 고찰하여야 한다. 번역 텍스트에서 열거된 모든 요소들이 원 텍스트의 요소와 일치하는 것은 실제적으로 불가능하다. 일치의 범주는 번역에서 대비의 방법으로 나타난다. 문자번역·자유번역. 형태적 또는 의미요소들의 일치는 문자번역이고, 그것은 문자번역에서 완전하게 가치 있는 것이거나, 잘못된 것일 수도 있다. 주요정보의 층위에서, 그러나 텍스트의 형태적 그리고 의미요소들을 고려하지 않고 번역에서 텍스트 간의 일치를 설정하는 것이 자유번역이다. 만약 최초 발화 산물의 형태적 또는 의미요소들이 전달되어야만 한다면, 자유번역은 또한 잘못된 것일 수도 있다. 실제 번역에서 문자번역과 자유번역은 하나의 텍스트에서 심지어 하나의 문장에서 교체될 수 있다. 문자번역 또는 자유번역의 층위에서 일치는 두 언어의 체계-구조적인 특성(지속적으로 작용하는 양)뿐만이 아니라, 번역을 위해, 즉 번역의 등가물을 위해 미리 예정된 정보에 의해 정해진다. 번역의 등가물은 주어진 의의와 보충적인 심미 효과를 불러올 수 있는 정보와 동일시되기 때문에, 우리는 번역의 정보적 모델에 관해 말할 수 있게 된다. 이때 번역 텍스트에서 전달을 위해 예정된 정보가 포함된다.

만약 구조에 관한 정보와 주어진 의사소통에서 모든 중요한 정보 요소들의 전달에 관한 정보가 필요하다면, 번역의 정보적 모델은 원 텍스트에 있는 여러 의사소통 가치를 지닌 정보들을 열거함으로 알 수 있다.

전달을 위해 예정된 정보의 나열은 직관적인 것에서 시작하지만, 그것을 불일치 이론에 기초하여 조직할 수 있다. 불일치 이론은 원 텍스트와 번역 텍스트 속에 포함된 정보가 양적으로나 질적으로 일치하지 않는다는 것에서 시작한다. 번역에서 대비되는 텍스트를 분석하는 것은 원 텍스트 또는 전달되지 않은 또는 추가적 정보를 포함하는 번역 텍스트의 발화 단편을 나누게 해 준다. 이러한 발화 단편을 불일치라 한다. 불일치는 동일한 것이 아니며, 그것은 여러 의사소통 가치를 지닌 정보들을 변별하게 한다. 불일치에 의해서 나누어지는 여러 중요한 정보들로 또한 텍스트의 음절량으로 번역에서 전달된 정보의 질과 양을 평가하고, 실수를 변별하며, 번역 과정의 몇몇 법칙을 결정할 수 있게 된다.

제 11 장

번역의 분류

번역 과정은 번역가의 작업 여건과 원 텍스트의 특성에 의해서 변화를 겪게 된다. 번역의 과정은 관련 언어에 의해 좌우된다(프랑스어에서 러시아어로, 또는 영어에서 독일어로 등등). 이러한 경우에 번역 과정의 특성은 번역의 부분 이론에 의해 연구된다.

번역 과정의 다양함은 번역의 여러 이론뿐만이 아니라(제1장 참조), 그 특성에 따라 일치하지 않는 여러 번역들을 생성한다. 그것들을 분류하는 데 있어 학문적으로 근거를 마련하는 것이 필요하다.

모든 학문적인 분류는 그 분류에 있어 근거를 갖는다. 분류 근거는 기계번역과 인간에 의해 실현되는 번역을 나누게 해 주는 번역 행위자의 범주이다. 인간에 의해 실현되는 번역을 분류하기 위해서는 여러 근거가 사용된다. 첫 번째, 시간상에서 번역의 두 기본적인 작업의 상관관계를 고려하는 것이 필요하다고 여겨진다. 원 텍스트의 인지와 번역의 완성. 이러한 근거에서 1932년 에비 Жю Эрбер는 통역의 두 가지 유형의 분류를 생각했다. 동시 번역과 연속 번역. 그는 동시 번역에 낱장 식으로 하는 시각적 통역을 관련시켰고, 연속 번역은 기술적 수단이 적용되는 그리고 적용되지 않는 연속 번역으로 나누었다.

두 번째, 번역의 분류 근거에 메시지의 인지와 번역의 완성을 적용한다. 메시지를 시각적으로나 청각적으로 인지할 수 있는 것은 이미 시각적 번역과 청각적 번역을 분류하는 것을 가능하게 해 준다. 번역을 완성하는 것은 글 번역과 통역을 예상하면서, 문어적 또는 구어적으로 가능하다. 그러나 각 번역 과정은 메시지의 인지와 번역의 완성을 포함하기 때문에, 이미 네 가지의 번역 유형에 관해 말할 수 있게 된다. 시각적 글 번역, 시각적 통역, 청각적 글 번역, 청각적 통역. 바르후다로프가 이러한 분류를 뒤늦게 제안했다. 그러나 그 분류는 이미 심리적인 근거에 의해서가 아니라, 언어학적인 근거에 의해서 제안된 것이었다. 그는 파롤의 형태에 따라서 번역의 네 가지 기본적인 모습을 나누었다. 그 속에서는 원 언어와 번역 언어가 이용되는데, 문어·문어, 문어·구어, 구어·문어, 구어·통역으로 분류된다.

그러나 이 분류는 많은 연구자들을 만족시키지 못하였다. 실제로 시각적 글 번역은 청각적 글 번역과 동일한 종류로 설정하면 안 되는 것이다. 시각적 글 번역은 예술 그리고 학술·기술적 문학, 또한 정보·선전 텍스트를 사용하는 실제 연구의 많은 부분을 포함한다. 그때 청각적 글 번역으로써 교과 연구의 하나 또는 몇 가지 모습이 나타난다(번역 받아쓰기, 음성 기술의 통역).

청각적 통역은 이번에는 넓게 잘 알려진 번역의 두 가지 독립적 유형을 포함한다. 연속 번역과 동시 번역. 낱장 번역이 동일한 텍스트의 시각적 글 번역을 예상하거나 또는 받아쓰기를 위해 다음의 교정을 포함하는 기계를 시각적 통역은 오히려 번역의 보조 형태처럼 실제 접하게 된다.

번역의 분류에 기초하여 단지 텍스트의 인지 조건과 번역의 완성을 구분하는 것은 불충분한 것으로 밝혀진다. 번역 과정에서는 많은 지적 메커니즘이 기능한다. 여러 번역에서 그 작업 여건들은 결코 동일하지 않다.

여기에 지적 메커니즘을 왜 나누어야 하는지, 그 기능이 번역에서 무조건적인지 그리고 그 작업 여건을 분류에 의해서 해야 하는지에 대한 이유가 있다. 승인된 것들 중 각각에서 지적 메커니즘의 작업 특성을 동시에 연구하는 것은 번역에서 실제적인 것이다. 만약 둘 또는 세 가지 번역이 지적 메커니즘의 동일한 기능 특성에 의해 특징지어진다면, 이것은 하나의 번역에 관해서 말한다는 것을 의미한다. 대비적인 경우에 우리는 여러 번역과 관련된다. 왜냐하면, 각 독립적 번역 행위는 번역가의 지적 메커니즘의 기능의 고유한 조건에 의해서만 특징지어지기 때문이다.

번역 행위를 실현하는 가장 중요한 지적 메커니즘은 다음과 같다.

- 원 텍스트의 인지 메커니즘.
- 기억 메커니즘.
- 한 언어에서 다른 언어로의 번역 메커니즘.
- 번역 완성 메커니즘.
- 번역 작업의 동기(同期)적 메커니즘.

이러한 메커니즘들은 다양한 조건에 작용할 수 있다. 기본적인 작업량이 청각적 분석기에 떨어지는 그러한 경우, 시각적인 인지의 경우, 기억의 과잉적재의 경우, 번역 작업의 연속적 실현의 경우, 그 동시성의 경우 등. 전체적으로 이 조건들의 조합은 다음과 같이 제시될 수 있다.

1. 주 분석기(청각적이나 시각적인 인지)의 관점에서, 또는 그 반복성의 관점에서(일회적 또는 다회적 반복) 메시지의 텍스트 인지 조건.

2. 인지되는 파롤 단편과 관련된 기억의 조건(기억에 중요한 또는 중요하지 않은 기억 적재량).
3. 시간에 따른 한 언어에서 다른 언어로의 전이 조건(제한적 또는 비제한적).
4. 파롤 형태의 관점이나(구어적 또는 문어적 완성) 파롤 교정의 가능성의 관점(일회적 또는 다회적)에서 번역의 완성 조건.
5. 번역 과정에서 기본적 작업의 시간에 따른 확장 조건(작업의 동시성).

단지 열거된 대비에 따른 번역 작업의 여러 비교 분석은(시각적·청각적 인지, 기억에 중요한 또는 중요하지 않은 적재량 등) 그것들이 특징들의 고유한 결합을 갖게 되는 경우에 그 분류의 법칙을 제시해야 한다.

분석을 위해서 실제적인 예를 들어 번역의 모습들이 나누어져야 한다.

- 통역
- 동시 번역
- 낱장 번역
- 연속 번역
- 문장·구 번역
- 두 측면적 번역

열거된 번역들에 지적 메커니즘과 라디오 번역의 두 측면 번역에 대한 분석적 조건에서 실현되는 포로수용소의 심문과 같은 번역은 포함되지 않는다. 만약 라디오 방송이 녹음테이프로 기술된다면, 라디오 번역은 통역되고, 그리고 그것이 에테르[5]로부터 전달 수용된 후에 빠르게 실현된다면, 연속 번역이 된다.

여러 번역들의 비교 특성들을 비교한 〈표 6〉은 열거된 위의 위치에

5) 빛, 열, 전자기 복사현상의 가상적 매체

따라서 활동성의 조건을 포함한다. 가로와 세로 그래프들의 나열 위에 설정된 + 들은 번역의 일치하는 모습의 특성들을 지시한다. 그래서 "메시지의 시각적 인지"라는 세로선과 "글 번역"인 가로선의 교차점에 열거된 십자가는 활동성의 특징으로 글 번역의 특징이 텍스트의 시각적 인지라는 것에 관해 말한다. + 들은 번역 특징들의 전체이다.

〈표 6〉에서 번역의 비교 특징의 분석은 번역의 마지막 세 가지 것들이 번역가의 지적 메커니즘의 분석적 기능을 요구한다는 것을 지시한다. 따라서 비교 분석을 위해 나누어지는 문단·구 번역 그리고 두 측면의 번역은 번역의 독립적인 모습이 아니다. 그것들은 연속 번역의 이형태들이다. 문단·구 번역은 번역을 위해 예상되는 텍스트 단편들의 연속적인 양으로부터 구분된다. 두 측면적 번역은 번역 방향의 반복적인 변화에 의해 구분된다.

표 6.

번역의 모습	활동성의 조건													
	메시지 인지				기억		한 언어에서 다른 언어로의 전환		번역의 형성				작업 순서	
	청각	시각	일회	다회	복잡	단순	시간에 따른 제한	시간에 비제한	말	글	일회	다회	동시적	연속적
글 번역		+		+		+		+		+		+		+
동시 번역	+	+	+		+		+		+		+		+	
낱장 번역				+		+	+		+		+		+	+
연속 번역	+		+		+		+		+		+			+
문단·구 번역	+		+		+		+		+		+			+
두 측면 번역	+		+		+		+		+		+			

그러한 결론은 잘 알려진 두 측면적 번역과 문단·구 번역의 독립성에 대한 증명과 대비된다는 사실은 옳다. 그래서 가브릴로프 Л. А. Гаврилов는 담화 대화체를 번역해야 하는 필요성에 의해 그리고 삽입 방향의 연속적인 변화에 의해 두 측면 번역의 특성을 증명한다. 문단·구 번역의 특성을 기술의 체계 없이 번역에서 찾을 수 있다는 것은 가능하다고 본다.

이러한 증거는 적절하게 논항을 갖게 되는데, 그 논항은 포로수용소의 심문 또는 기술 번역의 특성에 따른 참여이다. 이것은 무조건 특별한 번역이지만, 그 특성은 번역가의 지적 메커니즘의 기능 특성에 있는 것이 아니라, 이용되는 언어적 수단 또는 기능적 문체에 의해 나타나는 것이다. "전환 방향의 연속적 변화"라는 것에 대해서는 경험이 번역과 관련된 모든 경우를 위해 거의 특징적인 공식적인 순서보다도 각 대화체의 상관성과 같은 이 변화의 상관성을 지시한다. 번역 이후에 전환 방향의 변화는 어느 정도 주요한 파롤 단편(예를 들면, 2~3개의 구) 인데, 그것은 무엇보다 자주 두 측면적 번역의 실제에서 관찰된다. 어떻게 해서든지 지적 메커니즘은 기능의 특성을 고려하지 않으면 안 된다. 번역가의 지적 메커니즘의 기능을 돕는 보충적인 수단이지만, 그것을 변화시키지는 않는 기술 체계의 사용을 그러한 특성으로 생각해서도 안 된다.

그래서 번역가의 지적 메커니즘의 기능 관점에서 글 번역, 동시 번역, 낱장 번역 그리고 연속 번역을 구분하여야 한다.

물론 〈표 6〉은 분류의 가능성을 전부 나열한 것은 아니다. 그래서 연속 번역은 단일측면적 번역과 두 측면적 번역, 기술을 포함하는 번역과 기술을 포함하지 않는 번역(문단·구 번역) 으로 나눈다. 그러나 이때 지적 메커니즘 기능의 불변적 조건에서 분류의 다른 규칙들이 사용된다.

〈표 6〉의 연구는 여러 번역에 따라 다양하게 확장되는 지적 메커니즘 기능의 어려움들에 관해 말한다. 실제로 〈표 6〉에 제시된 모든 대비는 복잡하거나 단순한 특징들로 구성된다. 복잡한 특징들은 번역가의 작업과 행위를 어렵게 만드는 조건에 관해 신호한다. 예를 들면, 메시지의 일회적 인지, 시간적으로 제한된 한 언어에서 다른 언어로의 삽입. 다른 측면에서, 번역가의 지적 메커니즘 기능의 좋은 조건에 관한 결론을 내리게 해 주는 단순한 특징들은 번역 활동의 복잡성에 관해 판단하게 하지는 않는다. 임의 번역 활동의 복잡성은 번역가의 지적 메커니즘 기능의 조건에 의해서뿐만 아니라, 주어진 번역을 위해 전형적인 원 텍스트의 특징에 의해, 번역 텍스트에(즉, 번역가의 작업 결과에) 예정되는 요구에 의해 결정된다. 어느 정도 〈표 7〉에서 제시된 분류된 번역 활동 간의 복잡하고 단순한 특징들의 분류는 특정한 관심을 자아낸다.

표 7.

번역 모습	특징들	
	복잡한	단순한
글 번역	-	7
동시 번역	7	-
연속 번역	6	1
낱장 번역	4	3

〈표 7〉은 단지 단순한 특징에 의해 특징지어지는 통역과 복잡한 특징들이 첨가된 나머지 번역들 간의 경계를 설정하게 한다. 그것은 또한 통역과 복잡한 조건에서 번역가의 지적 메커니즘의 작업들이 포함되는 글 번역과의 기본적인 차이를 밝힌다.

번역가의 지적 메커니즘 기능의 조건들은 번역 분류에서 유일한 근거는 아니다. 번역가의 작업은 그가 관련되어 있는 자료들에 의거하고, 이 자료를 구성하는 언어적 수단에 의거한다. 우리는 이미 번역에 대한 개별적 해결을 요구하는 파롤 단위에 관해 말했다(7장 참조). 모든 경우에 그러한 해결은 주어진 파롤 단위의 의미 연관의 특성에 의해 정해진다. 게다가 의미 연관의 특성들은 고려해야 하는 임의 텍스트 단위의 내재된 특성인 것만은 아니다. 파롤 단위들의 의미 연관의 특성은 파롤의 이 단위들을 가지고 번역 작업을 하는 번역가의 전문적 지향성, 특별한 준비를 예상한다. 생략된 의미 연관을 지닌 파롤 단위들을 번역하기 위해서는 다른 언어의 등가물들을 아는 것이 필요하다. 고정된 의미 연관을 지닌 파롤 단위들을 번역하기 위해서는 학문의 임의 영역으로부터의 용어를 연구하고, 시간적 의미 연관을 지닌 파롤 단위들을 번역하기 위해서는 번역 텍스트에서 형상을 재구할 수 있어야 한다.

물론, 번역가가 연구해야 하는 많은 자료들은 여러 의미 연관을 지닌 파롤 단위들을 포함해야 한다. 어느 정도 자료들의 장르적 특성은 상응하는 의미 연관을 지닌 언어적 수단에 의한 포화에 따른다. 그래서 시간의 의미 연관을 지닌 언어적 수단들은 예술문학 텍스트에서 주로 나타난다. 즉, 은유적 표현이 주로 나타나는데 그것들은 독자에게 감정적인 작용을 주기 위해 필요하다. 은유적 표현, 인생의 역정들은 현실의 예술적 지식의 형태이다. 그것들은 보통 조건적인 것이며, 개별적인 것이다. 그리고 예술 텍스트의 중요 특성을 구성한다.

현실의 학술적 인지의 형태들 즉, 학술적 그리고 기술적 기술들은 고정된 의미 연관의 언어적 수단들을 요구하는데, 그것들은 이 목적으로 용어들로 구성된 것들이다. 즉 용어들은 학술적 그리고 기술적 텍스트의 장르적 특성을 정한다.

마지막으로, 정보 선전 자료들에서 제시된 대중 의사소통 수단의 언어는 자주 반복되는 표현이기 때문에 넓은 독자나 청중들을 위해 쉽게 접근이 가능한 것으로 포화된다. 즉 이러한 자료에서 상실된 의미 연관을 지닌 언어적 수단들이 우세하다.

언어 수단의 특징에 의해 분류되는 텍스트를 가지고 하는 번역가의 작업은 여러 전문적인 지식, 정보, 특성들을 요구한다. 만약 글 번역, 동시 번역, 연속 번역, 낱장 번역과 같은 여러 번역들이 분류의 근거가 되는 번역가의 작업 조건에 의해 나누어졌다면, 다른 번역들은 분류할 가능성이 있고, 원 텍스트의 성격을 특징짓는 언어적 수단들의 의미 연관들을 분류에 의해서 수용한다면, 이러한 경우에 번역의 분류는 다음의 〈표 8〉과 같이 제시할 수 있다.

표 8.

텍스트	언어수단들의 의미 연관들의 우세한 특성			번역 모습
	시간성	고정성	상실성	
예술 문학	+	-	-	예술적
학술 · 기술적 자료	-	+	-	학술 · 기술적
정보 · 선전 자료	-	-	+	사회 · 정치적

따라서 비유적 표현, 인생의 역정(시간적 의미 연관을 지닌 언어적 수단들)으로 포화된 텍스트들의 번역은 예술적 번역이라 부른다.

용어들로(고정된 의미 연관을 지닌 언어적 수단들) 포화된 텍스트의 번역은 학술·기술적 번역이다.

신문 잡지에 특히 많은 진부한 표현이나 전형화된 문구로(상실된 의미 연관을 지닌 언어적 수단들) 포화된 텍스트의 번역은 사회·정치적 번역이다.

예술번역, 학술·기술적 번역, 사회·정치적 번역의 영역에서 번역가의 특성은 번역을 정하는 언어수단의 특성과 직접적으로 관련된다. 예술번역 영역에서의 작업을 위해 번역가는 문학적 재능을 가져야 하거나 또는 임의 작가의 문체에 상응하는 문학적 형태로 자신의 문어적 파롤을 채울 수 있는 최소한의 고유 지식을 연마해야 한다. 그가 작업해야 하는 언어적 수단들의 시간적 의미 연관들이 이것을 요구한다. 언어 수단들의 시간적 의미 연관들은 통역 형태를 제외한다. 왜냐하면 시간적 의미 연관은 시간적 제한의 조건이 필요치 않은 작품의 결과에 의해 구성되기 때문이다. 즉 그래서 예술번역은 항상 글 번역이다.

학술·기술적 번역의 영역에서 작업을 위해 번역가는 텍스트에 있는 학술 기술적 영역에 대한 특별한 지식이 필요하다. 학술 그리고 기술적 영역의 모든 것을 아는 것은 불가능하기 때문에, 보통 어떤 부분에서 특별하게 되고, 전쟁에 대한 학술·기술적 번역, 경제 번역, 의학 번역, 무선공학적인 번역으로 나누게 된다. 특별한 지식은 원 텍스트를 이해하기 위해서 필요할 뿐만 아니라, 파롤에서 적절하게 고정된 의미 연관을 지닌 언어적 수단인, 용어들을 사용하기 위해 필요하다. 고정된 의미 연관은 번역에서 두 언어의 언어적 수단 간의 직접적인 기호적 연관을 설정하게 해 준다. 그리고 이것은 번역의 기호적 방법 — 통역의 필요한 조건 — 을 사용한다는 것을 의미한다.

사회·정치적 번역은 특별한 위치를 차지한다. 그 속에서 정보·선전 텍스트들은 학술적인 것과 섞이게 되는데, 그 이유는 상실된 의미 연관을 지닌 언어적 수단들이 고정된 의미 연관을 지닌 언어적 방법에 이웃하기 때문이다. 이것은 사회·정치적 번역의 영역에서 작업을 위해 1) 상응하는 정치적 지식과 2) 민족 간의 등가물을 빨리 찾을 수 있는 지식이 필요하다는 것을 의미한다. 상실된 그리고 고정된 의미 연관을 지닌 언어적 수단들의 모집은 비록 글 번역의 가능성을 배제하지 않는다 할지라도, 통역을 성공적으로 실현하게 해 준다.

기술한 것에서 제시된 것처럼, "어떻게 번역할 것인가? Как переводить?"(분류에 기초한 번역가의 작업 여건) 라는 질문에 대한 대답으로 얻어진 번역은 "무엇을 번역하는가? Что переводить?"에 대답하는 텍스트들의 기본적인 장르적 성격을 갖는 번역의 분류들과는 일치하지 않는다. 두 분류는 다음의 도식으로 제시된다.

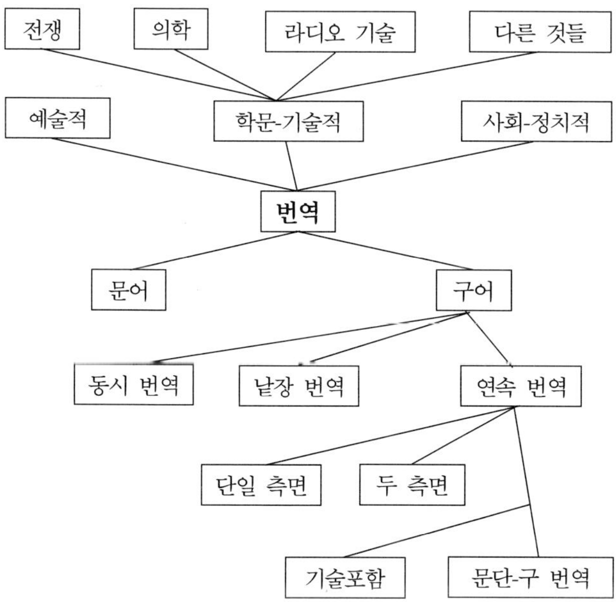

결론

각 모든 활동에서처럼 번역에서 번역가는 작업 여건에 적응하는 것이 필요하다. 작업조건에 대한 적응은 실제로 글 번역, 동시 번역, 연속 번역, 동시 번역과 같은 번역들을 나눈다. 연속 번역의 분류에 단일 측면 번역과 두 측면 번역, 문단·구 번역과 기술 포함 번역으로 나누는 것이 가능하다.

번역가의 능력의 부가 객체에 대해 또는 "무엇을 번역하는가? Что переводить?"라는 공식을 표현할 수 있는 것에 대한 적응은 다른 번역들을 생성한다. 즉, 예술적 번역, 사회·정치적 번역 그리고 학술·기술적 번역들을 생성한다.

비록 지적 메커니즘 기능의 조건("어떻게 번역할 것인가? Как переводить?")과 언어수단들의 의미 연관("무엇을 번역하는가? Что переводить?") 이 번역의 각 과정에서 서로서로 개별적으로 참여한다고 할지라도, 어느 정도 그 결합성은 고려되어야 한다. 대비적인 경우에 번역가는 자신의 과제를 수행하지 못하게 된다(예를 들면, 예술작품은 동시적으로 또는 낱장으로 번역할 수 없다).

제12장
번역 방법

번역 수단과는 다르게 번역 방법은 번역가의 행위를 결정하는 객관적인 법칙이 아니라, 인간에 의해 연구되는 경험에 기초한 행위 체계이다. 객관적으로 존재하는 번역 수단에 적응하려는 목적으로 여러 견해들을 사용하면서, 번역가는 주어진 조건에서 가장 적절한 작업들을 찾아 선택한다. 그것들은 더욱 이성적인 방법으로써 최상의 결과들을 얻게 해 준다. 그래서 번역 방법을 설정하는 것은 이전에 학습되었으며 지속적으로 학습된다. 번역 방법은 번역과 그 적절한 수단들을 고려하는 상호 연관적 태도들이 목표로 하는 체계로써 정의할 수 있다.

번역 방법들은 실제로 오랜 기간을 걸쳐 연구되어 왔으며, 번역가의 기호와 습관 그리고 특성에 의해 좌우된다. 그러나 번역 방법에서 개별적인 것은 경험과 함께 나타난다. 이 개별적인 것은 여러 번역에 이미 존재하는 방법들을 보완하거나 변화시킨다. 그것은 몇 세대를 걸쳐 전달되거나 또는 교과서에서 학습된다. 번역가가 하는 예비 작업의 근간을 이루는 몇몇 번역들을 이 장에서 설명해 보고자 한다.

텍스트 분절의 방법(글 번역)

글 번역은 번역가의 지적 메커니즘이 기능할 수 있는 가장 적절한 조건이다. 원 텍스트는 시간의 제한을 받지 않으며 시각적으로 인지된다. 게다가 기억하는 데는 어떠한 어려움도 없다. 한 언어에서 다른 언어로 전환하기 위한 최고의 조건은 없다. 그렇기 때문에 사전, 참고서 그리고 각 보조 문헌을 사용할 수는 있다. 번역 작업은 계속하여 진행되고, 시간에 따라 확장된다. 글로 번역하는 것은 그 결과물들을 여러 번 교정할 수 있다는 장점이 있다.

이것은 글 번역을 하는 번역가의 작업에서 긍정적인 요소이다. 그러나 다른 한편으로 번역가의 작업을 복잡하게 하는 요소들을 고려해야 한다.

번역가의 작업을 복잡하게 하는 요소들은 다음과 같다.

1. 최초의 파롤 작품의 형태적 그리고 의미요소들이 번역가에게 많은 영향을 미친다. 이것에는 많은 문자번역과 심지어 초보 번역가들의 직역이 해당된다.
2. 번역가의 의의적 그리고 문체적 실수들은 번역어의 문자들을 사용할 때 나타난다.

마지막 요소는 높은 자질을 지닌 통역가들이 글 번역에서는 약하다는 것을 알 수 있게 한다.

긍정적인 요소들을 최대한 이용하기 위해서 그리고 번역가의 작업을 복잡하게 하는 요소들을 중화하기 위하여 글 번역에서 텍스트의 분절화 방법이 연구되었다. 그 기본적인 연구과제는 다음과 같다.

- 원 텍스트에 포함되는 정보의 탈구어화.

- 번역을 할 때 파롤을 생성하는 자연적 조건을 만드는 것.

이 과제를 해결하기 위해서는 1) 원 텍스트를 수용하는 것과 번역하는 것 사이에 시간적인 간격을 주고, 2) 원 텍스트에 포함된 정보를 다른 부호로 바꾸는 것이 필요하다.

이것들은 텍스트를 분절화하는 방법에서 고유하게 나타나는데, 그것은 개별적 작업들로 제시하는 것이 더욱 편리하다.

첫 번째 작업 처리되는 텍스트의 양이 정해짐에 따라 번역과정이 예상된다. 모든 원 텍스트가 전부 번역과정을 예상할 수 있는 것은 아니다. 분절의 방법으로 작업을 시작할 수 있는 텍스트는 번역가가 부호화라는 기존의 수단을 잊을 수 있도록 충분히 많아야 한다(즉, 임의 정보가 제1언어에서 형성되는 것처럼). 그러나 번역가에게 텍스트의 처리 과정에서 고정되지 않은 정보가 그의 기억에 남아 있을 수 있도록 그것은 너무 커서는 안 된다. 이때의 기억이란 자연스럽게 기계적인 기억이 아닌 의의적인 기억에 관해 말한다는 것을 고려해야 한다. 연속 번역에서 한 실험들은 기술을 번역할 때 고정되지 않은 정보는 초보 번역가의 기억에서 첫 번째 다섯 개의 문장들을 수용한 후에야 잘 재구된다는 것을 제시했다. 만약 실험들이 문장의 중간 길이가 150~180개 정도의 인쇄기호와 동일한 러시아 신문 비평 자료들로 행해졌다면, 분절을 위한 최상의 텍스트는 양적으로 700~900개의 기호들을 지닌 텍스트가 될 것이라는 것은 분명하다. 따라서 텍스트 분절 방법의 첫 번째 작업은 일정한 양의 텍스트를 분절하는 것에서 시작된다.

두 번째 작업 원 텍스트(또는 원 텍스트의 단편)에 대한 준비는 그 분절(여기서 방법의 명칭이 나온다)로부터 시작된다. 분절하는 것은 텍스트에 포함된 정보들을 분류하게 해 주는데, 그것은 이미 자체적으로 최초의 부호에서 전달되는 정보로부터의 “해방, 자유화”를 위한 첫 번째 단계이다. 분절은 각 발화 단편에서 하나의 지배적 정보를 나누게 해 주는데, 그것은 번역을 할 때 향후 출발점이 된다.

분절을 나누는 것은 지배하는 단어에 대한 지배되는 단어가 모방될 때 파롤 사슬의 연속성을 유지하고자 하는 원칙에 기초한다.

글 번역에서 고찰되는 방법의 설명을 위해 이미 분절화된 “원 텍스트”를 도입한다.

> “За годы независимости в Индии ‖ сделано немало ‖ для преодоления неграмотности, ‖ этого тяжелого наследия колониального прошлого, ‖ создающего большие препятствия‖ на пути социально-экономического и культурного развития страны, ‖ но 70 процентов населения ‖ все ещё остается неграмотным. ‖ По официальной статистике, ‖ за годы независимости ‖ уровень грамотности в стране вырос почти на 14 процентов. ‖ Сейчас ‖ четверо из пяти детей в возрасте до 11 лет ‖ посещают школу. ‖ Число школьников ‖ с 1961 года по 1972 год ‖ увеличилось в три с половиной раза ‖ и превысило 90 миллионов. ‖ В настоящее время ‖ начальное образование ‖ является бесплатным ‖ и обязательным во всех штатах страны. ‖ А в соответствии с директивными принципами государственной политике ‖ бесплатное и обязательное образование до 8-го класса ‖ будет введено почти во всех штатах. ‖ И все-таки, по мнению общественных кругов, ‖ средств, выделяемых на нужды образования, ‖ все ещё недостаточно. ‖ В значительной степени по этой причине ‖задание в области начального образования, ‖ как свидетельствует статистика, ‖ выполняется неполностью.”

(인도가 독립되던 해 국가의 사회-경제적 그리고 문화적 발전을 이

룩함으로써 큰 장애물로 여겨지는 과거 식민주의의 심각한 유물인 문맹을 퇴치하기 위해 여러 가지 일들이 행해졌으나, 70%정도의 사람들은 아직도 문맹인 채로 남아 있었다. 공식적인 통계에 따르면 독립되던 해 국가의 문맹률은 14% 증가했다. 지금은 11살까지의 아이들 중 5명중 4명은 학교에 다니고 있다. 1961년부터 1972년까지 학생들의 수는 9천만 명이 늘었다. 현재 초등학교 교육은 전 나라에서 무상이자 의무교육이다. 원칙에 따라 무상이며 의무교육은 8학년까지 거의 모든 나라에서 시행되었다. 사회적인 견해에 따르면 교육에 필요한 방법들은 아직 부족하다. 이러한 원인에 의해 초등교육의 분야에서의 실현되어야 하는 과제는 아직도 불완전하다.)

그래서 고찰되는 방법의 두 번째 작업은 원 텍스트 또는 향후 작업을 위해 준비된 그 단편들을 분절하는 것이다.

세 번째 작업 세 번째 작업은 각 발화 단편에서 지배적 정보를 나누는 것이다. 파롤 단편들의 의미는 각기 다양하다. 그것들 중의 각각은 단지 정보의 한 일정량만을 포함한다. 예를 들면 위에 분절화된 텍스트에서 정보의 한 일정량은 발화 단편 "сейчас"(지금), "в настоящее время"(현재), "является бесплатным"(무상이다)에 들어있다. 다른 분절에서는 정보의 두 일정량을 나눌 수 있는 잠재적인 가능성이 있지만, 두 일정량이 하나가 되는 것을 방해하는 것은 아니다. "공식적인 통계학에 따라(통계학)", "학교를 찾아가는(학생들)", "모두 문맹으로 남아있는(문맹성)." 그러나 만약 동일한 발화 단편이 동일한 가치를 지닌 정보의 몇 가지 일정량을 포함한다면, 그 크기에 따라 다른 일정량의 정보를 능가하는 하나의 정보를 나누는 것이 필요하다. 만약 다음에 소개하는 의의 분석의 특성을 고려한다면(지배적 정보의 나눔은 항상 의의 분석의 결과이다), 이것은 더욱 단순하게 하는 것이다.

첫 번째, 지배적 정보를 나누는 것은 각 문장의 내용을 분명하게 이해한 후에만 시작할 수 있다.

두 번째, 지배적 정보를 나누기 위해서는 분절에서의 각 단어의 비중을 평가할 필요가 있다. 단어들의 의의적인 중요성의 관점에서 그리고 하나의 단어로 분절의 다른 단어들의 내용을 능가할 수 있다는 점에서 단어들의 비중을 평가할 수 있다. 그래서 파롤 분절 "나라에서 문맹의 수준"은 그것들 중 하나의 단어를 선택할 수 있다. 그러나 단어 "나라에서"는 정확한 정보를 가지고 있다. 나라에서의 문맹 수준에 대해 말한다는 것은 분명하다. 그러한 정보를 단어 "수준"이 가지고 있다. 단어 "문맹성"은 고정되어 있으며, 그 정보는 다른 단어의 정보를 알게 해준다. 파롤 단편에서 가장 큰 비중을 지닌 단어들을 선택하는 것은 의의를 분석하는 방법 중 하나이다. 이 방법은 가장 큰 의의를 지닌 단어들을 선택하는 것이다.

세 번째, 만약 분절의 지배적 정보가 둘 이상의 단어들에 나누어 포함되어 있다면 의의 분석에서 잘 알려진 변형 방법을 추가해야 한다. 즉, 다른 단어 또는 심벌로써 지배적 정보를 표기해야 한다. 그래서 분석되는 텍스트의 첫 번째 구에서 두 개의 발화 단편이 있는데, 그 속에서 이 방법은 적용될 수 있다. 분절 "심각한 장애물인(создающего большие препятствия)"에서 동일한 정보를 단어 "방해하는(тормозящего)"으로 표기해야 하고, 분절 "국가의 사회-경제적이며 문화적인 발전으로(на пути социально-экономического и культурного развития страны)"는 단어 "진보(прогресс)"로 표현되어야 한다.

그래서 번역에서 세 번째 작업은 텍스트 분절 방법으로 분절의 지배적 정보의 나누는 것이 되어야 한다.

네 번째 작업 각 분절의 열거된 지배적 정보를 잊지 않기 위해서 종이에 적어두어야 한다. 이것을 위해 적절한 표기를 찾아야 한다. 그것들은 간략함, 일목요연함 그리고 용량 등이 특징이다. 간략함은 원 텍스트에서 사용된 표기 수단의 반복을 피하게 해 준다. 용량은 많은 정보 양을 간략한 표기로 바꿀 수 있게 해 주어야 한다. 일목요연함은 고정된 그리고 고정되지 않은 정보를 기억할 때 확실하게 하는 것이다. 따라서 각 분절의 정보를 표기할 때 하나의 기호로 제한해야 한다. 그러한 기호는 다음과 같을 수 있다.

- 하나의 용량이 큰 단어, 무엇보다 자주 모국어(모국어의 단어들은 인간의 내적 파롤에서 가장 많이 이용되고 많은 연상작용을 불러일으킨다).
- 몇 가지 우리의 내적인 표상과 일치하는 또는 그것에 관해 표시하는 조건적인 표기(그래서 아래의 기술에서 "비문맹성"은 알파벳의 강조적인 첫 번째 문자에 의해 표기된다. АБВ 수평적 화살표를 통해 "현재 시간"을 열어놓은 책은 "형성" 위로 향하는 화살표는 키, 상승을 지시한다. 수학적 기호는 자신의 직접적인 지정에 따라 "더 많이" 사용된다. 펴놓은 책 앞에 나열된 인용부들은 최초의 형상을 표기한다. 원안에 있는 두 개의 점은 사회적인 그룹의 의견으로 이해해야 한다. 세 개가 나란히 있는 원은 자본적인 수단이다).

기술을 위해 표현된 단어들과 조건적인 표기는 동일한 연속성에서 적절하게 예상된다. 몇몇 경우에 분절들은 예를 들어 주어의 그룹을 첫 번째 위치에 술어의 그룹을 두 번째 위치에 놓기 위해 치환이 가능하다. 각 새로운 문장은 줄의 시작으로부터 기술된다. 서로서로 기술된 기호들은 쉼표로 나누어진다. 문장의 마지막 분절을 제시하는 부호 뒤에 점이 온다.

여기에 파롤 단편에 따라 위에서 예를 든 텍스트의 지배적 정보의 기술을 볼 수 있다.

원 텍스트	지배적 정보의 기술
“За годы независимости в Индии ‖ сделано немало ‖ для преодоления неграмотности, ‖ этого тяжелого наследия колониального прошлого, ‖ создающего большие припятствия ‖ на пути социально-экономического и культурного развития страны, ‖ но 70 процентов населения ‖ все ещё остается неграмотным.	*Свб Индия, немало, АБВ. наследие, тормозит, прогресс, 70%,* ~~АБВ~~
По официальной статистике, ‖ за годы независимости ‖ уровень грамотности в стране вырос почти на 14 процентов.	*Статистика, независимость, ↗ 14%, АБВ.*
Сей час ‖ четверо из пяти детей в возрасте до 11 лет ‖ посещают школу.	*↓ , 4/5 до 11, школьники.*
Число школьников ‖ с 1961 года по 1972 год ‖ увеличилось в три с половиной раза ‖ и превысило 90 миллионов. ‖ В настоящее время ‖ начальное образование ‖ является бесплатным ‖ и обязательным во всех штатах страны.	*61-72, школьники, ↗ 3,5, > 90 млн.* *↓ , ,, □□ , бесплатно, обязательно.*
А в соответствии с директивными принципами государственной поли-	*План, □□ , 8, штат*

тике ‖бесплатное и обязательное образование до 8-го класса ‖будет введено почти во всех штатах.	*ы.*
И все-таки, по мнению общественных кругов, ‖средств, выделяемых на нужды образования, ‖все ещё недостаточно.	(:) , ○○○ , *мало.*
В значительной степени по этой причине ‖задание в области начального образования, ‖ как свидетельствует статистика, ‖ выполняется неполностью".	*Поэтому,* ,, □□ , *непольностью, статистика.*

(인도가 독립되던 해 국가의 사회-경제적 그리고 문화적 발전을 이룩함으로써 큰 장애물로 여겨지는 과거 식민주의의 심각한 유물인 문맹을 퇴치하기 위해 여러 가지 일들이 행해졌으나, 70%정도의 사람들은 아직도 문맹인 채로 남아 있었다. 공식적인 통계에 따르면 독립되던 해 국가의 문맹률은 14% 증가했다. 지금은 11살까지의 아이들 중 5명중 4명은 학교에 다니고 있다. 1961년부터 1972년까지 학생들의 수는 9천만 명이 늘었다. 현재 초등학교 교육은 전 나라에서 무상이자 의무교육이다. 원칙에 따라 무상이며 의무교육은 8학년까지 거의 모든 나라에서 시행되었다. 사회적인 견해에 따르면 교육에 필요한 방법들은 아직 부족하다. 이러한 원인에 의해 초등교육의 분야에서의 실현되어야 하는 과제는 아직도 불완전하다.)

그래서 번역의 네 번째 작업은 텍스트를 분절하는 것이고 각 부절의 나누어진 지배적 정보의 자의적인 경제적 표기가 포함된다. 즉 네 번째 작업의 결과 최초의 부호로부터 정보의 "고유함"이 완성된다. 이것은 분절 단어들이 하나의 표기로 바뀌는 것과 텍스트로부터 정보의 추출에 따라 사용된 단어가 의미 상실되는 번역 행위 간에 시간상에서 구성된 간격으로 달성된다.

다섯 번째 작업 다섯 번째 운영은 번역가의 재량 하에 있는 각 분절의 짧은 표기들로부터 번역 언어에서 전개 확산된 발화를 번역하는 것이다. 이때 원본(원 텍스트)에 대해서는 거의 주의를 기울이지 않는다. 만약 각 분절의 기술들이 모든 정보를 표시하지 못하는 짧은 표기이고, 분절들의 표기가 아니라는 것을 고려하는 것이 종이위에서 논리적 연관을 갖지 않는다면, 번역가에게 한 언어의 단어 또는 몇몇 단어들로부터 다른 언어의 단어로 전이되지 않거나, 그의 번역에서 제2언어의 의의적 단계와 규칙들에 기초하여 텍스트 고리를 생성하게 되는 것은 분명하다. 이것으로 번역 텍스트로의 최초 부호화 수단들의 전이에 대한 전제들이 해결된다. 종이에 씌어진 표기들은 번역가로 하여금 메시지에 일치하는 모든 정보를 예상하게 하는 정보의 흔적들로써 고찰하는 것이 중요하다.

동일한 텍스트에서 다섯 번째 작업을 설명하지만, 우리의 예는 모든 독자들을 위해 이해될 수 있는 것이 되게 하기 위해 번역어로 바꾸지는 않는다.

지배적 정보의 기술	번역 텍스트
Свб Индия, немало, ***АБВ.*** *наследие, тормозит, прогресс, 70%,* ~~АБВ~~.	"За годы независимости в Индии сделано немало для того, чтобы ликвидировать неграмотность, это ужасное наследие колониального прошлого, когорое задерживает культурное и экономи-

	ческое развития страны. Однако 70 процентов населения Индии остается еще неграмотным.
Статистика, независимость, ↗ *14%, АБВ.* ↓ , *4/5 до 11, школьники.*	По данным официальной статистики, около 14% населения обучилось грамоте после завоевания независимости в стране. В настоящее время четверо из пяти детеЙ в возрасте до одинадцати лет посещают школу.
61-72, школьники, ↗ *3, 5,* > *90 млн.*	За период 1961–1972 гг. количество школьников увеличилось в 3,5 раза и превысило 90 млн. человек. В настоящее время начальное образование бесплатное и обязательное во всей стране.
↓ , ,, 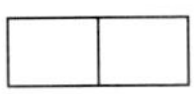 , *бесплатно, обязательно.*	
План, 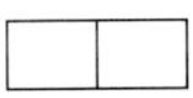 *, 8, <u>штаты</u>.*	В соответствии с ирективным и принципами правящей партии в стране восьмилетнее бесплатное и обязательное образование будет введено почти во всех штатах.
 ,  , *мало.*	Однако, по мнению бщественных кругов, средств на народное образование отпускается еще недостаточно.
	Это и является основной

Поэтому, ,, [ ][ ] , непольностью, статистика.	причиной того, что задания по начальному образованию выполняются, по данным статистики, неполностью."

(인도가 독립되던 해 국가의 사회-경제적 그리고 문화적 발전을 이룩함으로써 큰 장애물로 여겨지는 과거 식민주의의 심각한 유물인 문맹을 퇴치하기 위해 여러 가지 일들이 행해졌으나, 70%정도의 사람들은 아직도 문맹인 채로 남아 있었다. 공식적인 통계에 따르면 독립되던 해 국가의 문맹률은 14% 증가했다. 지금은 11살까지의 아이들 중 5명중 4명은 학교에 다니고 있다. 1961년부터 1972년까지 학생들의 수는 9천만 명이 늘었다. 현재 초등학교 교육은 전 나라에서 무상이자 의무교육이다. 원칙에 따라 무상이며 의무교육은 8학년까지 거의 모든 나라에서 시행되었다. 사회적인 견해에 따르면 교육에 필요한 방법들은 아직 부족하다. 이러한 원인에 의해 초등교육의 분야에서의 실현되어야 하는 과제는 아직도 불완전하다.)

번역가는 원 텍스트의 모든 정보를 자신의 기억에서 재구하지는 않는다. 그래서 제 2언어에서 그에 의해 생성된 텍스트는 번역의 마지막 이형태이다. 그것이 마지막 이형태가 되기 위해서는 하나의 작업이 더 필요하다 — 여섯 번째 작업.

그래서 번역에서 다섯 번째 작업은 의의적 분절의 방법인데, 그것은 각 분절의 고정된 지배적 정보에 기초하여 제 2언어에서 텍스트가 생성되는 것이다.

여섯 번째 작업 이 마지막 작업은 이전 다섯 개의 작업 결과 얻어진 텍스트를 교정하는 것이다. 이것은 남아 있는 모든 텍스트의 문체적 교정을 고려하는 것이 아니라, 필요한 곳에서의 문체적 교정을 고려하는 것이다. 텍스트에서 전달되지 않은 정보의 재구를 목적으로 하는 교정과 보충정보의 가능한 설정을 고려한다. 그러한 교정은 번역가가 번역한 후에 얻어진 텍스트를 원 텍스트와 자세하게 비교함으로써 이루어진다. 확실한 모든 불일치는 나타나고 평가된다. 메시지 전달을 저해하는 불일치는 교정되어 없어진다.

우리가 예로 들은 텍스트를 교정해 보자. 이것을 위해 원 텍스트를 기술된 지배적 정보를 발화로 확장한 결과 얻어진 텍스트와 비교해 보자. 그러한 비교는 불일치를 나타나게 해 준다.

- социальное "사회적" 이 단어(번역 텍스트의 첫 번째 문장)에 포함된 보충정보가 전달되지 않았다.
- примерно "대략적으로" 추가적인 보충정보의 일정량(번역 텍스트의 두 번째 문장).
- Индии "인도" 추가적인 정확한 정보의 일정량(번역 텍스트의 두 번째 문장).
- уровень грамотности вырос на 14% "문맹률 14% 증가" 전달되지 않은 주요정보의 일정량(원 텍스트의 세 번째 문장).
- до 8-го класса "8학년까지" 전달되지 않은 주요정보의 일정량(원 텍스트의 6번째 문장).
- восьмилетнее образование "8년간의 교육" 추가적 주요정보의 일정량(번역 텍스트의 7번째 문장).
- правящей партии в стране "나라에서 지배당" 추가적인 보충정보의 일정량(번역 텍스트의 7번째 문장).

만약 정확한 정보의 일정량으로 불일치 설정이 반드시 되는 것이 아니라면, 주요정보 그리고 보충정보와 관련된 모든 실수는 빠르게 수정된다.

번역 텍스트의 첫 번째 문장이 단어 "사회적인"으로 보충되고, 번역 텍스트의 두 번째 문장으로부터 단어 "적절하게"가 정리되며, 번역 텍스트의 세 번째와 일곱 번째 문장이 나누어지는데, 그것은 교정 후에 다음과 같이 제시되어야 한다.

> "По данным официальной статистики, уровень грамотности вырос на 14% после завоевания независимости в стране" (세 번째 문장).
> (공식적인 통계에 따르면 독립되던 해 국가의 문맹률은 14% 증가했다.)
>
> "В соответствии с директивными принципами государственной политики бесплатное и обязательное образование до 8-го класса будет введено почти во всех штатах" (일곱 번째 문장).
> (원칙에 따라 무상이자 의무교육은 8학년까지 거의 모든 나라에서 시행되었다.)

그래서 텍스트를 분절하는 방법으로 번역을 완성하는 마지막 여섯 번째 작업이 발생한다.

이 방법의 본질은 원 텍스트의 정보를 탈동사화를 통해 번역의 의의 수단을 실현하는 것이고, 파롤을 번역하지 않고 생성하는 것과 비슷한 조건을 구성하는 것이다.

문어에서 텍스트를 분절하는 방법은 번역가의 예비 작업을 위해 특별한 의미를 갖는다. 왜냐하면, 그것은 중요한 기술과 능력을 발전시키기 때문이다. 이 속에

- 능력은 원 텍스트의 형태적인 요소들의 "가설"로부터 자유롭게 된다.
- 능력은 각 파롤 단편의 지배적 정보를 나누는 과정에서 얻어지는 의의 분석을 실현한다.

- 능력은 텍스트를 분절하고 지배적 정보를 나눈 결과 최대한의 정보를 추출한다.
- 주 개념의 논리적 발전을 기술(이러한 경우에 고정된 정보) 하는 것은 본래 번역 태도 수용의 하나를 능숙하게 하는 것일 뿐만 아니라, 기술 체계의 연구에 대한 예비 작업이다.
- 능력은 불일치와 원본의 문체적 특성을 드러내기 위해 번역에서 텍스트들을 비교 분석하는 것이다.
- 정보의 의사소통 가치를 정의하는 기술.
- 번역 텍스트와 원 텍스트를 반복적으로 청취할 때 자기조절 기술.
- 텍스트 교정의 숙련.

이 모든 작업과 함께 텍스트를 분절하는 방법은 경험 있는 번역가의 작업에서만 드물게 접하게 된다. 그러나 자의적으로 사용되는 개별적인 작업은 각 글 번역에서 관찰된다. 최초 파롤 작품의 형태적인 요소들이 번역의 적절한 이형태의 선택을 어렵게 할 때, 그 경우에 유용하게 그것에 부가된다.

텍스트를 분절하는 방법은 글 번역에서 유일한 것은 아니다. 그러나 그것은 텍스트의 개별적인 요소가 아니라(문장, 어휘적 단위), 모든 텍스트 또는 최소한 중요한 부분으로 하는 작업을 예상하는 것으로 다른 방법이나 태도와는 구분된다. 이 외에도 텍스트를 분절하는 방법은 그것이 접하는 언어의 각 쌍에서 그리고 번역의 방향(외국어에서 모국어로 그리고 모국어에서 외국어로) 과는 별개로 이용될 수 있다는 점에서 일반성으로 구분된다.

기술 방법(연속 번역)

연속 번역이란 그것을 청취한 후에 번역 텍스트를 통역하는 것이다. 그러나 각 구 또는 각 문단은 연속적으로 번역할 수 있다. 그러한 번역을 문단·구 번역으로 부르는 데는 나름대로의 이유가 있다. 그것은 그 길이와는 관계없이 모든 텍스트를 청취한 후에 연속적으로 번역할 수 있기 때문이다. 청취 후에 모든 텍스트를 연속 번역하는 것은 가장 높은 단계에서 그 과제를 수행하는 번역가의 높은 자질을 나타내는 지표이다. 많은 정치가 그리고 사회운동가들은 번역하는 시간 때문에 자신의 말이 끊기는 것을 그다지 좋아하지 않는다. 그들은 말이 중단되면 감정적인 측면에서 완전하게 이어진 말보다 청자들에게 미치는 영향이 적으며, 그렇게 되면 논리적으로 설명력을 잃는다고 생각한다. 그러나 가끔씩 말은 몇 분간 계속해서 길어져서 번역가가 파롤의 모든 텍스트를 머리로 기억하기가 불가능하게 된다. 그러한 파롤의 연속 번역은, 만약 번역가가 자신의 작업에서 기술(記述)을 사용한다면, 단지 그때에만 가능하게 된다. 번역가가 기술을 사용하는 것은 실제적으로 연설자의 기술과는 별개의 것이게 해 준다. 국제기구에서 재능이 풍부한 번역가는 기술 방법을 사용하면서, 주요정보뿐만이 아니라, 연설자의 감정을 포함하는 부차적 정보도 포함하여 각 파롤의 연속 번역을 완수한다.

연속 번역은 번역가의 복잡한 지적 메커니즘의 상태에서 발생한다. 1)원 텍스트를 청각적으로 일회 인지하고, 2)많은 내용을 기억하고, 3)한 언어에서 다른 언어로 번역할 때 시간적인 제한을 받으며, 4)번역을 구어적 그리고 일회적으로 형성하는 것. 다른 통역들과 비교해서 연속 번역에서는 단지 하나의 이점이 있는데, 그것은 번역 작업이 동시적인 것이 아니라, 연속적으로 완수된다는 것이다. 즉, 이 상황을 위해 기술 방법이 사용된다. 그 목적은 번역가의 작업에 있는 극단적인 조건들을 완화하는 것이다. 기술을 사용한 결과 두 기본적인 번역 작업(원 텍스트의 인지 그리고 번역의 형성)은 서로 분리되고, 기억은 많은 것을 기억하지 않아도 되며, 더욱 좋은 조건에서 한 언어에서 다른 언어로의 번역이 이루어진다. 이 번역을 사용한 결과 번역가가 연설자와의 연속적인 의존관계로부터 벗어난다는 것이 가장 중요하다.

그래서 연속 번역에서 기술 방법의 본질은 무엇인가? 라는 문제가 제기된다. 이 방법의 외적인 측면은 매우 단순하다. 연설자가 말을 할 때 번역가는 기술한다. 그것에 기초하여 후에 번역이 실현된다. 그러나 모든 기술이 메시지로 전달되는 것은 아니고, 번역가가 자신의 힘든 작업 여건에서 모든 것을 기술하는 것도 아니다. 연설자가 말을 할 경우에 번역을 성공적으로 수행하기 위해, 이 기술이 메시지 전달에 도움이 되게 하기 위해 그리고 후에 그것이 좋은 번역이 되게 하기 위해서는 특정한 규칙을 살펴볼 필요가 있다.

첫 번째 규칙 들어가는 어휘적 자료들은 주요정보 그리고 일반적 정보로 나누기 위해 전체적으로 설정된다. 이것은 청각적으로 재구되는 원 텍스트가 그 불변적 단위들(메시지를 구성하는 텍스트의 단위들)로부터 추출하기 위해서 연속적으로 의의 분석된다는 것을 뜻한다. 고려되는 텍스트를 의의 분석하는 것은 각 하나의 의의 전체를 포함하는 단편으로 그것을 분절함으로써 텍스트의 의의 그룹에서, 여러 가치의 정보 일정량을 분할하는 것에서, 주요정보의 분할을 위해 이 일정량을 분석하는 것에서, 주요정보를 표기하기 위해 모든 수단들을 탐구하는 것에서 표현되는 작업의 일종이다. 모든 수단들을 탐구하는 것은 정보를 표기하기 위해 가장 일반적인 수단들에 주의를 기울이면서 시작된다. 가장 일반적인 수단은 단어이고, 번역가에게 단어는 원 텍스트에 들어 있는 것으로 지각된다. 텍스트에 들어가는 단위들을 선정하는 것은 의의 분석의 방법 중 하나로 생각할 수 있는 가장 큰 정보 적재를 지닌 단어들을 선택하는 것과 또는 많은 정보량(의의 분석의 하나의 방법)을 축척하게 해 주는 주요 단어들을 선택하는 것으로 이루어진다. 만약 번역가가 처리해야 하는 많은 정보들을 포함하는 단어들이 그 처리를 어렵게 한다면, 그는 어휘적 또는 표의문자적인 변화를 겪게 될 것이다.

위에서 설명한 것들은 예로써 살펴보는 것이 좋다. 다음의 원 텍스트가 있다고 하자.

> "10 сентября в столицу нашей Родины г. Москву прибывает делегация представителей промышленных и деловых кругов США во главе с господином Стоуном".
>
> (9월 10일 우리나라 수도인 모스크바에 스타운을 수장으로 하는 미국의 산업 사절단이 방문했다.)

가장 많은 정보를 지닌 단어를 선택하는 것은 텍스트에서 다음 단위들을 선택하게 될 것이라는 것을 예상한다. "10 сентября, Москва, прибывает, представители промышленных и деловых кругов США, Стоуном(9월 10일 모스크바에 스타운을 수장으로 하는 미국의 산업 사절단이 방문했다)". 이것들은 주요정보를 지닌 단어들이다. 그러나 텍스트의 "представители промышленных и деловых кругов США(스타운을 수장으로 하는 미국의 산업 사절단)"과 같은 정보량이 큰 단위들은 너무 단위가 크기에 그 어떤 사람도 만족시킬 수는 없다. 그래서 더욱 경제적인 변이형을 찾아야 한다. 실제로 동일한 정보를 하나의 단어 "비즈니스맨들(бизнесмены)"로 표현할 수 있다.

그래서 원 텍스트에서 주요정보의 선택은 다음 단어들을 선택함으로써 완성된다. “10 сентября в Москву прибывает бизнесмены с Сто-ун ом(9월 10일 모스크바에 스타운을 수장으로 하는 미국의 비즈니스맨 들이 방문했다)”.

이 많은 단어들은 직접적으로 원 텍스트에서 가져온 것이다. 단어 “비즈니스맨들(бизнесмены)”은 텍스트의 큰 단위들을 변환한 결과 얻어진 것이다. 즉, 가장 많은 정보를 지닌 단어들을 선택하는 방법은 너무 큰 단위를 선택하기도 하기에 변형이라는 수단으로 단순화된다. 그것은 가끔씩 의의 분석을 함에 있어 독립적인 수단이 되기도 한다.

몇몇 경우에 주요 단어들을 선택하는 방법이 사용된다. 그것을 다음의 예로써 설명할 수 있다.

원 텍스트 “Мы весь вечер слушали ансамбль, великолепно ис полнивший эту самобытную яркую музыку”. (우리는 저녁에 가장 독창적인 음악을 하는 연주를 들었다.)

기술 “Мы слушали вечером самобытную”. (우리는 저녁에 독창적인 연주를 들었다.)

이 기술에서 동일하지 않은 것으로 분류되는 단어 “독창적인(самобы-тную)”는 원 텍스트의 마지막 일곱 개의 단어들이 연상을 불러일으키는 것과 동일한 정보를 소지한다. 그 단어는 중요한 것이라 명명하게 되고, 그 기술을 위한 분류는 주요 단어를 선택하는 것이다.

두 번째 규칙 선택된 단어들은 간소화된 문자 기술로 씌어져야 한다. 분류된 주요정보를 어떻게든 표기하는 것이 필요하다. 정보를 지표화하는 가장 자연스런 수단은 단어들을 사용하는 것이다. 무엇보다 그 어미를 생략하여 단어를 간소화하는 것이 좋다. 예를 들면, “крас”, “молод”, "короб". 그러나 그러한 생략에 의한 간소화는 이형태를 추출하기도 한다. "крас"는 "그림 같은(красочный)", "아름다움(красота)", "물감(краска)", "물감(краситель)"일 수 있고, "молод"는 "젊은이(молодежь)", "새끼(молодняк)", "젊은이(молодец)", "갓 결혼한 남자(молодожён)"처럼 읽혀질 수도 있다. 러시아어에서 더욱 경제적이고 효과적인 것은 단어들의 모음을 간소화하는 것이다. 이 입장은 39개 음소 중 5개가 모음이라는 러시아어의 음성적 체계의 특성에서 비롯된다. 각 34개의 자음들은 모음보다 더 큰 의의 변별적 역할을 한다. 그렇기 때문에 자음들은 필연적으로 기술되어야 하고, 모음들은 단지 의의정보가 집중되어 있는 단어의 처음과, 문법적 정보를 포함하는 단어의 끝에 기술된다고 할 수 있다. 여기에 비슷한 문자 기술이 어떻게 제시되는지 알 수 있다.

> "Прпдвтль прдлгт стднтм вплнть спц упржня и отвть на все здн впрсы".

이렇게 기술된 문장은 쉽게 읽을 수 있다. 동시에 요구하는 문자들을 40~45%정도까지 간소화한다. 모든 경우에 네 개 이하의 문자로 된 단어들과 잘 알려져 있지 않은 고유 명사들을 기술하는 것이 필요하다. 형용사의 어미들은 필연적으로 기술되어야 하는 것은 아니다.

간소화된 문자 기술의 규칙에 따라 원 텍스트의 주요정보를 지닌 단어들을 기술해 보자.

"10 снтбря в Мскву прбвт бзнсмны с Стоуном".

세 번째 규칙 나누어진 각 문장의 경계와 문장 내부 그리고 문장 간의 통사적 연관들을 분명히 표기하면서, 정보를 종이위에 수직적으로

배열해야 한다.

각 기술은 각 사고의 경계와 이 사고의 방법을 지시하는 분류된 정보의 일정량 사이에 있는 통사적 관계를 쉽게 알 수 있도록 종이위에 다음과 같이 확장되어 나타나야 한다. 자연어에서 통사적 관계를 표현하기 위해 어형(활용어), 부차어, 어순, 억양이 사용된다. 정보는 구어의 특성이다. 단어의 어형, 부차어는 기술을 분명하게 한다. 그래서 그것들에 부가되는 것은 의의가 아니다. 어순을 설명하자면, 만약 기술을 수직적으로 할 때 직접 어순에 기초하여 실행한다면, 그것을 사용하는 것은 효과적일 수 있다.

기술을 수직적으로 하는 것은(즉, 종이를 세로로 하여) 종이 낱장의 한 끝에서 다른 끝으로 전이하는 데 시간이 절약된다. 그것은 문장의 경계를 분명히 표기하게 해 주고, 기술된 사고 논리를 분명하게 표현할 수 있게 해 준다.

이것을 위해 첫 번째 위치에는 주체 또는 주어 그룹이 기술되고, 줄 아래에는 서술어와 술어 그룹이 기술된다. 이때 원 텍스트의 주어를 고려하는 것이 아니라, 분류된 주요정보(번역가의 머리에서 복잡해진 사고인지의 논리적 도식)의 주체를 고려한다. 이때 이 논리적 도식의 내적 관계 계층은 종이에 기술된다. 첫 번째 위치에 지배적 정보가 기술되고, 두 번째 위치에 종속적인 정보가 기술된다. 만약 문법 이론에서 동일한 것을 표현한다면, 이것은 술어가 그것에 연관된 보어 앞에서 기술된다는 것을 의미한다.

여기에 이러한 규칙에 따라 다음과 같이 문장을 기술할 수 있다.

"Сингапур, население которого составляет 2, 3 млн. человек, в прошлом году посетило более 1, 5 млн. туристов из-за рубежа".

(싱가포르의 주민들은 2천 3백만 명으로 구성되어 있다. 작년에 외국에서 천 5백만 명의 여행객들이 방문하였다.)

1, 5 млн. туристов

посетило в прошлом году

Сингапур

(население 2, 3 млн.)

단어 "в прошлом году"와 "Снгапур"는 술어 "посетило"의 종속된 것으로 그것 뒤에 일직선으로 기술된다. 괄호안의 "Население 2, 3 млн."은 공통적인 것으로 기술되었다. 공통적인 것은 의의 관계에서 그것들이 관련된 단어를 지배하는데, 이것이 다음의 예에서 보이는 것처럼, 화살표가 위로 향하게 기술된다.

"В страну введены по решению Совета безопасности голубые каски ООН".

(국제연합의 안전성의 권고를 해결하기 위해 파란색 헬멧이 나라에 도입되었다.)

голубые каски ООН

Совета безопасности

↗

введены в страну

지배적 고립화는 기술을 위해 이미 여러 번의 사용된 텍스트에 있다. 그 속에서 미국 사업가들의 모스크바 도착에 관해 말한다. 이 텍스트의 기술은 다음과 같이 나타낼 수 있다.

"10 сентября в Москву прибывает бизнесмены с Стоуном."

Стоун
↗
бзнсмны
прбвт в Мскву
10 снтбря

수직적으로 기술하는 것은 통사적 관계의 다른 모습들을 제시한다. 그것들 중에 가장 부분적인 것은 특별하게 제시해야 한다.

도입 구조 도입구조란 문장의 부분으로(무엇보다 자주 이것은 몇몇 복문에서 주문장을 말한다) 새로운 것을 알리는 것이 아니라 메시지의 근원을 지시한다. 그것들의 가장 큰 특징은 다음과 같다.

"Я думаю, что…(나는 …라고 생각한다)", "Мне кажется, что… (…라고 여긴다)" "Из газет стало известно, что …(신문에서 …가 잘 알려져 있다)", "Очень приятно, что…(…가 기뷰 좋다)". 도입 구조는 두 관점에서 나머지 메시지 부분과 구분된다. 다음의 예를 보자.

"Центральные газеты сообщают, что 10 сентября в столицу нашей Родины г. Москву прибывает делегация представителей промышленных и деловых кругов США во главе с господином Стоунам".

(중앙신문은 우리나라 수도 모스크바에 9월 10일 스타운을 수장으로 하는 미국의 경제인들이 방문한다고 소식을 전했다.)

Цнтр гзты

Стоун
↗
Бзнсмны
прбвт в Мскву
10 снтбря

원인·결과 관계 이것은 문장성분 간에 또는 문장 간에 가장 확산된 관계이다. 이것에 유사 의존성이 관련된다. 즉 원인 의존성의 외형을 포함하는 현상의 시간적 관계. "만약 지금 봄이라면, 그것에 뒤따라 반드시 여름이 온다".

원인·결과 관계는 "결과에서 원인"을 분류하는 경향으로 제시된다. 예에서 이것은 다음 방법으로 나온다.

> "Результатом торговых отношений между Россией и США является прибытие 10 сентября в столицу нашей Родины г. Москву делегации представителей промышленных и деловых США во глаunion с господином Стоуном."

> (러시아와 미국의 상업관계의 결과는 9월 10일 우리나라 수도 모스크바에 스타운을 수장으로 하는 미국의 산업 사절단이 방문하는 것이다.)

Тргвля Рссии
США / Бзнсмны ↗ Стоун
прбвт в Мскву
10 снтбря

목적의 지시 행위의 목적을 표현하기 위해 파롤에서 전치사와 "для", "для того, чтобы", "ради", "с тем чтобы", "с целью"의 유형들이 결합되어 사용되며, 또한 목적을 나타내는 종속문이 사용된다. 이러한 모든 경우에 기술에서 화살표가 부가되고, 이것은 다음의 예로써 제시된다.

> "10 сентября в столицу нашей Родины г. Москву прибывает делегация представителей промышленных и деловых США во главе с господином Стоуном для того, чтобы принять участвование в открытии торговой выставки".

(상품박람회에 참여하기 위해 스타운을 수장으로 하는 미국의 산업 사절단이 우리의 수도 모스크바를 9월 10일 방문한다.)

Стоун

Бзнсмны ↗

прбвт в Мскву

10 снтбря

→ учствть в трг вствке

대비 넓은 측면에서 해당 자료들의 비교와 같은 대비, 몇몇 조건들의 평행적 존재, 여러 상황, 행위의 동시성과 같은 것들은 기술에서 두 평행선으로 제시된다. 예를 들면,

"10 сентября в столицу нашей Родины г. Москву прибывает делегация представителей промышленных и деловых США во главе с господином Стоуном, в декабре ожидается ответный визит в Вашингтон сотрудников Министерства внешней торговли России".

(9월 10일 스타운을 수장으로 하는 미국의 산업 사절단이 우리 수도인 모스크바를 방문한다. 12월에 러시아의 외무성 장관의 워싱턴 방문이 기대된다.)

Стоун Бзнсмны ↗ прбвт в Мскву 10 снтбря	‖	МВТ нпрвлтся Вшнгтн в дкбре

양보성 행위와 조건 간의 관계는 행위 실현을 방해하지 않고, 문법에서 양보성으로 명명한다. 기술에서 양보성은 원인성에 대비된다. 이 결과 원인성의 표기를 위해 수용되는 주된 특징은 양보관계의 모든 조

건에서 교차된다. 예를 들면,

> "Несмотря на скептические высказывания некоторых американских газет, 10 сентября в столицу нашей Родины г. Москву прибывает делегация представителей промышленных и деловых США во главе с господином Стоуном".
>
> (몇몇 미국 신문의 비판적인 말에도 불구하고, 9월 10일 우리 수도 모스크바에 스타운을 수장으로 하는 미국의 산업 사절단이 방문한다.)

네 번째 규칙 원 텍스트로부터 분류된 정보를 위해 언어·원 텍스트 저자와는 별개로 경제적이면서 일목요연한 표기를 우선적으로 찾아야 한다. 그러한 기능을 하는 표기방법은 무엇보다도 심벌이다.

원 텍스트의 단어에 의해 분류된 정보를 표기하는 것은 확장된 것이지만, 기술하는 데 있어 경제적 수단은 아니다. 심벌은 여러 문자를 조합하는 것이 아니라, 직접적으로 그것들이 불러일으킨 연상과 관련된 정보를 전달하는 적은 수의 단순한 조건적 기호들을 사용하는 것이 더욱 효과적이다. 심벌이란 어떠한 개념, 관념을 표현하는 단순한 조건적 기호라고 보는 것이 적절하다. 기술에서 사용되는 경제적인 그리고 일목요연한 표기들 또한 심벌이라 한다.

만약 심벌들이 경제성, 일목요연함 그리고 일반성과 같은 그러한 요구를 만족시킨다면, 기술할 때 심벌들은 그 기능을 다하는 것일 것이다.

심벌들의 경제성은 1)그 사용상의 단순함, 2)넓은 개념적 기반에 있다. 후자의 것은 각 심벌이 특정한 대상, 현상(지시체) 또는 대상과 현상(지시) 들의 부류와 관련되는 것이 아니라, 전체적으로 대상, 현상들의 계열을 표현할 수 있는 특징들과 관련됨으로써 완성된다. 예를 들면, 우리가 직접 화법에서 설정하는 인용부와 같은 특징은 다음 단어에 의해 표기되는 개념에 관해 표지할 수 있다. 파롤, 참여, 말하기, 연설자, 논문, 신문, 라디오 또는 텔레비전, 아나운서, 지도자, 해설, 인용부를 도식적으로 사용하는 것이 쉬우며 그것은 매우 자연스러운 것이다.

심벌들을 일목요연하게 사용해야 한다는 것은 그것들이 분명하지 않게 기술된 단어보다 더 쉽게 종이위에서 분류되어야 하며, 심벌의 그림이 해당 경우에 필요한 연상을 불러일으켜야 한다는 것을 의미한다. 그래서 목 위의 머리를 연상하게 하는 심벌 "우"는 지도자, 목, 감독자, 대통령, 수상, 단체의 장, 사회 활동가, 회장, 지휘자 등의 단어로 표기된 개념들을 표시한다. 다른 말로 하면, 그려진 머리는 해당 심벌에서 "우두머리"의 특징으로 사용된다는 것을 쉽게 연상하게 한다. 게다가, 심벌은 다른 연상도 불러일으켜야 한다. 즉, 그것은 심벌에 의해 표기된 정보가 분류되는 문맥을 재구성할 수 있도록 기억에 도움을 주어야 한다.

심벌의 일반성은 그 문법적인 비 변별성에 있다. 언어적 특징과는 다르게 심벌은 자체적으로 어떠한 문법적인 정보를 가지지 않는다. 동일한 심벌은 품사와 각 문장성분을 표기할 수 있다. 그것은 종이 위의 배치에 따라 문장에서 임의의 상태를 얻게 된다. 그래서 심벌 느낌표(!)는 단어 "해설", "해설하다", "결정적인", "결정적으로" 등과 같은 여러 품사들을 지시하는 것으로 기술에서 사용될 수 있다. 이 외에도 심벌들은 분류된 어떤 정보들을 표현하지 못한다. 즉, 성, 수, 활성, 한정성

등에 관한 정보를 표현하지 못한다.

그러나 역시 몇몇 문법적인 정보들은 심벌의 도움으로 제시되기도 한다. 그러나 그것은 각각의 심벌에 의해서가 아니라, 특별하게 이 목적만을 위해 구성된 심벌에 의해 표현된다. 그래서 가끔씩 복수의 범주를 표시하는 것은 정말 필요하다고 여겨진다. 이것을 위해 심벌 위에 숫자 2를 쓰는 특별한 기호가 있다. 이 기호에서 숫자 2는 복수를 나타내는 것으로 복수는 기호에 제곱을 붙임으로써 표현된다고 말할 수 있다. ♀ 지도자, ♀^{2} 지도자들, □ 나라, □^{2} 나라들, △ 대표, △^{2} 대표들.

시간을 나타내는 범주를 표기하기 위해 다음과 같은 시간의 심벌들을 채택한다.

↓ - 현재시제, 지금, 현재 순간 등등
↳ - 미래시제, 전망, 내일 등등
↲ - 과거시제, 역사, 어제 등등
— - 시간의 어느 정도의 기간
〈 - 행위의 시작
〉 - 행위의 끝

시간을 나타내는 심벌들은 시간의 범주를 표기하기 위해, 임의의 개념에 의해 연상되는 시간의 특징을 표기하기 위해 사용된다. 예를 들면,

"Мы уверены, что все студенты нашей группы сдадут экзамены".
(우리는 모든 학생들이 시험에 통과할 것이라는 것을 확신한다.)

Мы
стднты
└──→ экзмны

"Лектор рассказывал о перспетивах авиации".
(강사는 비행기의 전망에 대해 이야기하였다.)

"Он купил машину в 1975 году".
(그는 1975년에 자동차를 샀다.)

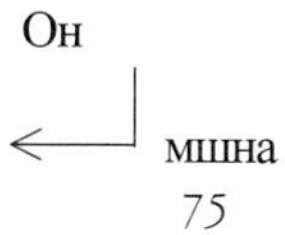

"Мы обязаны изучать славное прошлое своего народа".
(우리는 우리 민족의 약했던 과거를 배워야 한다.)

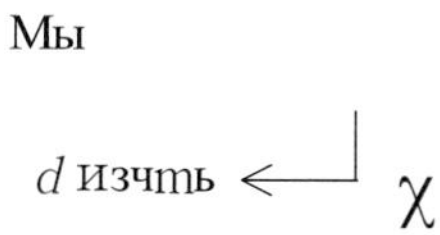

번역가 자신이 선택하는 심벌들이 사용하는 데 있어 가장 효과적이다. 물론, 심벌들을 선택함에 있어 기호들과 약호들은 이성적으로 사용된다. 그것을 우리는 일상생활에서 접하게 된다. 이정표, 구두점, 수학·화학 기호, 러시아어와 라틴어 알파벳의 단순한 문자들을 고려해 보자.

모든 심벌들은 표기 수단에 따라 문자적, 연상적 그리고 파생적인 것으로 나눌 수 있다.

문자직 심빌 민약 문자가 딘어에서 의의 변별 기능을 하는 것이 아니라, 특징, 개념들을 나타내는 것이라면, 그것은 심벌이 된다. 무엇보다도 문자가 직접적으로 개념과 관련되지 않고, 이 개념의 표기를 위해 적용되는 단어를 통하여 개념과 관련되는 것이 더 적절하다. 그래서 문자적 심벌들은 보통 가장 자주 연속적 번역에서 접하게 되는 개념들을 위해 선택된다. M-мир(세계), C-социализм(사회주의), R(Russie)-Россия(러시아), US-США(미국). 그리고 가끔씩 다른 기호들이 사용된다. ДМ-демократия(민주주의), кп-капитализм(자본주의). 문자적 심벌은 가장 경제적이지 못하다. 왜냐하면 그것은 하나의 개념과만 자주 관련되기 때문이다.

연상적 심벌 연상적 심벌로 명명되는 것은 그 외형이 어떠한 대상, 현상을 떠올리게 하고, 그것들이 개념들의 전체적 계열의 특징을 표기하기 때문이다. 머리 없는 인간의 그림은(χ) 민족, 국가, 사람들을 연상시키고, 낫(↖)은 마을 경제의 개념과 관련된다. 집단농장인, 집단농장, 농부, 토지 등등. 화살표는 특히 용량이 큰 심벌들로 밝혀진다. 화살표로 기술된 것은 행위와 움직임에 대해, 하나의 상태에서 다른 것으로의 변이에 대해 얘기한다. 여러 화살표들은 여러 연상들을 발생시킨다.

→ 전달하다, 도착하다, 달성하다, 보충하다 등등.
← 얻다, 선택하다, 수입하다, 유혹하다 등등.
↗ 상승하다, 나아지다, 고정하다, 확장하다 등등.
↘ 하강하다, 나빠지다, 빌리다, 긴박해지다 등등.

만약 문자·심벌이 단어가 아니라, 개념 계열에 속한 고유한 특징들을 표상한다고 한다면, 연상적 심벌에 몇 가지 문자가 관련된다. 예를 들면, A-атомный(원자의), атомая бомба(원자폭탄), ядерные запасы(핵 보유), K^0 회사, 독점권, 과두정치, V 승리, 독립, 자주권 등등.

파생적 심벌 파생적 심벌에는 문자적 또는 연상적 심벌들에 기초하여 새로이 형성된 모든 심벌들이 포함된다. 파생적 심벌은 여러 방법으로 형성된다.

첫 번째 개념의 생성, 종개념에서 유개념으로의 전이 등을 통하여 형성된다. 이것은 고유 심벌에 원을 씌움으로써 만들어진다.

△ 사절, ◬ 사절단. ! 결정, ⓘ 법칙. χ 민족, Ⓧ 인류.

두 번째 원 심벌의 의미를 구체화하는 것. 이것을 위해 원 심벌은 "제곱수가 된다." M 평화, M^2 평화적 기구, И 제국주의, $И^2$ 제국주의 연합, ДМ 민주주의, $ДМ^2$ 민주주의 기구.

세 번째 반의적 방법, 즉 원래 심벌의 "부정". 그것은 실제적으로 대각선 줄에 의해 실현된다. ↗ 압력, [symbol] 민족간의 압력 추탄, [symbol] 무장, [symbol] 무장해제, ⟼ 간섭, [symbol] 불간섭.

네 번째 몇 개의 최초 심벌을 결합하는 방법. 예를 들면, 심벌 M(세계) 과 –○–(협력) 은 합성 심벌 M–○–(세계 협력) 을 구성한다. 심벌 ○(만남) 과 ↗(메시지의 지배 성분) 은 새로운 심벌 ♂(상위 단계의 만남) 을 구성한다. 심벌 →(움직이다) 와 Ж(삶) 은 →Ж(삶을 알다) 라는 표기로 요약된다. 몇몇 최초 심벌에 기초한 구성된 심벌들이 있다. –○–(동의), [symbol](폭발), →(움직임) 은 총체적으로 –○–[symbol](세 범위에서 핵 실험 금지에 관한 협의).

다섯 번째 이것은 원래 심벌 "화살표"를 이중으로 하는 방법이다. 그래서 왼쪽이 제한된 수평적 화살표 ↦는 공격, 간섭을 표시한다. 위로 향하는 이중 화살표는 성공, 달성이라는 단어를 대신한다. 오른쪽으로 향한 이중화살표는 강함, 의지로서 이해해야 한다.

원 텍스트에서 분리된 정보를 확실하게 하기 위한 심벌들의 사용은 지금까지 우리에게 다음과 같이 기술된 원 텍스트에서 제시하는 것이 더욱 좋다.

Стоун
Бзнсмны ↗
прбвт в Мскву
10 снтбря

단어 "бизнесмены(비즈니스맨)"에 포함된 정보를 회사 사장으로 표기할 수도 있다. 임의의 개념은 심벌 ♀ 의 조건적인 표기를 갖는다. 단어 "прибывают(방문하다)"는 화살표로 표기되고, 9월은 순서적으로 숫자를 표기함으로써 제시된다. 전체적으로 다음과 같다.

Стоун
♀^{2} Ш ↗
→ Мскву
10. 9

다섯 번째 규칙 종이 위에 기입되어 나누어진 일정한 원 텍스트의 정보들은 번역 텍스트의 생성을 위해 기본적인 것이다.

가끔씩 경험이 부족한 번역가들은 번역을 할 때 단지 기술된 정보만을 인지한다. 결과적으로 번역 텍스트는 번역가의 유용한 인지를 위해 필요한 잉여성이 쓸모없는 것으로 밝혀진다. 번역가는 원 텍스트에서 분리된 정보를 번역어로 단순히 표기하는 것이 아니라, 그의 머리에서 부차적 정보로 남아 있는 복잡한 발화 상황과 주어진 조건에서 메시지를 전달해야 하는 필요에서 시작하여 그것을 더욱 확장하여 표기하여야 한다.

정보의 확장된 기술로 이해되는 것을 분명히 하기 위해서는 분석되는 원 텍스트의 기술에 주의를 기울여야 한다.

Ⅲ — 회사 사장 또는 비스니스맨

임의의 것은 번역 텍스트를 위해 적합하지 않다. 왜냐하면 첫 번째 명칭은 방문하는 손님들의 지위를 정확하게 표현하는 데 충분하지 않기 때문이다. 두 번째 명칭은 구체적인 해당 상황에서 문체적으로 적합하지 않다. 그것을 더욱 정확하게 회사가 아니라, 사업체 그룹의 회장이라고 명명하여야 한다. 왜냐하면 그러한 명칭은 더욱 넓은 개념적인 근간을 가지기 때문이다.

스타운 씨를 수장으로 방문한다는 것이 그 이후에 너 얘기되어진다. 이것은 단순하게 개별적인 대표가 아니라, 대표단으로 명명되는 그룹을 의미한다.

기술된 정보는 모스크바에 관한 보충적인 정보에 의해 확장될 수 있다. 이것은 주요정보가 과중하게 부가된 번역 텍스트의 필수 잉여성을 구성한다.

이 외에도, 기술된 소식들에서 대표단의 방문 사실 자체가 딜레마이다. 그것은 발화구성에서 문장의 마지막에 이 사실을 관련시킬 수 있는 근거를 준다. 전체적으로 번역 텍스트는 다음과 같다.

> "10 сентября в Москву, столицу нашей Родины, прибывает делегация представителей деловых кругов США во главе с господином Стоуном".

(9월 10일 우리나라 수도인 모스크바에 스타운을 수장으로 하는 미국의 산업 사절단이 방문했다.)

그래서 일정량의 정보에서 확장된 번역 텍스트로 전환하기 위해 원 텍스트가 거의 완전하게 복구되어야 한다.

따라서 연속 번역에서 기술의 방법은 다음과 같이 되어야 한다.

- 원 텍스트의 청취
- 텍스트에서 주요정보의 선택
- 가장 경제적인 방법으로 선택된 정보를 확정하는 것
- 그러한 기술을 기초로 하여 번역 텍스트를 생성하는 것

기술 방법을 사용하는 것은 연속 번역에서 원 텍스트의 크기를 어떻게 제한할 것인가를 알게 해 주고 번역가의 높은 자질에 관해 증명하는 것이 된다.

원 텍스트의 변형 방법(동시 번역)

원 텍스트를 청각으로 인지하여 말로써 번역하는 것을 동시 번역이라 한다. 그 주요한 특성은 번역가의 행위에 예상되는 많은 시간적 제한과 하나의 대상에서 다른 대상으로 그 주의를 연속적으로 전환해야 할 필연성을 예측하는 것이다. 동시 번역실에서 많은 번역 작업을 한, 쯔빌링그 М. Я. Цвиллинг가 어떻게 번역가의 입장을 기술했는지 살펴보자. "번역가가 청각적으로 인식하는 것은 연설자의 말을 인지(가끔씩 청중의 반응과 회장의 반응)하는 것과 자신이 하는 말에 대한 자기 조절사이에서 분리된다. 시각적인 것은 연설자, 홀, 텍스트의 독서에 대해서 관찰하는 것 간에 나누어진다(만약 그것이 발생하는 것을 완전히 개방하지 않는다면). 그 기억은 단지 해당 순간의 단편을 듣거나 인지하는 것을 지속하게 된다. 기억으로부터 그것은 번역을 위해 등가적인 것이 되고, 기

억 상에서 원본과 공통적인 내용, 원본만의 개별적 요소, 번역 작업 결과 발생하는 상황들에 대한 반응 그리고 많은 다른 것들을 형상화한다. 동시에 그 인지는 기본적으로 번역가의 실현에 의해 이루어진다".

동시 번역이 행해지는 복잡한 조건에 대해 언어학자들과 심리학자들이 많은 연구를 하였다. 짐냐와 체르노프는 흥미로운 연구 결과를 제시하였는데, 그들은 최상의 조건들은 확률적인 예측 메커니즘의 도움으로 번역가에 의해 극복된다고 여겼다. 쉬랴예프는 동시 번역에서 오리엔테이션(적응), 해결 수용, 실현 단계로 구성되는 상호 연관된, 동일유형의 행위 연속성을 보았다. 게다가 이러한 단계들은 하나가 다른 것을 따르거나, 인지는 말하기에 의해 바뀌고(연설자의 느린 속도의 말), 하나의 단계에서 다른 단계로 축척되고, 텍스트를 인지하는 것은 부분적으로 번역가가 말하는 순간에 발생한다. 마지막 경우에 음절간의 소휴지가 널리 사용된다. 다른 말로 하면, 동시 번역가의 활동은 행위 연속성을 유지할 때 적절한 조건에 상응하는 여러 메커니즘에 의해 규칙화된다.

기본적인 연구는 동시 번역을 할 때 언어행위 최상의 조건에 상응하는 메커니즘의 특성을 잘 나타낸다. 그러나 그것들은 동시 번역가가 그 고유한 기능을 수행하게 하는 본질적인 요소를 묵살한다. 그러한 요소는 번역의 기호적 특성인데, 그것에 관해서는 8장과 9장에서 언급하였으므로 참고하기 바란다.

번역의 기호적 수단에서 번역가의 번역 작업은 지시체를 인지하지 않고 형태·기호적 층위에서 발생한다. 번역가의 머리에서 제1언어에서 인지되는 기호에 상응하는 그 등가물이 발생한다. 제2단계(가끔씩 그리고 첫 번째) 정보 보유의 층위에서 항상 충분히 형상되지 않은 표상처럼 제1언어 기호와 함께 공통의 의미적 근간을 갖는 제2언어기호. 형태·기호 층위에서 번역 작업은 단지 전환 기술이 만들어진 후에만 가능하다. 즉 번역가가 두 언어에 공통적인 의미적 체계(의미적 기억에 부합되는 무엇인가에서)를 만든 다음에만 가능하다.

번역의 기호적 수단이 동시 번역에서 우세하게 사용된다는 것은 전환 기술의 기능과 동시 번역의 특성이 부합한다는 것을 증명한다.

동시 번역은 주어진 주제의 테두리에서만 성공적으로 실현될 수 있다. 심지어 사회·정치적 텍스트를 번역하는 경험 많은 번역가도 여러 분야를 준비하지 않고는 동시적으로 전쟁, 의학 또는 다른 분야의 자료들을 번역할 수는 없다. 전환 기술의 기능은 연구된 의미적 체계의 범위를 넘어선다.

연구된 주제의 테두리에서 동시 번역은 모국어에서 외국어로(반대보다는) 번역할 때 보다 쉽다. 이러한 입장은 전환 기술의 기능이 적절하다는 것과 부합된다. 이것에 따라 전환 기술에서 방향에 따라 지배적인 것은 모국어에서 외국어로의 연관들이다.

동시 번역에서는 문자적인 것이 다른 번역 보다 더 우세하게 나타난다. 동시에 직역은 항상 전환 기술의 기능을 예상하는 형태·기호적 층위에서 번역한 결과가 된다.

물론, 번역의 기호적 수단이 동시 번역에서 지배적인 것이 무한한 것은 아니다. 어떤 경우에 가끔 번역가는 동일한 문장에서 번역의 의의 수단에 의거해야 할 때도 있다. 그러나 번역의 의의 수단에 주의를 기울이는 것은 매번 번역하는 것을 중지시키고, 그가 일하는 복잡한 조건들을 느끼게 한다. 그래서 번역가의 다른 모든 부합되는 메커니즘의 효과는(확률적인 예측, 소휴지의 사용) 번역에서 우세하게 사용된 이러한 수단에 의거한다.

번역에서 그 기호적 수단들이 많이 사용된다는 것은 연설자가 각 속도로 말을 할 때 동시 번역가가 주된 입장이 되게 하고, 확률적인 예측에서 많은 이점을 추출하고, 파롤의 휴지와 소휴지에 따라 주의를 더 기울이고, 과제의 구성을 추상화하게 한다(글을 쓰고, 신문을 보고, 퍼즐을 해결한다). 이것은 번역의 기호적 수단으로 많은 번역이 이루어진 전환 기술에 의해서 인식적으로 그리고 자동적으로 실현되기 때문에 생긴다.

번역의 기호적 수단은 동시 번역가가 작업하는 데 중요하다. 1) 상응하는 주제 준비(번역가가 원래 의미 체계를 형성하는 것) 2) 전환 기술에 의한 번역 방법들을 이용하는 것. 번역의 기호적 수단을 사용하기 위한 조건으로 가장 효과적인 방법 중 하나는 원 텍스트를 변형하는 것이다.

동시 번역에서 변형의 방법은 원 텍스트를 형태·기호적인 층위에서 번역하는 것을 그 목적으로 한다. 이것은 다음을 고려해야 한다.

- 번역가의 의미적 체계에 포함된 파롤 단위들을 탐구하는 것과 더불어 어휘적 변형.
- 번역어의 가장 확산되고 단순한 구조를 고려하는 문법적 변형.
- 변형의 모든 가능한 유형들을 사용함으로써 달성되는 파롤 압축.

변형 방법으로 여러 번역들을 자세히 살펴보자.

어휘적 변형 지금까지 우리는 분류된 주요정보를 더욱 간결하게 표기할 수 있도록 하는 것을 목적으로 파롤 단위들의 변형에 관해 말했다. 원 텍스트를 번역의 기호적 수단에 의해 하는 어휘적 번역은 표기의 간결성을 고려하는 것이 아니라, 어휘적 단위들의 탐구를 고려하는 것이다. 그것을 위해 번역가에게는 이미 그에 해당하는 등가물이 있다. 번역가가 단어 "고용인(батраки)"의 의미를 인지하고 있다고 할 때, 그것에 해당하는 외국어의 등가물은 없다고 예상한다. 이때 동의어와 동의어 변화의 탐구가 시작된다. 그것은 더욱 길지만, 약속한 듯한 표기 “마을경제 일꾼”과 접하게 된다. 보통, 그러한 표기를 고려할 때 항상 번역가의 머리에서는 번역어에 대한 등가물이 함께 떠오르게 된다. 그것을 사용하는 것은 더욱 낮은 수준의 파롤을 형성함에도 불구하고 번역 작업을 단축하기도 한다.

원 텍스트의 단편 “[…] командовать другими странами и народами (다른 나라와 민족을 지배하는 것)”에서 번역가는 단어 “지배하다”에 상응하는 외국어 등가물을 생각 못할 수 있다. 그의 머리에서 생각되는 번역어의 등가물에 충돌하지 않을 때, 그는 그것을 여러 이형태로 바꾼다 (“отдавать приказы[명령을 내리다]”, “навязывать свою волю[강요하다]”).

어휘적 변형은 단어를 어결합으로 바꾸는 것이 필수적이 아니므로, 그것들은 회귀적 결과가 될 수 있고, 텍스트 단위의 양을 변하지 않게 한다. 예를 들면, 발화·단어, 대통령·입후보자, 자극·동기, 문제에 다가가다·문제를 해결하다. 미국·США, 준비·기대, 생기 있다·더욱 능동적이게 하다, 전쟁행위·전쟁, 국민의 선출·대표위원.

예들을 계속해서 목록으로 정리할 수 있지만, 번역가의 작업상 본질은 변하지 않는다. 그는 지시체에 대한 외국어의 표기를 찾는 게 아니라, 형태·기호적인 층위에서 번역어로 전환하기 위해 원 언어에서 동일한 지시체에 대한 새로운 명칭을 찾게 된다. 이것을 도식적으로 기술하면 다음과 같다.

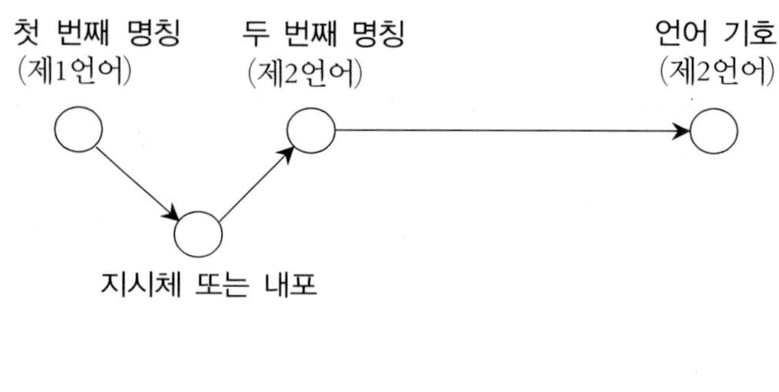

모국어에서 외국어로 번역할 때 특히 자주 어휘적 변형이 부가된다. 이러한 경우에 모국어에서 다른 이름을 찾음으로써 시간을 단축할 수 있다. 그것은 지시체를 동일시하고, 지시체로부터 외국어의 표기를 찾는 실험보다도 빨리 실현된다.

문법적 변형 이 변형은 보통 통사적 구조를 단순화함으로써 진행된다. 가장 전형적인 문법적 변형은 다음과 같다.

1. 단어들을 간접어순에서 직접어순으로 전환 이 통사적 변형은 특히 종합어에서 분석어로 번역할 때 필요하다. 그것은 러시아어에서 영어, 프랑스어, 스페인어, 이탈리아어로 번역할 때 발생한다. 예를 들면,

"Довольно широкий масштаб приняли культурные обмены" — "Культурные обмены осуществляются в довольно широких масштабах". (문화적 교류는 매우 넓은 범위에서 이루어졌다.)

"Недавно там прошли очередные выборы"— "Очередные выборы прошли там недавно". (최근에 선거가 행해졌다.)

"В ходе предвыборной компании заметно оживились реакционные силы" — "Реакционные силы стали более активными в ходе предвыборной компании". (선거운동 중에 반동세력들이 매우 활발히 참여하였다.)

2. 수동구조를 능동구조로 전환 만약 수동구조가 반대어순이 되면, 그러한 통사적 변형은 특히 필요하게 된다. 예를 들면,

"Недавно был подписан договор о подземных ядерных взрывах". (최근에 지하 핵폭발에 관한 조약이 체결되었다.)

“Недавно мы подписали договор о подземных ядерных взрывах”.
(최근에 우리는 지하 핵폭발에 관한 조약에 서약하였다.)

“Было проведено несколько специальных заседаний”.
(몇몇 특별한 회의가 진행되었다.)

“Мы провели несколько специальных заседаний”.
(우리는 몇몇 특별한 회의를 진행하였다.)

3. 단일성분문장을 완전문으로 전환　이 변형은 러시아어에서 러시아어로 변형할 때 필요하다. 그것을 위해 유사한 문장은 특징적이지 않다. 예를 들면,

“Мне придется в недалеком будущем вновь посетить эту страну”
“Я должен в недалеком будущем вновь посетить эту страну”.
(나는 이 나라를 빠른 시일 내에 방문해야 한다.)

“Когда им нужно добиться новых кредитов на вооружения…”
“Когда они испытывают необходимость добиться новых кредитов на вооружения…”
(그들이 군비확장에 대한 새로운 자금을 얻을 필요가 있을 때…)

“От них нередко приходится слышать заявления и другого рода”.
“Они нередко выступают с заявлениями и другого рода.”
(그들은 자주 다른 종류의 성명서를 가지고 나왔다.)

4. 최초 주어의 전환　이 경우에 번역가가 인지한 문장 심층에 확장된 주어는 문장의 부차적 성분이 된다. 이와 함께 주어의 기능을 하는 것은 문장의 처음에 위치한 단어 중 하나이다. 이것으로 번역가의 작업은 수월해지고, 표준화된다(자체적으로 완화된다). 예를 들면,

"В ходе предвыборной борьбы заметно оживились реакционные силы" — "Предвыборная борьба активизировала реакционны е силы." (선거전은 반동세력을 활발하게 만들었다.)

"Чтобы сделать эту программу более реалистичной, в нее вклю-чены новые элементы" — "Программа стала более реалистичной благодаря новым элементам."
(새로운 성분 때문에 프로그램은 실현가능하게 되었다.)

"Сегодня в трех из шести крупнейших капиталистических дер-жав имеется ядерное оружие" — "Сегодня три из шести крупней-тих капиталистических держав имеют ядерное оружие."
(오늘날 6개의 거대한 가본주의 국가 중 3개의 국가가 핵무기를 보유하고 있다.)

5. **하나의 품사에서 다른 품사로의 전환** 그러한 전환은 항상 번역어의 특성을 고려한다. 명사를 동사로 바꾸는 것은 유용하고, 특히 지시대명사가 이용된다. 예를 들면,

"Мы знаем, что за действительно добрые отношения предстоит еще борьба" — "Мы знаем, что за действительно добрые отноше-ния мы должны еще бороться."
(우리는 좋은 관계를 위해서는 전쟁을 해야 한다는 것을 알고 있다.)

"Чтобы подчеркнуть готовность обеих сторон к развитию доб-рых отношений…" — "Чтобы подчеркнуть готовность обеих сто-рон развивать добрые отношения…"
(두 국가 간의 좋은 관계의 발전을 준비하기 위해서…)

"Мы достигли некоторых успехов в деле развития домократии и проводим работу по ее распространению на все области госуда-рственных отношений" — "Мы достигли некоторых успехов в деле внутригосударственных отношений и проводим работу по

ее распространению на все области внутригосударственных отношений."
(우리는 국가내적인 관계의 일들에서 몇몇 성공을 거두었으며. 모든 분야에서 그 확산을 위해 많은 일을 하고 있다.)

6. **복잡한 통사적 구조를 단순한 통사적 구조로 전환** 각 언어에는 복잡한 통사적 구조들이 있다. 이 외에도, 그 복잡함은 두 연결 언어에서 통사적 관계를 표현하는 형태의 차이에 의해서 정해진다. 보통, 복잡한 통사적 관계는 많은 형동사, 부동사 표현을 지닌 복잡한 문장에서 발생한다. 그래서 복잡한 통사적 구조를 단순화하는 것은 복잡한 문장을 단순한 문장으로 변환하는 방법으로, 형동사나 부동사를 제거하는 것이다. 가능하다면 복잡한 통사적 계사가 생략되기도 한다. 예를 들면,

"Наша пролаганда должна чутко реагировать на происходящие в мире перемены" — "Наша пропаганда должна чутко реагировать на перемены, которые происходят в мире."
(우리 선전은 세계에서 행해지는 변화에 대하여 만감하게 반응하여야 한다.)

"В то же время у нас нет большего желания, чем переключить все средства на повышение жизненного уровня трудящихся" — "Самое большое наше желание переключить все средства на повышение жизненного уровня трудящихся."
(우리의 가장 큰 바람은 노동자의 생활수준을 향상시키는 것에 모든 수단을 돌리는 것이다.)

"Именно на это направлены предложе́ния России" — "Это и есть цель предложений России…"
(이것이 러시아가 제안하는 목적이다.)

파롤 압축 어휘적 그리고 문법적 변형을 통해 달성되는 파롤 압축은 번역되는 텍스트를 단순화할 뿐만 아니라, 그 어휘적 양을 줄이려는 것이 목적이다. 그래서 파롤 압축은 각 변형이 아니라, 단지 원 텍스트를 줄이는 것이다. 이 외에도, 파롤 압축은 부차적 정보를 함유하는 일련의 단어들을 텍스트에 포함시키지 않는 것이다.

원 텍스트와 파롤 압축된 후의 것을 비교해 보자.

압축 전의 원 텍스트	압축 후의 원 텍스트
На форуме, который представляет собой логическое продолжение Всемирного конгресса миролюбивых сил, обсуждался весь комплекс вопросов, связанных с развитием демократии.	Форум, который является логическим продолжением Всемирного конгресса миролюбивых сил, обсуждал все вопросы демократии.
Сей час определенные круги усиливают обработку населения своих стран, пытаясь внушить ему мысль, что никаких изменений в международной жизни быть не может.	Определенные круги интенсифицируют свою работу, они утверждают, что никаких изменений быть не может.
И чем явственнее, ощутимее успех миролюбивых сил, тем активнее дей ствует реакция, хотя преимущество и инициатива в этой борьбе находится на стороне прогрессивной общественности, всех тех, кто выступает за демократию.	Чем больше успехи миролюбивых сил, тем активнее становится реакция, но превосходство остается на стороне прогрессивной общественности, всех тех, кто выступает за демократию.

в этом лишний раз убеждает только что закончивший ся московский форум.	И форум подтверждает это.
Теперь уже никто не может сбросить со счетов (хотя кое-кто и очень хотел бы сделать это) миролюбивую общественность, которая стала влиятельной интернациональной силой , активно вторгающей ся во все сферы политической жизни.	Теперь уже никто не может не считаться с миролюбивой общественностью вопреки желаниям некоторых политиков. Она стала влиятельной интернациональной силой во всех сферах политической жизни.
Об этом говорится в опубликованном коммюнике встречи. “Отмечая возросшую роль и ответственность мирового общественного мнения реального компонента демократических преобразований , — участники форума подчеркнули важность совместных дей ствий широких общественных сил как для защиты уже завоеванных рубежей , которые подвергаются все более активным открытым и замаскированным атакам со стороны реакционных и милитаристских сил, так и для стимулирования новых мирных инициатив.”	Это сказано в опубликованном коммюнике. “Участники форума подчеркнули роль и ответственность мирового общественного мнения, важность совместных дей ствий прогрессивных сил, для того чтобы защищать достигнутые рубежи, которые реакционные силы атакуют все более активно, а также для того, чтобы стимулировать новые мирные инициативы.”

평화세력들의 국제회의가 연속적으로 개최되는 포럼에서 민주주의의 발전을 위한 여러 문제들이 논의되었다.	평화세력의 국제회의가 계속적으로 진행된 포럼은 민주주의의 문제들을 논의하였다.
지금 특정한 사회가 주민에게 국제적인 생활에는 어떠한 변화도 없을 것이라는 사고를 불러일으키려고 애쓰면서 그 나라 국민의 완성을 강하게 하고 있다.	특정한 사회가 그들의 일을 강하게 하고, 그들은 어떠한 변화도 없을 것이라고 확신한다.
평화세력의 성공이 분명하고 현저할수록 더 능동적으로 반동세력이 작용한다. 비록 이 전쟁에서 우선권과 주도권은 민주주의를 지지하는 사람들의 진보적인 시민(여론)쪽에 있다.	민주세력의 성공이 클수록 반동세력은 능동적으로 될 것이다. 그러나 수장은 민주주의에 참여하는 진보세력에 있을 것이다.
이때 끝난 모스크바 포럼이 추가적으로 설득한다.	포럼이 이것을 설득한다.
지금은 누구도 정치생활의 모든 영역을 적극적으로 간섭하는 영향력 있는 국제세력이 된 평화시민을 고려하지 않을 수 없다.	지금은 어떤 정책들의 바람에 반하는 평화세력을 고려하지 않는 사람들은 없다. 그 세력은 정치생활의 모든 영역에서 영향력 있는 간섭세력이 되었다.
이것에 관해 발표된 공시에서 이야기 되고 있다. "민주주의 개혁의 실제적인 요소인 국제적 시민 의견의 증가 세력과 여론을 알아차리면서 - 포럼의 참여자들은 반항적이고 군국주의적인 세력으로부터 더욱 적극적이고 공공연한 그리고 위장된 공격에 처하게 된 전쟁무기의 방어를 위해 그리고 새로운 세계의 주도권의 균형을 위해 넓은 시민의 세력들이 합쳐진 행위의 중요성을 강조했다".	이 건은 발표된 공시에서 언급되었다. "민주주의 개혁의 실제적인 요소인 국제적 시민 의견의 증가 세력과 여론을 알아차리면서 - 포럼의 참여자들은 반항적이고 군국주의적인 세력으로부터 더욱 적극적이고 공공연한 그리고 위장된 공격에 처하게 된 전쟁무기의 방어를 위해 그리고 새로운 세계의 주도권의 균형을 위해 넓은 시민의 세력들이 합쳐진 행위의 중요성을 강조했다".

만약 원 텍스트의 음절량이 460개로 표현된다면, 파롤 압축후의 텍스트의 음절량은 335개까지 줄었다. 즉, 거의 27% 가량의 음절량이 생략된 것으로 밝혀졌다. 이것은 번역가가 빨라진 연설자의 말과 연관하여, 그리고 어떠한 원인에 의해서 더 큰 텍스트를 생략할 필요가 없게 된 조건에서 나타난다. 다른 말로 하면, 예에서 우리는 형태·기호적 층위에서 원 텍스트의 작업을 준비할 목적으로 하는 기본적인 파롤 압축을 갖는다. 얼마만큼, 파롤 압축이 달성되는지 살펴보자.

파롤 압축은 무엇보다도 부차적인 정보를 생략함으로써 실현된다. 부차적 정보를 생략하는 가장 전형적인 예는 다음과 같다.

а) 원 텍스트에서 제로 또는 반복적 정보를 지닌 단어들의 제거. 예를 들면, "сейчас(지금)", "уже(이미)".

б) "압축된" 텍스트에서 유개념이 있을 때 개념들을 세분하지 않는 것.

그래서 원 텍스트의 마지막 문장에서 단어들 "реакционных и милитаристских сил(반동적인 군국주의적인 세력)"은 파롤 압축의 결과 "реакционных сил(반동적인 세력)"까지 줄었다. 군사력은 반동적이라는 것은 분명하고, 원 텍스트에서 우리는 유개념의 세분화와 관련된다.

가끔씩 그러한 유개념은 어휘적 변형의 결과이다. 예를 들면, 종개념인 "преимущество и инициатива(우선권과 주도권)"(세 번째 문장)가 유개념인 "превосходство(우세)"로 변환되는 것은 이미 어휘적인 변환이다.

개별적인 경우에 세분화를 거부하는 것은 일곱 번째 문장에서 발생한 것처럼 "압축된" 텍스트에서 형용사가 바뀌지 않았다는 것으로 나타났다. 여기서 단어 "возросшую(증가하는)", "реального(실제의)", "широких(넓은)", "открытым и замаскированным(공공연하고 위장적인)"들이 제거된다.

в) 확장된 명칭들의 생략. 이것은 일상의 실제에서 차용된 태도인데, 가장 많이 사용되는 파롤 단위들에 기초하여 확장된다. 예를 들면,

"разрядка в международной жизни (국제적 삶에서의 서열) : разрядка (서열)", "только что закончившийся в Москове форум (단지 러시아에서 끝난 포럼) : форум (포럼)", "опубликованном коммюнике встречи (회담의 발표된 공시) : опубликованном коммюнике (발표된 공시)", "рубежей мира (세계의 국경) : рубежи (국경)"

г) 형동사 표현과 부동사 표현의 삭제. 원 텍스트의 통사구조를 복잡하게 하는 모든 표현들은 동시 번역에서 금지되어 있다. 그래서 그것들에 관해서는 파롤 압축으로 삭제해야 한다. 분석 텍스트에서 이 태도는 첫 번째 문장에서 (вопросов, связанных с развитием демократии[민주주의의 발전에 관한 문제들] : вопросы демократии[민주주의의 문제들]) 그리고 다섯 번째 문장에서 (влиятельной интернациональной силой, активно вторгающейся во все сферы политической жизни [정치생활의 모든 영역을 적극적으로 간섭하는 영향력 있는 국제세력] : влиятельной интерна- циональной силой во все сферы политической жизни [정치생활의 모든 영역을 적극적으로 간섭하는 영향력 있는 국제세력]) 등으로 알 수 있다.

우리는 부차적 정보가 삭제되는 예들을 보았다. 그러나 분석 텍스트의 파롤 압축은 어휘 그리고 문법적 변형에 의해 실현된다.

분석 텍스트에서 그 어휘 양을 줄이는 어휘적 변형은 다음과 같다.

- 첫 번째 구에서 "весь комплекс вопросов (여러 문제) : все вопросы (여러 문제)"

- 두 번째 구에서 "усиливают обработку населения своих стран(그 나라 국민의 완성을 강하게 한다) : интенсифицирует свою роботу(자신의 일을 강하게 한다)", "пытаясь внушить ему мысль(사고를 불러일으키려고 애쓰면서) : утверждает(확신하다)"(마지막 예에서 문법적 변형이 관찰된다)
- 세 번째 구에서 "И чем явственнее, ощутимее успех(성공이 분명하고 현저할수록) : Чем больше успех(성공이 더 클수록)"
- 네 번째 구에서 "в этом лишний раз убеждает(이때 설득한다) : подтверждает это(이것을 보증한다)"
- 다섯 번째 구에서 "сбросить со счетов(고려하지 않는다) : не считаться(생각하지 않는다)"
- 여섯 번째 구에서 "Об этом говорится(이것에 관해 이야기된다) : это сказано(이것이 얘기된다)"
- 일곱 번째 구에서 "уже завоеванных рубежей(이미 획득된 무기) : достинутые рубежи(얻어진 무기)"

여기서 개념들의 세분화를 거부하는 예들에서 형성된 나타난 어휘적 변형들은 일어나지 않는다.

문법적 변형들은 원 텍스트의 음절량을 생략할 수 있다. 이러한 변형은 다음과 같다.

- 다섯 번째 문장에서 "хотя кое-кто и очень хотел бы сделать это вопреки желаниям некоторых политиканов"(여기서 어휘적 변형이 관찰된다)
- 다섯 번째 복문을 두 단순한 문장으로 변환
- 일곱 번째 문장에서 "которые подвергаются все более активны-

моткрытым и замаскированным атакам со стороны реакционных и милитаристских сил(반항적이고 군국주의적인 세력으로부터 더욱 적극적이고 공공연한 그리고 위장된 공격에 처하게 된) : которые реакционные силы атакуют все более активно(반항적인 힘이 더욱 적극적으로 공격한다)"

파롤 압축을 고찰함으로써 변형 방법의 작업들이 생략된다. 그 과제는 원 텍스트의 음절량을 감소하는 것만이 아니라, 그것을 단순하게 하고, 번역의 기호적 수단을 실현하게 하는 것이다. 위의 예에서 두 원 텍스트를 비교하기 위해 그러한 준비는 파롤 압축이외의 어휘적 그리고 문법적 변형 같은 것들로도 실현된다. 만약 첫 번째 문장을 예를 들어 본다면, 도입된 변형들은 직접 어순, 형동사 표현의 생략, 단어 "представлял собой"를 단순 동사 "является(또는 есть)"로 번역하는 등의 기호적 수단으로는 그다지 쉽지 않은 전환들이다. 그러나 어휘적, 문법적 변형은 동시에 몇 가지 과제를 수행한다. 그것들은 텍스트의 문법 구조를 단순히 하고, 번역가에게 필요한 어휘를 찾는다. 이 외에도 원 텍스트의 음절량을 감소시킨다. 이것으로 그것들은 파롤 압축의 다른 예들과 함께 형태·기호적 층위에서 번역 작업의 대상이 되는 텍스트를 준비한다. 이러한 작업의 도입은 번역가에게 잘 구성된 전환 기술을 요구한다. 전환 기술을 형성하는 것은 상응하는 테마에 따라 두 언어적 등가물을 연구하는 것처럼, 도달해야 할 구두적 반항의 기술을 예상한다. 동시 번역가의 예비 작업은 동시 번역에서 변형의 방법을 연구하는 것에 제한되는 것은 아니다. 그것은 번역가로 하여금 보완해야 할 내노와 복잡한 활동을 쉽게 하게 해 주는 행위들을 갖출 수 있도록 하는 것을 목적으로 한다.

결론

우리는 세 가지 번역 방법을 살펴보았다. 텍스트의 분절 방법, 기술 방법, 원 텍스트의 변형 방법. 변형 방법은 항상 실제적인 목적이 있을 때 분명하게 달성된다. 그러나 번역 방법을 기술하는 것은 이론적 입장의 발전을 뜻한다.

1. 열거된 번역 방법의 기술은 번역의 수단과 방법 간의 경계적 특징을 더욱 분명하게 검증하게 해 준다. 그리고 열거된 개념 중에서 번역학의 수단만이 번역학의 기본적 범주 중의 하나라는 것을 확실하게 한다.

2. 실제로 존재하는 번역 방법을 고찰하는 것은 번역의 기호적 수단뿐만이 아니라, 가장 상위 층위에서, 동시 번역의 층위에서 그 능력을 입증하기 위한 보충적 논거이다.

3. 서로 완연히 구분되는 번역 방법의 세 가지 기술은 유일한 적정성을 측정함에 있어 번역과 그 불변체의 정의에 대해 접근하지 못하게 하는 번역 과정의 다면성에 관한 우리의 명제를 보장해야 한다.

4. 서로 다른 세 가지 번역 방법의 본질을 기술하는 것은 동시에 세 가지 중요한 전문적인 번역의 본질을 기술하는 것이었다. 글 번역, 연속 번역 그리고 동시 번역은 이론적으로 이미 확실하게 분류의 근거가 있을 뿐만 아니라, 그 실제적인 특성을 제시하게 해 주었다.

번역의 실제사용에 대해서, 번역 방법에 익숙해지는 것은 번역가의 진정한 전문성에 관해 얘기하게 해 주고, 번역할 수 있는 각 두 언어 능통자에 관한 일반적 견해가 불합리하다는 것을 제시한다. 아주 높은 자질을 지닌 번역가에게 필요한 모든 지식, 습관, 능력은 여기서 나열할 필요는 없고, 우리는 이 단어의 가장 적절한 의의로 번역가에게 기본적인 전문적 부분을 나누고자 한다.

- 모든 가능한 텍스트 변형의 기교.
- 의의 분석 방법에 능통.
- 요구되는 주제의 범위에서 두 언어 등가물의 지식.

제13장

예술번역

사회·정치 번역, 학술·기술번역, 예술번역은 원 텍스트에서 사용되는 언어 수단들의 의미 연관에 기초하여 나누어진다.

사회·정치 텍스트를 번역함에 있어서 기본적으로 전형화된 문구와 진부한 표현들이 사용되어야 한다. 즉, 숨겨진 의미 연관을 지닌 언어적 수단(친분관계를 넓히고, 새로운 외국으로 진출하고, 당면한 상위 문제를 수용하는 것). 사회·정치적 용어는 시간적 특성에 따라 분류되고, 정치적 제도, 그것에 종사하는 학술적 또는 비학술적 주의들을 지지하는가 안 하는가에 따라 나타나거나 사라진다. 사회·정치적 번역에서 번역가의 자질은 파롤을 일치시키는 두 언어 공통 사용에 의해 정해지고, 순수하게 재생산적 특성을 지닌다.

학술·기술적 텍스트의 번역은 용어상 협의의 특성을 예상하고, 임의 학술 또는 기술학에서 일치하는 지시을 예상한다. 이 지시은 학술·기술적 텍스트의 몇몇 영역에서 어렵게 얻어지는 명칭 "분류된 동합적 연속성(단위)"으로 표현된 다의적 형성에서 재생산적 단위들의 도움으로 기술된다. 그러한 방법으로 학술·기술적 번역과 사회·정치적 번역은 번역에서 필요한 메시지를 찾고 전달하는 이전의 두 언어 능통자에게 예속된다.

다른 문제는 예술번역 더 정확하게 말하면, 예술작품 번역이다. 그것이 다른 번역들과 구분되는 것은 발화 활동에서 재생산에 기초하는 것이 불가능하다는 것이다. 그것은 낡은, 익숙한 것을 단순하게 이용하는 것이 아니라, 그것은 파롤 작품을 제안한다. 그것에 관해 특히 여러 번 언급해야 한다.

모국어와 2차어를 능통하게 사용하는 자연스런 방법, 이것은 대화적 문구에서 확실한 어결합으로 그 다음에 개별적인 단어로의 방법이라는 것을 기억하자. 이러한 경우에 개별적 단어의 의미는 많은 경우 다른 단어와의 연관에 의해 정해진다. 즉, 그래서 많은 사람들이 자신의 말에서 준비된 구를 사용하거나 또는 잘 연구된 성구를 포함하는 익숙한 의미장의 경계를 벗어날 필연성이 있을 시, 많은 어려움을 경험하게 된다.

연구소 같은 곳에서 예술적인 두 언어 능통자들의 준비는 무엇보다 자주 회기적인 순서로 발생한다. 구의 많은 경우를 제외하고 단어에서 직접적인 문장으로. 따라서 문장은 모국어의 문장에 놀랄 만큼 유사해진다. 그리고 그것들은 많은 어려움을 지닌 참여자들에게 부가된다. 여기에 왜 독백이 최 상급생, 귀족학교, 중학생들의 많은 질문에 대해 나타내는지에 대한 이유가 있다. 번역에서 이 상황은 감정적으로 번역가의 잠재성을 제한한다. 모국어에서 그는 준비된 성구를 잘 사용하고, 외국어에서 그는 모국어의 형상과 유사함에 따라 파롤을 생성한다. 이 모든 것은 특히 예술작품을 가지고 하는 작업에서 말하여진다. 그것은 만약 번역가가 재생산의 방법으로부터 1)어휘의 영향력으로부터, 2)모국어의 문법적 구조로부터 벗어날 수 있다면, 그런 경우에 자신의 인격을 얻게 된다. 시간적 의미 연관을 지닌 언어적 수단과 관련한다면, 이것을 하는 것은 수백 배 더 어렵다.

시간적 의미 연관을 지닌 언어적 수단은 전이적 의미에서 단어와 어결합을 사용하는 것이다. 즉, 그것들은 예술 어에서 비표준적인 분명한 현상, 대상의 모습을 구성하고, 작가를 개별화 한다. 이것은 은유, 환유, 제유, 비유, 과장, 비교, 성질형용사 들에 관해 말하는 것이다. 시간적 의미 연관을 지닌 언어적 수단에 신조어(즉, 언어에서 단순한 상태를 얻을 수 없는 단어들)와 예술 구조, 그 주인공의 성격을 형상 짓기 위해 잘 알려진 작가들이 이용하는 사투리를 쓰는 지역주의들이 관련될 수 있다. 여기에 발렌틴 라스푸틴의 《어머니와의 작별》이란 책의 주인공 중 한 명의 말을 살펴보자.

> "Мне чтоб фатера была, а не стайка, -выкаблучивался, прецепив
> аясь, он, как всегда с придурью, с форсом. -Я с матерью, я жел
> аю создать матери душевную жизнь. Конешное дело, она из ко
> мсомола состарилась, а ты говоришь, там комсомол… Но потреб
> уется-сильно может сгодиться. Про старую беспросветную жиз
> нь Петруха выговаривал полностью, с удовольствием подзванив
> ая это слово, к примеру рассказать…"

번역가가 단어 "фатера", "стайка", "Конешное дело", "из комсомола состарилась", "сгодиться"들의 외국어 등가물을 찾을 수 없다는 것으로 그를 질책해서는 안 된다. 물론, 상응하는 단어들을 예상하기 위해서는 문학적인 재능과 번역어의 해박한 지식이 요구 된다. "выкабчивать-ся", "подзванивать слово".

만약 작가가 자신의 "메시지"에 우선적으로 보충적인 효과(즉 구조에 관한 정보)를 포함하는 것을 잊는다면, 문학번역을 하는 것은 쉽다. 시간이 흘러, "번역"이라는 개념은 원본의 내용 전달로 끌어내려졌다. 카리 Эдмонд Кари가 자신의 책 *La traduction dans le monde moderne*(현대세계에서의 번역)에서 말한 것처럼, 프랑스의 뛰어난 작가인 뒤마 Alexandre Dumas는 러시아 여행 후에 "러시아어를 모르면서도 러시아어를 번역하기" 시작했다. 이러한 결론에 따라 러시아어 책의 서문에서 "나는 러시아어를 잘 아는 사람들을 찾았고, 그들에게 이 책을 부탁했다 […] 이 번역들은 번역가의 손을 통해 얻었으며, 그들은 독자들에게 이해되게끔 만들었다. 그러한 모습에서, 아무것도 바꾸지 않고 나는 그것을 발표한다". 어느 정도 우리에게 이 번역들은 잘 알려져 있다. 뒤마의 책에 대항하여서 그것은 성공을 거두지는 못하였다.

어떻게 플라토노프 А. Платонов 같은 그러한 특별한 작가의 문제를 보존할 수 있을까? 여기에 그의 "행복한 모스크바"의 몇 줄이 있다.

> "Сарториус… улыбнулся ей своим неточным широким лицом, похожим на сельскую местность. Его отцовская фамилия была не Сарториус, Жуйборода, а мать крестьянка его выносила в своих внутренностях рядом с пережеванным ржаным хлебом."
> (사르토리우스… 시골풍이 풍기는 불분명한 넓은 얼굴로 웃었다. 그이 부칭은 사르토리우스가 아니라 주이보로타이다. 농부인 그의 어머니는 잘게 부순 빵과 같이 그를 잘게 되씹어서 그 속에서 내보냈다.)

행복하게도, 뛰어난 문학적 재능을 지닌 작가들이 있다. 그들은 번역어에서 산문의 많은 특성들을 전달할 수 있는 가능성을 찾는다. 많지만 전부는 아니다. 이러한 경우에 자주 압축의 태도를 이용한다. 그것은 원본 작가의 문체 흔적을 보존하는 것을 부분적이지만 도와준다. 모파상 Guy de Maupassant의 이야기 Взбесилась를 번역한 사람이 한 것처럼 가장 적은 저항에 따라 진행된다. 이 이야기에서 젊은 무분별한 여인에 대해서 말하고 있는데, 그녀는 그녀가 해야 할 것에 대해 잘 알지 못했다. 강아지가 그녀의 코를 살짝 물었을 때, 그녀는 병원에서 그녀에게 무엇을 해줄 수 있느냐는 질문을 의사에게 던졌다. 의사는 환자를 보고 나서 이렇게 말했다. "Vous avez besoin d'une chose seulement, d'un nouveau né."(당신에게는 새롭게 태어나는 것, 단지 그런 것이 필요합니다.) 프랑스어의 마지막 두 단어는 "새로운 코" 나 "새롭게 태어나는 것" 과 같이 발음된다. 비록 보존 가능성이 실제로 있었지만, 번역가는 어떻게든 첫 번째 이형태를 예상했다. 그리고 단어의 작용이 일치했고, 해결되었다.

예술번역의 모든 침수된 돌을 찾기 위해서 번역가는 작가보다도 더 많은 재능을 가지고 있어야 한다. 이 재능은 특수한 학술원에서 가장 좋은 학교나 가장 좋은 교육이 대신할 수 있는 것이 아니다. 이것은 작가들이 잘 이해한다. 그래서 그들 중에 번역어를 잘 아는 몇몇은 책을 두 언어로 쓰거나, 자신의 책의 번역을 교정하는 것을 좋아했다(예를 들면, 븨코바 B. Быкова는 백러시아어를 러시아어로 번역했다).

현재의 기교는 시의 번역이다. 그 속에는 끊임없이 전달을 위한 정보가 있는데, 그것은 의의가 아니라, 상응하는 언어적 수단(리듬, 운, 두운)에 의한 심미적인 효과이다. 다른 언어의 수단으로 발몬트 К. Бальмонт의 4절시의 음악과 미학을 예로 들 수 있다.

"Есть в русской природе усталая нежность,
Безбрежная боль затаенной печали,
Безвыходность горя, безгласность, безбрежность,
Холодная высь, уходящие дали."

(러시아 자연에는 지친 다정함,
비밀스런 눈물의 끝없는 의지,
슬픔의 진퇴양난, 무언, 광활함,
차가운 정상, 멀리 떠나있는 지방이 있다.)

위대한 이탈리아의 시인 단테는 다음과 같이 기술하였다. "시의 음악적 기저에 조화를 목적으로 들어간 어떤 것은 그 조화와 매력을 상실하지 않고는 한 언어에서 다른 언어로 번역될 수 없다는 것을 모두는 알아야 한다". 단테의 말을 국제번역 잡지 《바벨》의 작가 중 한 명의 적절한 주장과 비교해 보자. "만약 세탁기가 올바르게 작동한다면, 세탁기의 편의에 따라 사용서의 번역은 좋을 것이다". 이러한 비교에서 예술번역과 학술·기술 번역 간에 존재하는 위험이 나타난다.

그러나 시의 번역을 한번 살펴보자. 보리스 파스테르나크의 시를 프랑스어로 옮긴 앙리 아브릴 Анри Фбриль의 번역을 살펴보자.

보리스 파스테르나크

"Он шёл из Вифании в Ерусалим,
Заранее грустью предчувствий томим.
Колючий кустарник на курче был выжжен,
Над хижиной ближней не двигался дым
Был воздух горяч и камыш неподвижен,
И Мертвого моря покой недвижим."

(예루살렘의 비다니로 간다,
예전에 예감의 공허함으로 지치게 하고,
모든 수풀 더미는 언덕에서 타고 있다.
그리고 지붕위로 걸려있는 연기
그리고 불타는 공기, 기다림의 갈대
절대 고요 속에 죽은 듯이 자는 바다.)

А. Абриль:

"De Bethanie il allait à Jérusalem
De lourds présentiments mettaient son âme en peine.
Tous les buissons étaient brûles sur cette pente.
Et au-dessus d'un toit la fumée suspendue.
Et l'air était ardent, les roseaux en attente.
La Mer morte dormait dans un calme absolu."

프랑스어를 잘 사용하는 사람들은 아브릴의 번역에서 원본의 내용에 있어 유일한 정확함을 평가할 수 있다. 그러나 동시에 미래의 피할 수 없는 분위기를 복합적으로 전달한 파스테르나크의 시는 단지 원본에서만 남아 있었다. 지구상에서 방출된 짧은 시어 대신에(시에서 예외적으로 사용되는 단어, 어결합) "**грустью томим**(공허함으로 지치다)" 또는 "**покой недвижим**(움직이지 않는 고요)", "**предчувствия, которые заставляли его душу страдать**(그의 정신을 피폐시키는 예감)" 또는 "**полный покой**(완전한 고요)"를 찾는다. 프랑스어의 유사체 "languir de présentiments(**томиться предчувствием**, 예감으로 지치다)" 또는 "une paix immobile(절대 평화)"는 시의 리듬으로 들어가지 않고, 그것을 운율화하지도 않는다. 프랑스어의 "présentiments(남성)", "immobile(여성)"은 러시아어 "**томим**(지치게 하다)", "**покой**(고요)", "**недвижим**(움직이지 않는)"보다 많이 사용된다. 번역가가 프랑스어의 아름다운 시어 "la fumée suspendue(걸려있는 연기)"와 "les roseaux en attente(기다림의 갈대)"를 찾는 것은 옳다. 그러나 그들은 이미 언급된 "**грустью томим**(공허함으로 지치게 하다)" 또는 "**покой недвижим**(절대 고요)"뿐만 아니라, 파스테르나크식의 "**Колючий кустарник на круче**(절벽 위에 가시가 많은 관목)" 또는 "**Над хижиной ближней**(가까운 지붕 위에)"를 보충할 수는 없다.

번역가가 저명한 시인의 작품을 시적으로 표현할 때, 선택적 특성의 예를 들 수 있고, 마리나 츠베타에바 Марина Цветаева에 의해 샤를 보들레르 Шарль Бодлер의 시 번역을 농축된 시어들로 말할 수 있다.

Ш. Бодлер

"Pour l'enfant amoureax de cartes et d'estampes.
L'univers est égal à son vaste appétit.
Ah que le monde est grand à la clarté des lampes!
Aux yeux du souvenir que le monde est petit."

(지도와 평화를 사랑하는 어린이에게
우주는 왕성한 식욕의 대상
아! 등잔불에 비친 세계는 얼마나 광대한가!
추억의 눈에 비친 세상은 얼마나 작은가!)

М. Цветаева

"Для отрока, в ночи глядящего эстампы,
За каждым вадом-даль, за каждой далью-вал.
Как этот мир вклик в лучах рабочей лампы!
Ах, в памяти очах-как беспоканечно мал."

이 번역에서 츠베타에바는 산문에서 번역가가 노예라는 것에 관한 잘 알려진 말을 확신하면서, 승리자로서 나온다. 그러나 시에서는 경쟁자, 어느 정도 번역의 관점에서 승리자는 경쟁을 할 가치가 있다. 그는 츠베타에바의 특징적인 메타물리학적 아름다움을 시에 전달한다. 원본에서는 훨씬 더 원초적인 것으로 표현되어 있다.

물론 번역 관점에서 시는 오랫동안 논의할 수 있다. 즉 이것은 시 작품의 번역에 단지 선택된 것들만을 허용한다는 상황을 증명한다.

우리 관점에서, 메시지(전달을 위해 예정된 정보) 전달의 요구에 답하는 것은 니콜라이 민스키 Николай Минский의 폴 베를렌 Пол Верлен(19세기 프랑스의 상징주의 시인)의 "**Осенней песни**"의 번역에 찾아볼 수 있다. 폴 베를렌의 시 "Chanson d'automne"와 그 러시아어 번역에서 어떻게 발음되는지 보자(민스키는 리듬, 음악, 시 구조를 성공적으로 번역하였다).

П. Верлен.	**Осенняя песня**
Chanson d'automne	Осенний стон
Des sanglots longs	Протяжный звон,
Des violons	Звон позоронный
de l'automne	В душе больной
Blessent mon coeur	Звучит струной
D'une longueur	Неугомонной
Monotone	Томлюсь в бреду,
Tout suffocant	Бледнея, жду
Et blême, quand	Ударов ночи.
Sonne l'heure	Твержу привет
Je me souviens	Снам прежних лет
Des jours anciens	И плачут очи.
Et je pleure	Под бурей злой
Et je m'en vais	Мчусь в мир былой
Au vent mauvais	Невозвратимый,
Qui m'emporte	В путь без следа,
Déjà delà	Туда, сюда
Pareil à la	Как лист гонимый,
Feuille morte	*Перееб Н. Минского, 1903г*

예술번역을 고찰하는 것은 시간적 의미 관계가 있는 언어적 수단들

이 근저에 있는 텍스트를 가지고 하는 작업의 특성과 어려움을 밝힐 뿐만 아니라, 메시지의 보다 적은 요소(즉, 구조에 관한)를 설명하게 해준다. 많은 번역에서 구조에 관한 정보는 두 번째 측면으로 옮겨진다. 우선적으로 의미정보(더 나은 경우에 상황정보·의의)를 알릴 필요성을 인지하는 것이다. 그러나 예술 문학에 허용되지 않고, 학술·기술적, 정보·선전 번역에서는 허용된다. 그리고 그것은 통역에서는 두 번째 측면으로 옮겨지고, 예술번역에서 우선적인 중요성을 얻으며, 예술번역의 영역에서 번역가의 가능성으로 원칙적으로 나타난다.

통역(이 속에 동시 번역과 연속 번역이 있다)이나 글 번역뿐만 아니라, 예술번역도 번역의 다른 모습으로(예술-학술처럼) 대비될 수 있다고 말할 수 있다. 여기서 번역·예술로부터 번역·학술을 구분할 수 있는 선이 생기고, 학술과 예술로 번역을 할 수 있게 된다. 만약 통역, 사회·정치적, 학술·기술적 번역을 배울 수 있다면, 단지 재능만이 예술번역에서의 성공을 예상할 수 있을 것이다.

맺음말

이 책에서는 번역 이론에 관한 여러 문제들이 연구되었다. 그러나 그것들은 실제적인 측면을 가진 것들이다. 그래서 예를 들면 발화의 유형은 이론적으로 근거를 바탕으로 나누어질 뿐만 아니라, 번역가의 활동을 통해서 고찰된다. 텍스트의 정보성 이론에서 나타난 복합적인 문제들은 여러 가치를 지닌 정보들을 분할하는 것과 정보성의 영향력 결정을 목적으로 하여 분석된다. 의미 연관과 번역 단위들을 연구하는 것은 동시에 번역가의 잠재적 연구이다. 번역학에 "번역 수단"이란 범주를 도입한 것은 전환 기술의 메커니즘을 공개하고 번역의 구체적인 태도와 방법들을 기술하는 데 적합하다. 번역 이론에서 임의의 문제들을 연구해야 하는 것은 번역의 실제와 책에서 기본적인 문제 중 "번역이란 무엇인가?"라는 문제에 의해 결정된다. 많은 다른 책에서 번역에 대한 대답을 구하는 문제는 "책은 어떻게 번역하는가?"라는 것이다. 이 책에서는 고유하게 모든 텍스트는 번역할 필요가 있다고 본다.

그래서 번역의 정보 이론의 첫 번째 입장을 번역이 원본의 부분을 포함하고 다른 의사소통과 마찬가지로 두 언어를 사용하는 의사소통에서 부분적인 상실은 피할 수 없다는 것을 고려한다.

이러한 입장에서 시작하여 기대하지 않은 상실에서 적법한 상실을 나누는 것 또는 번역을 함께 하는 의사소통에서 각각의 경우에 유지되어야만 하는 것들을 정의하는 것이 필요하다고 생각한다. 이 문제의 해결을 위해 실제적으로 잘 알려진 번역 이론의 실험을 거부해야 하는데, 그것은 번역가가 예정된 텍스트를 번역하는 것이다. 이것은 발화 유형과 동시 번역에서 파일 압축과 보상의 잘 알려진 태도에 의해 반박된다.

이 문제를 해결하기 위해 언어 간의 변형 같은 번역과정에 대한 순수 언어학적 방법을 거부해야 한다. 원 텍스트는 번역 객체로서가 아니라, 의미정보와 구조정보를 지니고 있는 하나의 대상으로 고찰되어야 한다.

그래서 이 책의 두 번째 입장은 번역 과정에서 언어 간의 변형이 아니라, 정보의 탐구와 전달이 발생한다는 것이다.

두 번째 입장은 새로운 문제를 제기한다. "번역에서 어떠한 정보를 전달해야 하는가?" 다른 말로 하면 번역에서 불변체에 관한 문제가 발생하는 것은 번역이 번역다운 것이 되기 위해서는 각 조건에 들어가는 것들을 전달해야 할 필요가 있기 때문이라는 것이다. 이론에서 불변체의 혼란스러운 문제는 단순하게 실제 번역에서 충분히 해결될 수 있다. 번역에서는 모든 정보가 아니라, 발신자가 마지막 수신자에게 보내고자 하는 전달을 위해 예정된 정보가 포함되어야 한다. 전달을 위해 예정된 정보를 우리는 메시지 또는 불변적 정보라고 부른다.

그래서 번역정보 이론의 세 번째 입장은 번역의 목적이 메시지 또는 불변적 정보의 전달이라는 것이다.

이 입장은 번역가의 과제를 복잡하게 하는 것 같다. 왜냐하면 번역가는 단순히 원 텍스트를 변형하는 것뿐만이 아니라, 불변적 정보를 "찾는 것" 또한 필요하기 때문이다. 그러나 1)직관적으로 모든 경험 있는 번역가들이 그러한 것들을 고려하여 번역하고, 2)이것은 의사소통 과제와 각 개별적인 경우에 두 언어 간의 의사소통이라는 작업 여건에서 필연적으로 나온다. 메시지를 수용할 때 각 의사소통자는 여러 정보의 영향 하에 있게 된다는 것을 기억하자. 조건적으로 이러한 정보들은 소음을 구성하는 음성적 정보로도 제시될 수 있고, 의미적 그리고 상황정보는 의사소통자로 하여금 발화의 의미와 보충적인 최상의 효과를 일으키는 파롤 작품의 구조에 대한 정보를 보존하게 한다. 이때, 의미정보를 파롤 작품의 모든 의미 총체로 이해한다. 그 속에는 함축적 의미와 문법적 의미가 있다. 들어가는 상황적 그리고 의미정보의 분석은 의사소통자가 의사소통의 의의를 찾을 수 있게 해 준다. 그러나 몇몇 경우에 메시지는 텍스트에서 파롤 수단에 상응하는 제한으로 형성된다. 따라서 번역가의 기능은 그에게 전달된 것뿐만 아니라, 어떻게 전달되는가를 평가할 수 있어야 하고, 파롤 작품의 구조의 의사소통적 가치에 관한 보충적 결론을 내릴 수 있어야 한다.

그래서 번역 정보 이론의 네 번째 입장은 메시지의 구조(전달을 위해 예정된 정보)가 여러 유형의 정보로 인해 복잡해진다는 것이다. 번역에서 불변적 정보를 나열하는 것은 그 탈동사화와 부합된다. 즉, 초기의 언어적 형태로부터 자유로워지게 된다. 번역가가 원 언어의 나열된 정보를 완전히 자유롭게 구사할 때 탈동사화는 절대적인 것이 되고, 몇몇 최초의 형태들이 포함되어 있을 때 탈동사화는 상대적인 것이 된다. 나열된 모든 불변적 정보는 번역 텍스트를 생성하기 위한 동기로써 번역가의 의도가 된다. 그것은 이러한 번역 단계에서 마지막 수신자에게로 메시지를 전달하는 수단이 된다.

그래서 한 언어에서 다른 언어로의 번역은 정보층위에서 실현된다. 이것은 번역의 정보 이론의 다섯 번째 입장이다.

해당 장에서의 연구와 유사한 이론적인 기본 입장은 번역 과정의 정보 모델을 형성한다. 그것에 따라 번역가의 기능들은 제1파롤 상황에서 불변적 정보를 찾고, 마지막 수신자를 위해 제2파롤 상황에서 유지된다(번역을 함께 하는 의사소통의 제1파롤 상황을 첫 번째 단계라 하고, 그 기간에 메시지는 번역가에게 수용된다. 제2파롤 상황에서는 메시지가 마지막 수신자에게 수용된다).

불변적 정보의 탐구는 상황(긍정적 상황을 고려)과 단지 원 텍스트에서만 정보적 발화들이 예상될 때 원 텍스트에서 실현된다. 이 상황은 특별한 연구를 요하는데, 그것들은 6장 "텍스트의 정보성"에서 기술되었다. 따라서 원 텍스트를 연구하는 것은 최초 원 텍스트 저자의 파롤 활동의 산물처럼, 번역상의 공통 이론의 필요한 부분이다.

불변적 정보를 탐구하는 것은 의의 분석의 방법으로 실현되고, 텍스트 단위의 경계에 들어가는데, 그 중에서 가장 작은 것은 이 목적을 위한 파롤 단편이다.

불변적 정보를 유지하기 위해 번역가는 나열된 불변적 정보의 구체적이고 또는 추상적인 표기들을 기초로 하여 번역 텍스트를 생성한다. 그러한 표기는 원 언어의 단위, 기술 체계의 심벌, 번역가의 주관적인 표상일 수 있다.

만약 표기에 의해 심벌과 주관적인 표상이 나온다면, 번역어의 단위들로(번역 텍스트의 생성) 전화하는 것은 단지 의의 수단으로 발생한다.

만약 표기가 원 텍스트의 단위라면, 번역어 단위로 전환하는 것은 의의적으로 그리고 기호적 수단으로 발생한다.

번역의 알려진 두 가지 수단들에 기초한 번역의 여러 태도와 수단들을 자유롭게 사용하는 것은 무엇보다도 어휘적, 문법적 그리고 의미적 변형의 기교를 자유롭게 사용하는 것이다. 번역의 기호적 표기는 의의 수단과는 다르게 자동 번역의 형태로 실현된다. 그 효과는 직접적으로 전환 기술의 구성에 따른다.

번역 텍스트는 번역가의 활동 산물로서 일치 범주의 관점에서 평가된다. 그것이 표현된 것은 문자번역이다(형태 그리고 의미요소들의 층위에서 일치). 일치는 원 텍스트와 번역 텍스트가 부합할 때 정해진다. 만약 원 텍스트와 번역 텍스트의 부합이 불일치 이론의 입장에 기초한다면, 번역된 정보의 양과 질을 평가할 수 있을 것이다.

따라서 이 책에서 중요한 번역의 이론적 문제는 다음과 같다. 번역의 정보적 모델, 텍스트 정보 이론, 불일치 이론, 번역의 두 기본적 범주, 번역 수단과 일치, 번역의 이론적 문제, 그것들과 긴밀히 관련된 실제적 문제(그 속에는 글 번역, 연속 번역, 동시 번역의 방법 같은 것이 있다)의 고찰, 번역의 여러 태도와 문학 번역의 특성들은 특이한 번역상의 반의어에 관한 결론을 내리게 한다. 즉 번역 자체는 언어 간의 변형이 아니라도, 어느 정도 번역가의 활동은 여러 층위에서 모든 가능한 변형으로 제시될 수 있다. 그러한 변형은 다음과 같다.

- 어휘적 층위에서 변형(언어내적 그리고 언어 간의 동의어). 번역의 기호적 수단의 작업과 동시 번역에서 원 텍스트를 가지고 하는 작업의 부분을 고려한다.
- 의미적 층위에서의 변형(사무적 그룹의 대표자들, 비즈니스맨). 텍스트 분절의 방법, 기술, 원 텍스트의 변형, 의의 분석, 번역의 많은 태도에서의 작업들을 고려한다.
- 정보 층위에서의 변형. 전체적 발화, 주요정보의 열서, 기술 체계에서 심벌들의 사용, 텍스트 분절 방법의 개별적 운영, 파롤 압축들을 고려한다.

만약 어휘적 층위(표층 구조)와 의미적 층위(심층 구조)에서의 변형들을 번역가의 언어학적 작업으로 해석할 수 있다면, 정보층위에서의 변형은 특히 번역 작업들이다. 그것은 번역학의 독립성이라는 특성과 권리를 결정한다. 어휘적 그리고 의미적 층위에서 변형들은 정보적 층위에서의 변형에 관련하여 부차적 역할을 한다. 이것은 번역가의 행위 특성과는 별개로 번역 자체가 변형이 아니라, 원 텍스트 저자와 수신자가 사용하는 코드가 부합하지 않는 조건에서 불변적 정보를 전달하는 것이다.

■ 역자 후기

고려대학교출판부의 번역학총서는 우리나라에서 번역학을 학문적으로 정립하는 데 큰 기여를 해오고 있다. 여러 나라의 연구 성과가 간행되는 중에 러시아 쪽의 번역학 관련 연구는 아직 소개된 바 없다는 점에서 역자들은 그 필요성을 느껴 이 책을 번역하게 되었다. 러시아에서도 역시 많은 학자들이 번역을 학문의 대상으로 설정하기 위해 꾸준한 노력을 기울이고 있는 것이다. 그중에서도 이 책, P. K. Миньяр-Белоручев의 《번역의 이론과 방법》을 선택한 것은 '번역'과 '번역학'에 대한 논의와 더불어 실제로 수많은 작품과 저술들이 번역이 지금 이 순간에도 이루어지고 있다는 점에서 이론과 실제에 대한 연구가 겸비된 서적을 국내에 소개하는 것이 적절하다고 판단했기 때문이다.

이 책은 번역가와 번역에 관심이 있는 전문가를 대상으로 번역의 의미와 그 방법들, 그리고 번역에 필요한 기본 개념들을 체계적으로 설명하면서 번역을 단순한 언어적 기교로서가 아닌 적절한 표현수단을 찾는 하나의 학문으로 보아야 한다는 점을 강조하고 있다. 또한 기본적인 번역의 몇 가지 경우들을 선정하여 그에 해당하는 구체적인 번역 방법과지 제시해 놓았다.

번역학을 독립된 학문으로 볼 때, 번역학의 객체는 두 언어를 사용하는 의사소통이라고 할 수 있는데 이러한 의사소통의 각각에서 발생하는 번역 일반이론을 살펴보는 것이 이 책의 주된 내용이라고 할 수 있다. 따라서 의사소통 유형들을 구성하는 기본 단위들의 성분과 구조를 고찰하는 것은 필수적이다. 텍스트가 가진 정보를 선별하고 그 가치를 산정하는 방법은 실제 번역에서 특히 유용할 것으로 생각된다.

번역에 관한 책을 번역하는 것은 여러 모로 지난하고 힘든 작업이었다. 많은 사람들의 도움에 힘입어 무사히 번역을 끝마칠 수 있었다. 특히 이 책을 번역하는 동안 격려를 아끼지 않은 지인들과, 이 책이 발간될 수 있도록 지원해 주신 고려대학교출판부에 깊은 감사를 드린다.

역자 김진원 · 최준기

■ 용어 해설

1) 개념들의 논리적 발전

서로 서로 원인과 결과, 부분과 전체, 기구와 행위자로서 연관된 하나의 개념을 다른 개념으로 바꾸게 되는 번역의 태도.

2) 개념의 구체화

유개념에서 종개념으로의 번역에 들어가는 번역 태도(예를 들면, "배우는 사람 учащийся"은 "학생" 또는 "청자"와 같은 문맥으로 번역된다).

3) 개념의 일반화

종개념에서 유개념으로의 전달되는 번역 태도. 예를 들면, "синица"는 "птица"로 "виноград"는 "фрукты"로 번역된다.

4) 고정된 의미 연관

주어진 언어적 기호를 지시체로 고정하는 의미 연관. 고정된 의미 연관은 언어 기호의 동일성, 그것에 동의어가 없다는 것에 관해 증명한다. 고정된 의미 연관은 용어, 상황적 문구, 정확한 단어에서 관찰된다.

5) 공개된 청중

공개적 또는 긴밀한 관계에 있는 청중, 번역을 함께 하는 의사소통에서 자주 접하게 되는 마지막 수신자. 공개된 청중은 회기적 관계(번역가는 자신의 행위에 대해 보고나 듣게 된다)의 특정한 제안과는 구분된다.

6) 구어 · 글 번역

청각에서의 글 번역과 동일.

7) 글 번역

전문적인 번역의 가장 확장된 번역의 모습. 그것에서 텍스트의 인식은 시각적인 방법으로 실현된다. 그리고 텍스트의 형성은 문어적이다. 이 번역은 몇몇 분류에서 시각적 문어, 또는 문어 글 번역으로 불린다.

8) 긍정적인 파롤 상황

메시지 전달에 도움이 되는 그리고 상황정보의 근원이 되는 파롤 상황의 부분.

9) 기술 방법

번역 수단과는 다르게 번역 방법은 객관적으로 존재하는 법칙이 아니라, 번역의 형태와 수단들을 고려하는 상호 연관된 태도들의 인간에 의해 선택된 목표지향적인 체계이다.

10) 기술 체계

형상의 규칙을 포함하는 기억의 보조 수단 그리고 연속 번역에서 번역가에 의한 정보의 기술들.

11) 기술적 태도

표기된 개념의 다른 언어의 수단으로 기술하게 되는 번역의 태도. 만약 번역 언어에 일치하는 명칭이 없거나 그것이 번역가에게 잘 알려져 있지 않다면 이러한 태도에 의거한다.

12) 대상적 상황

발화에서 기술된 현실의 단편.

13) 도입 구조

메시지 발신자에 관한 정보를 포함하는 문장의 부분. 예를 들면, “Газета”, “Правда”, “сообщает, что…”.

이것은 기술 체계에서 고유한 특성을 갖는다.

14) **도출 텍스트**(번역 텍스트 참조)

15) **동시 번역**

원 텍스트의 청각적 인지와 함께 동시에 발생하여 실현되는 통역. 전문적인 기본 번역 중 하나.

16) **이중 언어 사용자**

두 언어를 자유롭게 구사하는 사람.

17) **두 언어 사용과 함께 하는 번역**

번역의 도움으로 의사소통은 번역학의 대상이 된다.

18) **두 측면 변화**

제1언어에서 제2언어로 또는 제2언어에서 제1언어로 실현되는 대화 상대자의 연속 번역.

19) **등가물**

번역에서 언어 간의 동의어를 명명한다. 적법한 일치 이론에서 리쯔케르 Я. И. Рецкер는 등가물을 문맥에 의거하지 않는 원 텍스트와 번역 텍스트의 단위 간의 다양한 일치를 말한다.

20) **마지막 수신자**(수신자)

번역에서 두 언어 의사소통을 마무리하는 의사소통자. 중간적 수신자 또는 수신자·동종작업가인 번역가와는 다르다.

21) **메시지**

전달을 위해 예정된 정보. 정보는 파롤 작품의 내용과 부합될 수도 그렇지 않을 수도 있다. 그것은 파롤 작품의 구조에 관한 정보를 포함할 수 있다(예를 들면, 작가의 문체에 관해).

22) **목적 발화**

그 발화의 의의는 발화 행위의 목적과 일치하고 상황적 그리고 의미 정보의 상관관계를 통해 정해진다.

23) **문단·구 번역**

연속 번역의 생략된 형태. 여기서 텍스트는 전체적인 것이 아니라, 부분적으로 구나 문단에 따라서 청취된 후에 번역된다.

24) **문맥**

단어, 발화의 언어학적 환경, 텍스트의 내용.

25) **문법적 변형**

번역의 태도 중 하나. 의미정보가 보존될 때 문장, 어결합 그리고 단어들의 구조 변형.

26) **문어·글 번역**

시각적 글 번역 또는 단순하게 글 번역과 동일하다.

27) **문어·글 번역**

청각에서 통역과 동일.

28) **문어·통역**

시각적 글 번역과 동일하다.

29) **문자 번역**

번역 텍스트에서 원 텍스트의 형태적 또는 의미요소들을 재구하는 것.

30) **문자 심벌**(심벌 참조)

31) **문체적 변형**

번역에서 한 기능적 문체의 텍스트 요소들이 다른 문체 요소들로 변형.

32) **반공개적 청중**

무엇보다 동시 번역에서 관찰되는 마지막 수신자. 번역가는 청중들의 반응을 헤드폰을 통해서 듣지만, 그들을 보지는 못한다.

33) **반복정보**(정보 참조)

34) **반의적 번역**

원본에서 대비적인 개념으로 표현된 개념들을 바꾸는 번역의 방법

35) 발화

번역에서 의미적 그리고 상황정보의 상호관계에 따라 다음 유형의 발화들이 나누어진다.

목적성 발화, 주제적 발화, 정보적 발화.

36) 번역 과정

원 텍스트 인지에서부터 번역 텍스트를 생성하기까지의 번역가의 활동. 특성과 두 언어 사용을 함께 하는 의사소통의 기본적인 고리를 구성한다.

37) 번역 단위

번역에서 단독적 해결을 요구하는 파롤 단위. 번역의 연속적 단위로서 전형화된 문구, 상황적 문구, 용어들, 속담 그리고 비유적 표현이 들어간다.

38) 번역 일반성

번역의 조건, 장르적 특성, 접하는 언어와 관계없이 존재하는 번역의 개념과 범주. 번역 일반성에 불변성, 메시지, 번역 수단, 일치, 번역 단위들이 관련된다.

39) 번역 태도

번역 과정에서 발생하는 어려움을 불러일으키는 구체적인 행위 또는 구체적인 운영.

40) 번역 형성

번역 텍스트의 생성. 번역의 형성은 문어적이거나 구어적일 수 있다.

41) 번역

의사소통의 요소들을 증가시키는 파롤 행위. 그것의 목적은 이 경우에 메시지의 전달이다. 그때 원 텍스트 저자와 수신자가 사용하는 코드는 일치하지 않는다.

42) 번역가

의사소통에서 보완적인 변형자. 원 텍스트 저자와 수신자가 사용하는 코드들이 일치하지 않을 때 번역이 필요하다.

43) 번역성

두 언어의 사용을 포함하는 의사소통의 조건에서 객관적으로 존재하는 메시지를 전달할 수 있는 가능성.

44) 번역소

코미사로프 В. И. Комисаровый가 번역 단위 대신에 제안한 용어.

45) 번역 수단

번역학의 기본적인 범주 중 하나. 번역의 수단은 번역 활동성에서 한 언어에서 다른 언어로 번역할 때 객관적으로 존재하는 법칙으로 정해진다. 두개의 번역 수단이 알려져 있다. 기호적 그리고 의의적 수단.

46) 번역어

번역이 실현되는 언어.

47) 번역에 대한 해결

번역 단위에 대한 동의적 변환(보통 다른 언어에서)의 선택

48) 번역에서의 불변성

불변성은 전달을 위해 예정된 정보. 메시지와 동일하다.

49) 번역에서의 텍스트

번역에서 번역을 위해 예정된 원 텍스트(그것들 가끔씩 원본이라고 한다), 번역 결과 얻어진 번역 텍스트(그 다른 명칭은 도출 텍스트이다).

50) 번역의 공통 이론

각 두 언어 의사소통자의 본질과 특성에 관한 학술적 개념.

51) 번역의 기호적 수단

한 언어를 다른 언어로 번역할 때 객관적으로 존재하는 법칙의 하나. 그것은 형태·기호적 층위의 번역 작업에서 표현된다. 번역의 기호

적 수단은 동시 번역에서 주로 사용된다.

52) **번역의 부분적 이론**

번역학의 과제와 목적의 입장에서 두 구체적인 언어들의 부합.

53) **번역의 의의 수단**

한 언어에서 다른 언어로의 객관적으로 존재하는 번역 법칙 중의 하나. 그것은 다른 언어의 일치 탐구를 예상하는 지시체의 동일시를 고려한다.

54) **번역 이론**

논리적으로 두 언어 의사소통의 확실한 모델. 공통 번역 이론과 부분 번역 이론을 나누어야 한다.

55) **번역 텍스트**(**번역에서의 텍스트** 참조)

56) **변형**

번역의 많은 태도들의 구간. 전달을 위해 예정된 정보를 보존할 때 원 텍스트의 형태적(어휘적 그리고 문법적 변형) 또는 의미적(의미적 변형) 요소들이 포함된다.

57) **보상의 태도**

번역 언어의 수단으로써 불가피한 의미적, 문체적 상실을 보충하는 번역 태도. 게다가 선택적으로 원본이 있는 텍스트와 동일한 위치에 있다.

58) **보충정보**(**정보** 참조)

59) **보충적인 미학적 효과**

파롤 작품의 구조 특성을 고려하여 달성되는 의사소통의 과정에서 미학적 효과 몇몇 번역에서 고려된다.

60) **부정적인 파롤 상황**

의사소통을 방해하고, 음성적인 정보의 근원인 파롤 상황의 부분.

61) **분석**

몇몇 가능한 동의어들 중 하나의 선택을 함으로써 유추에 따른 번역의 결과.

62) **불변적 단위**

메시지 요소들을 포함하는 원 텍스트 단위들의 조건적인 명칭.

63) **불일치 이론**

번역 텍스트가 항상 원 텍스트에 없는 정보의 양을 항상 포함하는 그리고 원 텍스트의 정보의 부분이 번역 텍스트에서 설정되어 있지 않다는 상태에 기초한 이론. 불일치에 기초한 번역에서 텍스트들의 대비적인 분석은 번역 과정의 특성들을 밝히고, 번역가의 작업 어려움, 한 언어에서 다른 언어로의 번역 법칙들을 밝힐 수 있는 가능성을 준다.

64) **불일치**

원 텍스트에서 불특정한 파롤 단편이나 번역 텍스트에서 보충적인 파롤 단편으로 분리되는 몇몇 전달되지 않은 또는 보완적 정보들을 번역에서의 불일치라고 부른다.

65) **비공개적 청중**

숨겨진 또는 분산된 청중은 마지막 수신자로서 번역을 함께 하는 의사소통에서 드물게 접하게 된다. 숨겨진, 분산된 청중은 대중적 의사소통의 수단인 출판, 라디오, 텔레비전 등에서 관찰된다. 그 중요한 특성은 빠른 회기 연관이 안 된다는 것이다.

66) **비등가적 어휘**

번역 텍스트에서 일치되지 않는 장소적 현상, 개념, 실현을 표기하는 원 텍스트의 단어.

67) **비유적 표현**

전이적 의미에서 사용되는 파롤 단위들. 번역에서 보통 번역에 대한 개별적인 해결책을 요구한다. 즉 번역의 단위로서 참여한다.

68) 상시적 의미 연관

직접적(전달되지 않은) 의미에서 사용되는 파롤 단위의 의미 연관.

69) 상실된 의미 연관

언어기호와 지시체와의 연관. 그것은 의사소통자에 의해 재구되지 않는다.

70) 상황

파롤 행위 순간에 있는 또는 발화에서 기술되는 실제 현실 요소들의 총체. 파롤 상황과 대상적 상황이 나누어진다.

71) 상황적 문구

해당 상황을 위해 필연적인 틀에 박힌 표현. 예를 들면, "Говорит Москва!", "Добро пожаловать!".

상황적 문구는 번역에 대한 개별저 해결을 요구한다. 즉, 그 구성에 그것들이 들어가는 원 텍스트와는 별개로 번역의 단위로써 고찰된다.

72) 상황정보

파롤 행위를 촉진하는 초 언어학적 요소들로부터 나오는 정보.

73) 생략된 문자 기술

기술 체계의 규칙 중 하나. 그것은 다음 방법으로 형성된다. 다섯 개 문자 그리고 그 이상의 문자들을 포함하는 러시아 단어들의 기술은 단어의 중간으로부터 모음을 탈락시킴으로써 파생된다. 형용사 또는 명사의 어미, 두 자음 중 하나 그리고 긴 단어에서 몇몇 자음들은 기술되지 않는다.

74) 속담

교훈적인 의의를 지닌 비유적 성격의 완성된 발화. 번역을 위해 예정된 텍스트에 포함된 속담은 번역 단위의 상태를 얻게 된다. 왜냐하면 개별적인 번역 해결을 요구하기 때문이다.

75) **수신자**

메시지가 지정된 인칭. 정보를 받게 되는 의사소통자. 번역에서는 최종 수신자와 번역가가 되는 수신자·이중 언어사용자로 나누어진다.

76) **시각적 글 번역**

시각적으로 인식되는 텍스트의 문어적 번역(전통적인 명칭, 글 번역이다).

77) **시각적·구어적 번역**

시각적으로 인식되는 텍스트의 구어적 번역. 기본적으로 낱장 번역을 고려한다.

78) **시간적 의미 연관**

전이적 의미로 사용되는 파롤 단위들의 의미적인 연관. 시간적 의미 연관은 은유적 표현 같은 번역의 단위에 고유한 것이다.

79) **실제적 적응**

수신자의 정보보유를 고려한 원 텍스트의 변형.

80) **심벌**

연속 번역 시 기술에서 이용되는 정보의 조건적 표기. 심벌의 표기 수단에 따라 기술 체계는 다음과 같이 나누어진다.

가) 문자 심벌(심벌로써 단어의 최초 문자가 나온다)

나) 연상적 심벌(심벌로써 어떠한 대상 또는 조건적 표기를 기억하게 하는 가장 단순화된 표기문자 기호가 나온다)

다) 파생 심벌(문자 또는 연상적 심벌의 특별한 사용에 기초하여 얻어진 심벌들).

81) **어휘적 변형**

어휘적 수단에 의해 실현되는 정보의 코드변경.

82) 언어 매개자

원 언어와 번역어 간의 중간 언어. 기계번역에서 사용된다. 연속 번역에서 기술들을 언어적 중개자로 여겨야 한다.

83) 연상적 심벌(심벌 참조)

84) 연설자의 말

모여 있는 수신자들에게 수신된 생산적인 말은 동시적으로 또는 연속적으로 번역된다.

85) 연속 번역에서 기술

번역가의 관점에서 가장 중요한 정보를 종이 위에 쓰는 번역가의 기억 보충수단.

86) 연속 번역

그것을 들은 후에 텍스트의 통역. 기술을 지닌 연속 번역과 문단·구 번역으로 나눈다. 그리고 단일측면 번역(번역은 제1언어에서 제2언어로의 한 방향으로만 실현된다)과 두 측면 번역으로 나뉜다. 무엇보다도 연속 번역은 전문적인 번역 활동으로서 기술과 함께 하는 청각적 통역을 말한다.

87) 예술번역

예술문학의 번역.

88) 용어

학문과 기술의 해당 영역의 다른 개념과 함께 하나의 의미적 체계를 구성하는 학술적 개념을 표기하는 성질로 나누어진 단어.

텍스트에서 번역을 위해 예정된 용어들은 항상 번역에 대한 개별적인 해결을 요구한다. 즉 번역 단위로 참여하다.

89) 원 텍스트 저자

메시지가 시작되는 인칭. 정보를 전달하는 의사소통자. 번역에서는 다음과 같이 나누어진다.

가) 최초의 발신자, 즉 원 텍스트를 제시하는 의사소통자.

나) 발신자·동종작업자, 다른 말로 하면, 수신자를 위해 번역 텍스트를 생성하는 번역가.

90) **원 텍스트(번역 텍스트 참조)**

91) **원 텍스트의 번역 방법**

어휘적, 문법적 변형과 파롤의 압축의 방법으로 형태·기호적 층위에서 원 텍스트의 작업에 대한 준비를 예상하는 동시 번역의 방법 중 하나.

92) **원본**

번역에서의 원 텍스트. 그 텍스트에서 번역이 실현된다.

93) **원어**

번역이 실현되는 언어.

94) **음성적 정보**

의사소통의 행위를 방해하는 초언어학적 요소들로부터 나오는 정보.

95) **음절량**

텍스트에서의 음절의 양

96) **의미 연관**

언어적 기호와 지시체 간의 관계. 번역 단위에서 다음의 의미 연관이 나누어진다. 불변적 또는 일시적, 고정된 또는 고정되지 않은, 표현된 또는 상실된 연관.

97) **의미적 층위**

그 개별적인 사전의 관점에서 그것에 기초한 지식의 관점에서 인간의 준비 층위.

98) **의미정보**

발화에 포함되는 그리고 언어 단위의 의미를 통해 전달되는 정보

99) 의사소통 효과

메시지 전달의 결과 수신자에게 도달한 상호작용.

100) 의사소통자

의사소통 참여자 중의 한 명. 발신자와 수신자. 정보의 번역 또는 수용에 참여하는 인칭. 번역가는 의사소통자면서, 발신자와 수신자의 동종작업자로 참여한다.

101) 의의 분석

원 텍스트를 인식하는 데 있어 번역가의 필연적인 작업 중 하나. 의의 분석은 의의 정의와 불변적 정보를 나누는 것을 그 목적으로 한다. 원 텍스트의 의의 분석에서 의의 분석의 잘 알려진 방법들이 사용된다. 가장 큰 정보의 적재를 지닌 단어의 선택 방법, 변형의 방법, 우세한 단어들의 선택 방법.

102) 의의 분석의 방법

이 방법의 도움으로 번역에서 의의 분석이 실현된다. 연속 번역에서 기술 체계에서 이용되는 다음 방법들이 잘 알려져 있다.

가) 가장 큰 정보 적재를 지닌 단어 선택의 방법. 그때 주요정보를 포함하는 단어들이 선택된다.

나) 변형의 방법. 그때 주요정보를 포함하는 몇몇 단어들이 더욱 유용한 표기들로 변형된다. 예를 들면, "사업체 그룹의 장들, 비즈니스맨".

다) 인쇄 단어의 선택 방법. 이때 기술을 위해서 가장 큰 정보 적재를 지닌 단어들이 아니라, 가장 특별한, 인상이 강한 단어가 선택된다.

103) 의의정보

의미정보와 상황정보의 대비 결과인 파롤 작품의 의의.

104) 의의

번역 이론에서 의의는 구체적인 해당 상황에서 파롤 작품의 내용으로 정의되거나 또는 의미정보와 상황정보의 상호작용의 결과로 정해진다.

105) 이형태적 일치

레크쩨르 Я. И. Рекцер의 용어. 적법한 일치의 이론에서 레크쩨르는 문맥에 의해 제한된 원 텍스트 단위들을 번역할 때 가능한 이형태 중의 하나를 말한다.

106) 일반적 정보(정보 참조)

107) 일치

번역학의 기본적인 범주 중의 하나. 번역에서 절대적인 일치는 번역에서 실제적으로 달성 될 수 있는 원 텍스트와 번역 텍스트의 형태적, 의미적, 정보적 요소들의 일치에서 표현된다. 일치의 범주는 번역에서 대비의 모습으로 나타난다. "문자번역·자의번역". 일치는 또한 원 텍스트 단위의 번역 이형태 중 하나를 명명한다.

108) 자의 번역

원 텍스트의 형태 그리고 의미요소들을 고려하지 않고 주요정보의 수준에서 번역에서 텍스트 간의 일치를 설정하는 것.

109) 재구

번역어의 통사적인 것뿐만 아니라, 문체적인 규범까지도 대답하는 번역 텍스트의 생성 단계를 표기하는 나이다 Ю. Найда의 용어.

110) 적절한 번역

다른 언어 수단으로 원본의 내용과 형태의 단일체를 인지하는 것. 적절한 번역은 예술번역의 목적이다. 몇몇 작가들은 용어 "적절한 번역" 대신에 "원본의 의의 내용을 완전하게 전달하고 그것에 완전한 기능적 문체 일치"를 고려하면서, 용어 "최상의 번역"으로 바꾸어 사용할 것을 제안한다.

111) **적절한 변형**

적법한 일치 중 하나. 번역가는 사고를 정확하게 전달하기 위해서 원본의 문자나 사전적 일치로부터 분리되어, 전체로부터 시작하여 과제 해결방법을 찾아야 한다.

112) **적절한 일치**

레크쩨르 Я. И. Рекцер가 원 텍스트의 단어, 어결합 또는 문장 그리고 번역 텍스트에서 적절한 변환을 그렇게 명명한다. 레크쩨르는 번역에서 텍스트의 단위들 간의 적절한 일치에서 세 가지 모습의 불변성의 등급에 따라 설정한다. 등가성, 유사체, 적절한 변환.

113) **전달되지 않은 정보**(정보 참조)

114) **전쟁 번역**

객체가 전쟁 자료로 예정된 번역의 특별한 형태.

115) **전형화된 문구**

상대적인 기능장애를 지닌, 계속해서, 숨겨진 의미 연관을 지닌 반복적인 파롤 형식. 번역 단위로서 각 텍스트에서 참여하기 때문에 번역에 대한 독립적인 해결을 요구한다.

116) **전환 기술**

전달을 위해 예상되는 텍스트 단위의 코드변경에 대한 해결 탐구와 실제화에 따라 자동화 작업을 실현하는 지식. 보통, 전환 기술은 형태·기호적 층위에 대한 작업을 예상한다.

117) **정보보유**

언어적 기호를 의사소통자와 그에 의해 표기된 현실의 객체에 의해 연상되는 정보의 양. 정보보유의 5단계를 나눌 수 있다.

가) 정보보유 1단계는 예상되는 어휘적 단위를 임의의 삶의 영역에 관련시켜 주는 정보의 최소한의 양이다.

나) 정보보유 2단계는 대상·현상의 부류에 따라서가 아니라, 종류에 따라서 기의들을 나누게 해 준다.

다) 정보보유 3단계는 예상되는 어휘적 단위에 기초하여 동일한 대상들의 그룹으로부터 지시체를 나누게 해 준다.

라) 정보보유 4단계는 지시체에 대한 체계적인 정보의 몇몇 양이다.

마) 정보보유 5단계는 가장 일반적인 지시체에 대한 정보이다.

118) 정보

발화작품과 정보를 의의로 변형하게 해 주는 번역에서 의사소통자에 들어가는 정보, 보충적인 미학적 효과 그리고 소음. 번역에서 그 의사소통적 가치에 의해 다음의 정보 유형이 나누어진다.

가) 주요정보와 일반적 정보, 즉 완전히 새로운 정보인데 그것은 문맥이나 상황을 예상할 수 없다.

나) 보충정보, 즉, 적당한(정보보유 3단계 수준에서 주어진 영역에서 준비된) 수용자에게 잘 알려진 정보. 예를 들면, 모스크바－이것은 러시아의 수도이다.

다) 정확한 정보, 즉 텍스트의 다른 단어에 암시적으로 포함된 정보.

라) 반복적 정보, 즉 주어진 텍스트에서 한 번이 아니라 여러 번 도입된 정보.

마) 제로정보 또는 어떠한 정보도 없는 것.

불일치 이론은 번역에서 텍스트를 비교 연구할 때 분류된 다음의 정보 유형들을 나눈다.

가) 전달되지 않은 정보, 즉 원 텍스트에는 있지만, 번역 텍스트에는 없는 정보.

나) 추가(보완) 정보, 즉 번역 텍스트에는 있지만, 원 텍스트에는 없는 정보.

119) **정보의 일정량**

상호 연관되거나 분석되는 텍스트의 관점에서 하나의 의의 전체를 제시하는 정보의 몇몇 양. 전달되지 않은 그리고 추가적 정보의 일정 양으로 나눈다. 또한 주요정보, 보충정보, 정확한 정보, 반복정보, 제로정보로 나누어진다.

120) **정보적 발화**

의미정보로 정해지는 의의 발화.

121) **정확한 단어들**

동일 언어, 그러나 용어와는 다르게 구체적인 연상을 불러일으키지 않는 공통적으로 사용되는 단어들. 통역에서 특정한 어려움을 불러일으킨다. 정확한 단어에는 고유명사, 일, 월, 달의 이름 그리고 수사들이 관련된다.

122) **정확한 정보**(정보 참조)

123) **제로정보**(정보 참조)

124) **주요정보**(정보 참조)

125) **주제적 발화**

그 내용이 주어진 상황(주제) 그리고 상황정보에 의해 정해지는 발화.

126) **중계**

카데 O. Каде의 용어. 그는 두 개념을 나누길 원하면서 번역의 결과를 명명했다. 다른 언어의 수단으로 메시지 전달 과정으로서의 번역, 그리고 이 과정의 결과로서의 번역.

127) **지배적 정보**

파롤 단편의 기본적 정보. 보통 파롤 단편의 모든 내용에 관한 표상을 구성하는 파롤 단편에서의 주요정보.

128) **지시**

기호로 표기되는 동일 종류의 대상들과 현상의 부류.

129) **지시체**

구체적인 발화 단편에서 기호에 의해 표기되는 대상 또는 현상.

130) **직역**

두 언어들의 형태적 또는 의미요소들의 일치 결과로 나타난 번역의 실수. 형태적 또는 의미 연관에 기초하여 두 언어 간의 잘못된 언어적 연관들의 구성.

131) **청각에서 글 번역**

청각에서 인식되는 텍스트의 글 번역. 현재 주로 번역의 교과서적 모습으로 존재한다(번역 받아쓰기, 소리 기술의 글 번역).

132) **청각에서의 통역**

청각으로 인지되는 텍스트의 통역. 두 개의 중요한 전문적 번역이 나누어진다. 연속 번역과 동시 번역.

133) **청중**

집합적 수신자. 번역을 함께 하는 의사소통에서 둘 이상의 사람들로 구성되는 마지막 수신자로서 자주 참여한다. 번역에서 공개적, 반공개적, 비공개적 청중들이 나누어진다.

134) **추가적 정보**(**정보** 참조)

135) **코드**

전달을 위해 사용되는 기호와 법칙 그리고 메시지의 수용 체계. 번역에서 다음과 같이 나누어진다. 최초의 코드, 즉 원 텍스트의 언어, 주관적 코드 또는 기술에서 번역가가 이용하는 조건적인 표기의 체계, 번역 텍스트의 코드(도출 텍스트), 즉 번역어.

136) 탈동사화

원어에서 번역어로의 정보의 "자유화"의 조건적 명칭.

137) 텍스트 단위

체계로서 텍스트의 성분. 무엇보다 자주 단어, 어 결합, 문장이다.

138) 텍스트 분절화

지배적 단어에 대한 피지배적 단어를 찾을 때 파롤 단편의 연속성을 유지하고자 하는 원칙에 기초하는 그리고 몇몇 예외를 고려하는 파롤 분절로 텍스트를 나누는 것. 텍스트의 분절화는 텍스트의 정보성을 결정하게 해 주고, 글 번역 방법의 근간을 구성한다.

139) 텍스트 분절화의 방법

원 텍스트를 분절로 나누고 각 분절로부터 지배적 정보를 추출하는, 번역 형성을 위해 기저가 되는 의의적 지점을 구성하는 그 조건적인 코드화에 있는 글 번역 중의 하나.

140) 텍스트

단일한 명칭으로 제한된 그래프 또는 기호적인 언어 기호들의 각 연속성.

141) 텍스트의 의의 그룹화

텍스트로부터 여러 의사소통적 가치의 정보를 가지는 단위들을 나누는 것.

142) 통역

구어적 형성을 고려하는 모든 번역들을 포함하는 개념. 그 속에는 번역의 연속 번역, 동시 번역 그리고 낱장 번역과 같은 것들이 있다.

143) 특별한 번역

용어가 있는 지식의 임의 영역에 관련되는 자료들의 번역

144) 파롤 부절

상대적인 의의적 독립성에 의해 특징지어지는 그리고 지배 단어에

의해 피지배적 요소의 추적 시 파롤 사슬의 연속성을 유지한다는 규칙에 따라 텍스트의 분절화의 결과 얻어진 파롤의 최소한의 단편.

145) **파롤 상황**

의사소통이 실현되는 실제 현실. 번역을 함께 하는 의사소통에서 제1파롤 상황은 메시지가 이해되는 그때, 제2파롤 상황은 마지막 수신자에 의해 메시지가 수용된 때이다.

이외에도, 번역을 함께하는 의사소통에서 파롤 상황은 긍정적인 것과 부정적인 것으로 나누어진다.

146) **파롤 압축**

부차적 정보를 소지한 파롤 단위를 피함으로써 그리고 또한 어휘적 문법적 변형으로써 원 텍스트의 음절량을 줄이는 것.

147) **파롤 행위**

어떠한 목적 달성을 지향하는 우세한 파롤 행위의 체계. 번역은 쓰기, 읽기, 말하기, 듣기와 함께 파롤 행위 모습 중의 하나이다.

148) **파생적 심벌**(심벌 참조)

149) **표현된 의미 연관**

언어 기호에 의해 제한되는 지시체, 언급, 상황을 설정하게 해 주는 의미 연관.

150) **해석**

레프진 И. И. Ревзин과 로젠츠베이그 В. Ю. Розенцвейг는 번역의 의의 수단을 그렇게 명명하였다. 즉, 현실에 주의를 기울이는 번역이다.

151) **행위자의 범주**

번역 이론의 최초의 개념 중의 하나. 행위자의 범주는 번역학에서 대비의 형태로 제시된다. 기계번역－인간에 의해 실현되는 번역.

152) **형태 · 기호적 층위에서의 운영**

지시체의 전화 기술의 기능에 기초한 동일시 없이 실현되는 번역 작업.

153) 확률적 예측

원 텍스트에 들어있는 단위들을 추측함으로써 표현되는 동시 번역에서 지적 행위와 작업.

154) 회기적 번역

원본 언어로 번역 텍스트를 번역하는 것.

■ 참고문헌

1. Анцыферова Л. И. Принципы связи психики и деятельности и методологии психологии. —В кн. : Методологические и теоретические проблемы психологии. М., 1969.
2. Артемов В. А. Психологические предпосылки активизации научения иностранным языкам. "Иностранные языки в школе", 1971, № 1.
3. ______________. Психология обучения иностранным языкам. М., 1966.
4. Ахманова О. С. Словарь лингвистических терминов. М., 1966.
5. ______________. и др. О точных методах исследования языка. М., 1961.
6. Балли Ш. Французская стилистика. М., 1961.
7. Бархударов Л. С. Общелингвистическое значение перевода В кн. : Теория и практика перевода. М., 1962.
8. ________________. Уровни языковой иерархии и перевод. "Тетради переводчика". М., 1969.
9. ________________. Язык и перевод. М., 1975.
10. Берков В. П. Типы грамматической информации и избыточность. —В кн. : Материалы по математической лингвистике и машинному переводу. М., 1963.
11. Блауберг И. В., Юдин Э. Г. Философские проблемы исследования систем и структур. "Вопросы философии", 1970, № 2.
12. Винер Н. Кибернетика и общество. М., 1958.
13. Виноградов В. В. Некоторые задачи изучения синтаксиса простого предложения. "Вопросы языкознания", 1954, № 1.
14. Войшвилло Е. К. Понятие. М., 1967.

15. Волкова В. Д. О некоторых особенностях образования условных рефлексов на речевые раздражители. "Физиологический журнал СССР", т. XXXIX, 1953, вып. 3.

16. Выготский Л. С. Мышление и речь. Избранные психологические исследования. М., 1956.

17. Гаврилов Л. А. Двусторонний перевод—вид устного перевода? "Тетради переводчика". М., 1966.

18. Гак В. Г. Беседы о французском слове. М., 1966.

19. ________. О моделях языкового синтеза. "Иностранные языки в школе", 1969, № 4.

20. ________. Семантическая структура слова как компонент семантической стркетуры высказывания.—В кн.: Семантическаяструктура слова. М., 1971.

21. Гак В. Г., Львии Ю. И. Курс перевода. Французский язык. М., 1970.

22. Гумбольдт В. О различии строения человеческих языков и его влиянии на духовное развитие человеческого рода. Цит. по кн.: Звегинцев В. А. История языкознания XIX и XX вв. в очерках и извлечениях. Ч. I. М., 1964.

23. Дридзе Т. М. Ассоиативный эксперимент в конкретоциологическом исследовании.—В кн.: Семантическая струклора слова. М., 1971.

24. ____________. Язык информации и язык реципиента как факторы информативности.—В кн.: Речевое воздействие. Проблемы прикладной психолингвистики. М., 1972.

25. Жинкин Н. И. О кодовых переходах во втутренный речи. "Вопросы языкознания", 1964, № 6.

26. ____________. Развитие письменной речи учащихся. "Известия АПН РСФСР", вып. 78, 1956.

27. Жолковский А. К. К построению действующей модели "смысл—текст". —В кн.: Машинный перевод и прикладная лингвистика. Вып. II. М., 1969.

28. Звегинцев В. А. Предложение и его отношение к языку и речи. М., 1976.

29. Зимняя И. А., Чернов Г. В. Вероятное прогнозирование в процессе синхронного перевода. —В кн.: Психолингвистика в СССР. М., 1974.

30. Иванов В. А. О лингвистическом аспекте стихотворного перевод. —В кн.: Машинный перевод. Вып. 2, 1966.

31. Ковач Д. Готовность сложных моторных реакций в зависимости от раздражителей доминантного и недоминантного языков, “Вопросы психологии”, 1963, № 1.

32. Колгушкин А. Н. Лингвистика в военном деле. М., 1970.

33. Колшанский Г. В., Сухова И. П. Принципы составления семантических систем языков и проблемы перевода. “Лингвистика и методика в высшей школе”. М., МГПИИЯ им. М. Тореза, 1970.

34. Комиссаров В. Н. Слово о переводе. М., 1973.

35. Комлев Н. Г. Компоненты содержательной структуры слава. М., 1969.

36. Костомаров В. Г. Культура речи и стиль. М., 1960.

37. Кузьмин Ю. Г. К вопросу о предмете и методе теории перевода. —В кн.: Вопросы теории и практики научно—технического перевода. Л., 1968.

38. Леонтьев А. А. Общественные функции языка и его функциональные эквиваленты. —В кн.: Язык и общество. М., 1968.

39. Леонтьев А. А. Психолингвистические единицы и порождение речевого высказывания. М., 1969.

40. Леонтьев А. Н. Потребности, мотивы и сознание. Материалы XVIII международного психологического конгресса. Симпозиум 13. Мотивы и сознание в поведении человека. М., 1969.

41. Леонтьев А. Н. и Панов Д. Ю. Психология человека и технический прогресс. —В кн.: Философские вопросы высшей нервной деятельности и техники. М., 1963

42. Лурия А. Р. и Виноградова О. С. Объективное исследование ди-

намик семантических систем.—В кн.：Семанитическая структура слова. М.，1971.

43. Маркосьян А. А. О взаимодействии двух сигнальных систем при непроизвольных процессах. Материалы совещания по психологии. М.，1957.

44. Марушевский М. О взаимодействии двух сигнальных систем в ориентировочных реакциях. "Вопросы психологии", 1957, № 1.

45. Мельников Г. П. Азбука математической логики. М.，1967.

46. Мигачев А. А. Общая схема французского ораторского выступления. Автореферат канд. дисс. М.，1975.

47. Миллер Дж. А. Магическое число семь плюс или минус два. О некоторых пределах нашей способности перерабатывать информацию. —В кн.：Информационная психология. М.，1964.

48. Миллер Дж. А.，Галантер Е.，Прибрам К. Планы и структура поведения. М.，1965.

49. Миньяр—Белоручев Р. К. Методика обучения переводу на слух. М.，1959.

50. ______________________. Последовательный перевод. М.，1969.

51. ______________________. Учебное пособие по устному переводу (Записи в последовательном переводе). М.，1969.

52. Нарский И. С. Диалектическое противоречие и логика познания. М.，1969.

53. ____________. Проблема значения "значение" в теории познания. —В кн.：Проблема знака и значения. М.，1969.

54. Пешковский А. М. Еще к вопросу о предмете синтаксиса. "Русский язык в советской школе", 1929, № 2.

55. Пиотровский Р. Г. Информационные измерения языка. М.，1968.

56. Потебня А. А. Из записок по русской грамматике. Т. 3, 1966.

57. Ревзини. И. И.，Розенцвейг В. Ю. К обоснованию лингвистической теории перевода. "Вопросы языкознания", 1962, № 1.

58. ______________________________. Основы. общего и машинного

перевода. М., 1964.

59. Редозубов К. Н. Аббревиация как новый способ словообразования в современном французском языке. Автореферат канд. дисс. М., 1973.

60. Реформатский А. А. Введение в языкознание. М., 1955.

61. Рецкер Я. И. О закономерностях соответствия при переводе на родной язык. —В кн.: Вопросы теории и методики учебннго перевода. М., 1950.

62. ____________. Пособие к курсу перевода с французского языка. М., 1949.

63. ____________. Теория перевода и переводческая практика. М., 1974.

64. Словарь иностранных слов. М., 1949.

65. Слюсарева Н. А. О знаковой ситуации. —В кн.: Язык и мышление. М., 1967.

66. Смирницкий А. И. Значение слова. "Вопросы языкознания", 1955, № 2.

67. Смысловое восприятие речевого сообщения. Под ред. Т. М. Дридзеи А. А. Леонтьева. М., 1976.

68. Соболевл. Л. О мере точности впереводе. —В кн.: Теория и методика учебного перевода. М., 1950.

69. Соколов А. Н. Психологический анализ понимания иностранного текста. "Известия Академии педагогических наук РСФСР". Вып. 7, 1947.

70. ____________. Электромиографический анализ внутренней речи и проблемы нейродинамики мышления. —В кн.: Мышление и речь. М., 1963.

71. Соколова А. М. Особенности внешнеэкономической терминологии в современном французском языке. Канд. дисс. М., 1973.

72. Солнцев В. М. Язык как системно—структурное образованне. М., 1978.

73. Статистика речи. Л., 1968.

74. Степанов Ю. С. Основы языкознания. М., 1966.
75. ______________. Французская стилистика. М., 1965.
76. Стрелковскийг. М. Пособие по переводу с немецкого языка на русский и с русского языка на немецкий. М., 1973.
77. Теория речевой деятельности. М., 1968.
78. Толковый словарь военных терминов. М., 1966.
79. Тростников В. Н. Человек и информация. М., 1970.
80. Тюхтин В. С. Системно－структурный подход и специфика философского знания. "Вопросы философии", 1968, № 11.
81. Федоров А. В. Основы общей теории перевода. М., 1968.
82. Цвиллинг М. Я. Синхронный перевод как объект экспериментального исследования. "Тетради переводчика". М., 1966.
83. Чернов Г. В. Синхронный перевод：речевая компрессия－лингвистическая проблема. "Тетради переводчика". М., 1969.
85. Чикобава А. С. К вопросу взаимоотношения мышления и речи в связи с ролью коммуникативной функции. －В кн.：Язык и мышление. М., 1967.
86. Чистович Л. А., Бондарко Л. В. Об управлении артикуляционными органами в процессе речи. －В кн.：Исследования по структурной типологии. М., 1963.
87. Швейцер А. Д. К проблеме лингвистического изучении процесса перевода. "Вопросы языкознания", 1970, № 4.
88. ______________. Перевод и лингвистика. М., 1973.
89. Шеннон К. Математическая теория сообщений. －В кн.：Теория передачи электрических сигналов при наличии помех. М., 1953.
90. Ширяев А. Ф. Синхронный перевод с французского языка. Автореферат канд. дисс. М., 1973.
91. Шмелев Д. Н. Очерки по семасиологии русского языка. М., 1964.
92. Щур Г. С. О типах лексических ассоциаций в языке. －В кн.：Семантическая структура слова. М., 1971.

93. Catford, J. C. *Linguistic Theory of Translation.* Oxford, 1965.

94. Frick, F. C., Sum by W. H. *Control Tower Language.* Joum, Acoust. Soc. Am., № 24, 1952.

95. Grodzinski, E. *Znaczenie slowa w jezyku naturalnyrn.* Warszawa, 1964.

96. Herbert, J. *Manuel de l'interprète. Jenève*, 1952.

97. Koessler, M. et J. Derocquigny. *Les faux-amis ou les pièges du vocabulaire anglais.* 5-e ed. Paris, 1961.

98. Lacey, J. I. and R. L. Smith. Conditioning and Generalization of Unconscious Anxiety, "Science", № 120.

99. Nida, E. A. Analysis of Meaning and Dictionary Making. "International Journal of American Linguistics", 1958, vol 24, № 4.

100. Rabin, Ch. Cultural Aspects of Bible Translations. "Babel", vol. XVIII, № 3, 1972.

101. Razran, G. Stimulus Generalization of Conditioned Responses. "Psychol. Bull.", vol. 46, 1949.

102. Riess, B. F. Semantic Conditioning lnvolving the Galvanic Skin Reflex. "J. exper. Psych.", vol. 26, 1940.

103. SeleskovItch, D. *L'interprète dans les conferences internationales.* Paris, 1968.

104. Tesnière, Lucien. *Eléments de Syntaxe structurale.* Paris, 1959.

105. Vinay, J. P., J. Darbelnet *Stylistique comparée du français et de l'anglais. Méthode et traduction.* Paris, 1958.

106. Wittgenstein, L. *Philosophical Investigations.* Oxford, 1958.

번역학총서 12

번역의 이론과 방법
Теория и Методы Перевода

초판인쇄	2006년 1월 25일
초판발행	2006년 1월 25일
지 은 이	Р. К. Миньяр-Белоручев
옮 긴 이	김진원 · 최준기
펴 낸 곳	고려대학교출판부
http://	www.kupress.com
E-mail	kupress@korea.ac.kr
출판등록	1962년 1월 17일 제 6-19호
주 소	서울특별시 성북구 안암동
전화번호	3290-4230~2
팩 스	923-6311
찍 은 곳	한국컴퓨터인쇄정보

값 12,000원

ISBN 89-7641-569-8 94700
89-7641-417-9(세트)

*잘못 만들어진 책은 바꿔드립니다.